数字化时代下应用型高校外语教学创新发展研究

主　编　贾　芝

副主编　吴其艳　陆　凯

编　委　周金龙　梁瑜琳　程启轩　黄心雨

　　　　罗云祥　杨　娟　成静静　何婉玲

　　　　莫碗妮　姜宜敏　陆妍谷　岳坤宁

　　　　张冬冬

中国原子能出版社

China Atomic Energy Press

图书在版编目（CIP）数据

数字化时代下应用型高校外语教学创新发展研究 / 贾芝主编.--北京：中国原子能出版社，2023.6

ISBN 978-7-5221-2788-0

Ⅰ.①数… Ⅱ.①贾… Ⅲ.①外语教学–教学研究– 高等学校 Ⅳ.①H09

中国国家版本馆 CIP 数据核字（2023）第 129582 号

内 容 简 介

本论著基于数字化转型与教育领域变迁的双重背景，首先对数字化时代、高校外语教学、数字化转型与应用型高校外语教学的关系进行介绍，对应用型高校外语教学评价创新、外语教师的专业发展、外语教学的发展趋势展开了深入分析，以充分探讨高校外语教育的创新发展。本论著还分析高校外语学习方式、教学模式、教学内容、教学评价、教师等的创新，并将课程思政、生态教学、ESP 教学、创新创业教学等新视角融入其中，实现应用型高校外语教学的改革与发展。本书具有针对性和实用性，且通俗易懂、内容丰富，符合国家外语教育发展战略，符合当前数字化转型对高校的教育教学提出的要求。对当前的高校外语教学工作者、研究者及读者来说不失为一本好的参考书。

数字化时代下应用型高校外语教学创新发展研究

出版发行	中国原子能出版社（北京市海淀区阜成路 43 号 100048）
责任编辑	王 蕾
责任印制	赵 明
印 刷	北京天恒嘉业印刷有限公司
经 销	全国新华书店
开 本	787 mm×1092 mm 1/16
印 张	14.75
字 数	249 千字
版 次	2023 年 6 月第 1 版 2023 年 6 月第 1 次印刷
书 号	ISBN 978-7-5221-2788-0　　　　定 价 86.00 元

前　　言

　　当前，数字化技术逐渐成熟，深入高校的教育教学领域，数字化转型对高校的教育教学提出更高的要求。2021 年 3 月，教育部发布《高等学校数字校园建设规范（试行）》的通知。通知要求：提升高等学校信息化建设与应用水平，支撑教育高质量发展，高等学校应根据需要，建设校级教学资源管理及应用平台，有条件的高等学校可建设教学资源知识管理系统，整合各类教学资源，按权限为师生员工提供内容服务。2022 年，全国教育工作会议明确提出：实施教育数字化战略行动，该行动在我国教育事业的高质量发展中具有基础性、全局性和先导性的地位。教育部以党的二十大报告对推进教育数字化作出的明确指示为行动战略，制定了《教师数字素养》标准。教育部在教育改革发展纲要中明确指出：要在教育中重视数字信息技术带来的作用，要充分使用信息技术来推进教育的创新发展。

　　当前，我国正在全面推进教育数字化转型，根据数字化转型的时代背景及其内在要求，以及数字化转型对应用型高校发展的理论依据与技术支持，各高校正在努力确保数字化教学框架构建的实时性、科学性和规范性，以确保数字化转型下高校外语教学管理及外语教师数字素养的构建理念、构建原则和构建维度。同时，还制定了符合我国应用型高校发展特点的数字化转型发展方向的方案和举措，明晰未来高校教师的数字素养能力要求，提出数字化时代应用型高校外语教学和教师的数字素养提升的方法和详细路径，旨在为数字化时代下的应用型高校外语教学工作提供新发展思路。坚持以学生为中心，满足学生个性化学习需要，为学生提供"更高质量、更加公平、更多选择、更加便捷、更加开放、更加灵活"的教育服务。

　　本书的理论意义在于，在数字化时代背景下，顺应时代的发展，探究高校外语教学的发展现状、存在的问题、实施的具体路径等，将现代信息技术向应用型高校外语教学渗透与融合。在当前的教育体系中，由于物质需求不断满足，精神需求不断提升，学生的核心素养也受到了各个层面的重视。对于应用型高等学府来说，高校外语教学本身就是培养学生核心素养的重要方式，也是引导学生探究学习方式、提升实践能力、培养自身英语思维的重要方式。因此，开展数字化时代下应用型高校外语教学创新发展研究，构建其创新模式，正是深入贯彻国家的教育政策，提升教学目的的手段。另外，本书的实际意义在于，通过教育与数字信息技术的融合，为学生提供符合现代社会发展的高质量的教育，在数字化时代将新一代的信息技术融入我国教育业，创建出创新的外语教学方式与方法，提升教育的现代化进程，培养创新型、复合型、应用型人才，完成时代赋予我们的使命。

本书共包含八章，第一、第二章开篇明义，对数字化时代、高校外语教学、数字化时代与应用型高校外语教学的关系进行介绍，以为后面章节内容的展开做铺垫。从第三章开始，探讨了数字化时代下应用型高校外语教学的方方面面。其中第三章分析了应用型高校学生外语学习的问题及对策，包括学习焦虑、学习动机衰退、学习拖延、情感障碍四大问题。第四章对应用型高校外语教学模式进行创新研究，包括多模态教学模式、慕课教学模式、微课教学模式、云端网络教学模式，并提出运用智慧型语言实验室。第五章从词汇、语法、听、说、读、写、译、文化各个层面对应用型高校外语教学内容进行创新。第六章对应用型高校外语教学评价进行创新，分析了教学评价的内涵、意义、原则与多元化方法。第七章对应用型高校外语教师的专业发展进行分析，具体论述了高校外语教师的角色、素质、发展方向与发展路径。第八章分析了应用型高校外语教学的发展趋势，即将课程思政、生态教学、ESP 教学、创新创业教学融入高校外语教学之中，实现高校外语教育的创新发展。

编者作为应用型高校的外语教学专业负责人，在编写此书时，很好地做到了理论与实践相结合。从内容上看，脉络清晰、层次分明，在数字化时代背景下逐层论述，深入探讨应用型高校外语教学与信息技术融合的相关问题，探究了如何在数字化时代背景下创新高校外语教学的方式方法，以提升应用型高校外语教学的质量。无论是对外语教师、学生还是相关教学研究者来说，本书都具有一定的参考和借鉴价值。

本书在编写的过程中参考了诸多相关的文献资料、引用了很多专家和学者的观点，在此一并致以诚挚的谢意。由于作者学识有限，书中疏漏之处实所难免，恳请广大读者不吝指正。

目　　录

第一章　数字化时代解读

　　21 世纪以来，信息技术迅猛发展，这为高等教育提供了机会和条件，也预示着教育的理念、内容、目的等也会发生变革。教育信息化指的是计算机技术、网络技术等在教育领域的应用，以便于构建一个基于信息技术的新型教育体系。在这一教育环境中，构筑一个开放、自由的平台，这个平台上有充分的教育资源，并且也会诞生一些新的教学模式。就本质而言，教育信息化是教育领域运用信息技术来促进教育改革的过程。本章作为全书开篇，首先阐述数字化时代的相关内容，包括数字化时代的技术支撑——信息技术、数字化时代的特征、数字化时代应用型高校外语教学面临的机遇与挑战、数字化转型背景下应用型高校的教育与教学发展。

第一节　数字化时代的技术支撑——信息技术

一、信息技术的社会表现

　　信息技术是现代科技的重要组成部分，从 20 世纪 80 年代开始就给人类的生活方式带来了巨大的影响。我国还未进入完全的工业化时代，但已经迎来了信息化时代，这也是我国现代化发展的重要成果。信息技术进入人们的生活，使人际往来的时空限制被打破，全球各国、各民族、各地区甚至每个角落都因为信息技术的出现而联系得越来越便捷、紧密，也正因为信息技术的出现，全球人民共建"地球村"的美好愿景一步步实现。

全球各国借助信息化手段而相互联系，友好往来，各种不同的价值理念、民族文化相互交流、融合。可见，信息技术产生与发展的意义不是简单地停留在传播工具的更替和现代传媒的快捷，它成为人类对网络社会加以构筑的重要基础，它改变了人们的价值观念，也使得人类的思维方式和生活方式都发生了重大的改变。

20 世纪 60 年代是"信息化"概念最早出现的时期，当时由日本科技研究人员提出"Johoka"（情报化）一词，该词被解释为信息化。最初提出信息化时，人们将其理解为信息产业化，而社会信息化被视作信息产业化的目标。日本学者后来又对"信息化"的含义作了详细的解释，并指出构建社会信息化的宏伟目标，而当信息产业在社会中居于支配地位，产生巨大的社会影响力时，才算真正进入了信息社会。后来有关学者深入研究了信息化的相关概念，如信息革命、信息社会等，这些研究提高了人们对信息化的认识，并对进一步研究信息化概念具有重要启示意义。

信息化是由现代信息技术的发展和广泛应用引起并推动的，人类社会是由现代信息技术革命引发的一次新的社会结构和文化的变革。[①]上面对信息化概念的研究观点主要是从产业基础、社会意义、技术特征等视角出发而提出的，有的学者认为信息化就是将信息技术利用起来而促进信息经济增值与发展的过程；有的学者认为信息化是社会文化发展到一定阶段的产物，是文化进入全新发展阶段的过程；还有的学者认为信息化是一种新的社会格局、经济格局，它是相对于工业化而言的。

总之，信息化具有重要的社会意义和文化意义，信息化的发展促进了社会结构的优化，使人们的生产生活方式、就业方式、消费方式等发生了翻天覆地的变化，它的意义不仅表现在技术领域、传播领域、经济领域，更在社会生活的各个方面全方位渗透，是社会变革的伟大成果，是人类文明发展的重要成就，我们要高度重视信息化的经济意义、社会意义以及文化意义。

---

① 高霞. 论信息化时代的青少年信息伦理教育［D］. 济南：山东师范大学，2009.

二、信息技术的特征

（一）信息数据传播数量多

全球化时代的到来使得知识、信息的传播不仅数量多而且速度快，而进入信息化时代后，数量变得更多，信息的爆炸与饱和已经成为人们必须面对的客观现实。在信息大量传播中，人们从多个视角理解信息，从而促进了人类价值观念、思维方式的多元化。

（二）信息数据传播速度更快

信息化时代背景下，信息传播不仅海量，而且速度飞快，信息的飞速传播使得全世界的重要新闻在第一时间被各国人民知晓，人类进入了信息全球化时代。世界各国、各民族的信息在全球范围内加速传播，五花八门的信息在人类共建的"地球村"相互整合、交汇，被世界各地的人传播、分享、评价。人类是生产信息的主体，也是接收和消费信息的受众，现代传播媒介越来越多样化，越来越发达，同一信息可能同时传播到世界各地，被世界人民共享，具有鲜明的即时性特征，而且如此飞快地传播也保留了信息的原貌。人类传播信息、进行信息交流与互动的速度越来越快，大众传播媒体如电视、广播等的发明与流行使人们能够快速掌握世界各地的信息，计算机网络的出现为人们的远程交流与互动提供了良好的平台，人类的时空距离正在被消除。

（三）人类生存空间的网络化与数据化

人类的时空距离因为数字技术的出现而不断缩小，数字技术的出现使得地理上的距离限制被打破，人们可以随时随地进行远程交流。网络使得人类过上了更加自由的生活，已经成为人们生活中不可缺少的一部分。人类的生存生活空间因网络数据的出现而得到了拓展。

（四）人类的交往方式多元化、交往空间扩大化

当前，世界经济格局、经济增长方式因信息技术的发展而彻底发生了改

变。网络经济社会正是因为信息技术革命才形成的。人类的交往方式受到了信息化的重要影响。信息技术的革新使人与人之间进行着越来越便捷的交往，基于信息技术而形成的交往方式比传统交往方式更多元化、高效化。信息技术的发展也促进了很多社交软件的产生，如脸书、微博、微信等，这些交往软件有很大的自由性，而且具有即时性，人们时时刻刻都能在第一时间将自己的最新动态分享在平台上。

全球化、电子化、智能化、非群体化等是信息化的重要属性，正因如此，全球性、虚拟性、开放性和交互性等成为人们在信息化时代交往方式的典型特点，人际交往空间也因此而一步步扩大。

第二节　数字化时代下的教育

一、数字化时代下教育的优势

在数字化时代背景下，信息技术与教育的整合已经被证明是非常有效的一个促进教学发展的手段，这一手段的特征主要表现为数字化、网络化、多媒体化、智能化和人本化五个方面，与传统的教学手段相比，其表现出明显的优势。

（一）数字化

数字化是信息技术与教育整合的一个重要特征。信息技术主要包括硬件设备、软件平台和信息资源的数字化，实现数字化可以加快信息的传播速度和范围，提高信息资源共享的效率。数字化的特点主要是容量大，一般以 M（兆）为单位。体积小，便于贮存和携带及远程传输，为网络化模式奠定了基础，信息技术的教学也是这样。如今，数字化技术不仅在各文化课学习中得到了充分的利用，在课上，尤其是理论课上，教师可以充分利用多媒体技术进行视频教学，在各种视频技术的利用下，能很好地激发学生学习的兴趣，从而提高教学的效率，促进教学的发展。

（二）网络化

如今整个社会已进入一个网络化信息社会，网络对人们的影响可谓无处不在。以计算机网络技术为支撑，各种设备及资源得到了高度的整合，以往传统的教育教学从封闭走向了开放，这极大地促进了教育教学的发展和进步。信息技术与教育整合，可以实现网上学习。这样极大地扩展了学习资源的范围，打破了空间和地域的限制；教学过程从课堂内扩展到课堂外，从校园扩展到家庭和社会。

除此之外，网络化的出现还极大地改变了人们的思维方式和习惯，养成了一种主动学习的模式和习惯。信息技术与课程整合插上了网络这个神奇的翅膀，使得教育打破了沉寂了上千年的模式，也使得学习、欣赏、交流的渠道得以无限延伸。

（三）多媒体化

多媒体化也是信息技术与教育整合的一个重要特征。在这一新式的教学手段下，各种教学资源都能得到充分的整合与利用。通过信息技术，教育教学中能充分运用到图形、影像、声音、动画等各种手段，实现虚拟现实的作用，对学生的视觉、听觉、触觉等感觉都形成一定的刺激，这对于学生知识和技能的获取具有非常大的帮助，这是传统教学手段所不具备的。在多媒体信息技术下，开展教学活动通常能提高教学效率，促进教学质量的发展。具体而言，信息技术与教育整合的多媒体化特点主要表现在以下两个方面。

（1）多媒体化下的技术手段信息传输质量较高、应用范围也比较广泛。由于多媒体系统的各种技术处理都是数字化的，通过数字化技术的处理，能再现、还原各种教学场景，这对于学生掌握复杂的技术具有非常大的帮助。

（2）多媒体化教学通常使用方便、易于操作。整个教学系统主要以鼠标、触摸屏、声音选择输入为主，辅以键盘输入，操作比较直观，任何人都能轻松地操作，为教师教学提供了良好的辅助。

（四）智能化

各种高科技手段都具有一定的智能化特征，因此信息技术也具有这方面的特征。如今的各种教学设备和软件等都具有一定的智能性，通过各种先进的信息技术的利用，学生与教师也能探索出具有先进性的学习模式。如最新的智能辅助教学系统对于学生的学习能力、认知特点和当前知识水平等都有一个很好的把握；对学生的学习具有良好的帮助和指导。因此，信息技术的这一智能化特征对于教学质量的提高具有重要的意义和作用。

（五）人本化

伴随着时代的不断发展，各种信息技术手段得到了充分的利用，教育教学的数字化、媒体化能有效地增强学生学习的效果，提高学生学习的效率。另外，现代信息技术手段的利用，促使学习者能够自主学习，从而取得发展和进步。各种信息技术的运用，使得教学资源得到了共享，人际交流更加密切，信息反馈更加及时和有效。学习者可以依据自身的具体实际自由选择自己感兴趣的内容，真正做到"因人施教"。由此可见，信息技术与课程的整合能充分发挥学习者的个性与潜能，推动其进一步发展。

二、数字化时代教育发展的理论依据

信息技术与课程的整合并不是盲目的，而是建立在一定的理论依据之上的，这些理论主要包括多元智能理论、教育学理论、系统理论等多个方面。

（一）多元智能理论

1. 多元智能理论简述

目前，多元智能理论在各个领域都得到了比较广泛的利用，其中在教育领域利用的频率也比较多①。如今这一理论在国际教育界得到了极为迅速的传播和发展。这一理论符合当前教育改革的思想与潮流，注重学生潜在能力和个性化发展，对于人才的挖掘与培养及整个学校教育的发展都产生了深远的影响。

2. 多元智能理论和信息技术与课程整合

发展到现在，信息技术在学校教育领域得到了非常广泛的利用，在这一

---

① 梁培根. 信息技术与应用型高校课程有效整合的策略研究 [D]. 苏州：苏州大学，2011.

技术的利用下，教学改革、创新人才培养等都实现了突破式的发展和进步。信息技术与课程整合发展成为现代教育的一个趋势，这一发展的理论和途径要以先进的教育理论为指导，而多元智能理论就提供了这样一种科学的理论构想。

（二）教育学理论

1. 教学过程最优化理论

在整个教育学理论体系中，教学过程最优化理论占据着非常重要的地位。这一理论起源于 20 世纪 70 年代初期，它是由苏联教育家巴班斯基提出来的，这一理论一经提出就引起了当时教育界的强烈反响，发展至今仍然发挥着重要的影响。

（1）教学过程最优化的概念。在教学系统中，教学过程是极为关键的程序与内容，教学质量与效果的取得在很大程度上取决于教学过程最优化。教学过程的最优化是指"教师有目的地选择一种确保教学过程的最佳方案。它能保证教师和学生在花费最少的必要时间和精力的情况下取得对该具体条件来说是最大收益的结果，使每个学生得到最好的发展，使教学达到最好的效果。这个效果反映在学生身上就是确保每个学生都获得适时、最合理的教养、教育和发展"。

（2）教学过程最优化的内涵。教学过程的"最优化"的内涵突出表现在以下几个方面。

第一，遵循教学的基本规律与原则。

第二，充分考虑教学环境与条件。

第三，制定与选择合适的教学方案或计划。

第四，合理地组织与管理教学过程。

第五，在规定的时间内，争取获得最大可能发展的效果。

（3）教学过程最优化的具体实施内容。

第一，结合具体的教学实际，全面分析教学任务，提出建议和对策。

第二，深入学生实际，确定教学组织内容。

第三，依据教学大纲突出教学的重点与难点。

第四，分析具体的教学条件，确定合理的教学方法。

第五，开展差异化教学。

第六，确定最优化的教学进度，取得理想的教学效果。

2. 有效教学理论

有效教学是关于教学质量提高的一个非常重要的理论，国内教育学专家主要对这一理论进行以下解释。

（1）利用经济学理论对有效教学的效果、效益、效率等进行阐释。

（2）有效教学的内涵集中体现在"有效"和"教学"两个方面，要从这两个方面对有效教学的概念做出界定。

（3）以学生发展为价值取向来界定有效教学。

（4）从表、中、深三个层面来阐述有效教学的结构。

（三）系统理论

1. 系统的概念、构成与特征

系统主要由若干子系统构成，小的子系统又包含诸多元素，这些要素不是固定不变的，而是处于不断的发展和变化之中。

系统的形成与发展需要具备元素、结构和环境三个基本的前提，只有具备了这几个要素，才能形成一个完整的系统。

（1）元素。系统包含多方面的元素，这些元素之间不是孤立存在的，而是相互联系、相互促进，推动着整个系统的发展，缺少了任何一方面的元素，系统的发展都会受到一定的影响。

（2）结构。任何一个系统的发展都不是盲目的，而是在一定的结构下发展，系统的结构要保持完整，如此才能获得健康的发展。任何系统都有一个特定的结构。采取各种手段与措施完善这一结构对于系统的整体发展而言具有非常重要的意义。

（3）环境。环境也是系统发展的重要因素，正是在这一要素的促进下，系统才得以形成与发展。没有了环境，系统也就失去了存在的基础，因此建设一个良好的环境对于系统的发展非常重要。

以上就是系统得以形成与发展的重要前提和条件，每一个方面都非常重要，掌握系统论的基本理论对于教育的发展具有重要的意义。

通常来说，一个完整的系统应具有以下几个方面的特征。

（1）整体性特征。系统内包含多种要素，每一个要素各有自身鲜明的特点与功能，同时也有一定的缺陷，需要经过优化与组合，才能构建一个健全和完善的系统。因此说，系统具有重要的整体性特征。

（2）相关性特征。系统内各要素之间有着非常密切的联系，各要素的发展都是为整体系统服务的，在这些要素的密切配合下，系统得以不断发展。在教学系统中，教师、学生、教材等都是教学系统内的各个要素，它们之间彼此联系、共同发展，推动着教学系统的进一步发展。

（3）反馈性特征。系统要想顺利地运转就需要具备良好的自我调节能力，这一能力需要通过反馈进行，通过反馈可以使系统收集到各种系统内部与外部的相关信息，然后系统根据这些信息做出自我调节，从而维持系统的稳定性。由此可见，系统具有重要的反馈性特征。

2. 教学系统要素

教学系统非常复杂，主要由一个个子系统构成，各子系统又由诸多要素构成，这些要素的特征与功能决定了教学系统的功能和特点。在教学中，要设计出合理的教学方案，首先就要充分了解系统内各要素的构成，了解系统内各要素的特点与功能。一般来说，教学系统主要由以下要素构成。

（1）学生。学生是教学活动中的重要主体，一切教学活动的开展都应围绕学生进行，这体现了"以人为本"的基本理念。学生要想获得良好的发展，就必须要建立一个良好的知识与技能结构，包括理论、体能、技能等多方面获得共同发展。

（2）教师。教师也是教学活动中的重要主体，教学活动的顺利开展离不开教师的指导。教师除了要具备丰富的知识与技能外，还要具备出色的教学组织与管理能力。在具体的教学活动中，教师要充分发挥自身的主导性，组织与管理好整个教学过程，提高教学的效率和质量。

（3）教学方法与手段。在教学中，教学方法与手段的选择非常重要。教师要结合当前教学实际和学生特点选择合适的教学方法与手段，并进行不断的创新，以适应教学的发展和需要。伴随着现代科学技术的发展，各种信息技术逐步应用到教学之中，极大地提高了教学的质量。

（4）教学媒体。教学媒体也是教学的重要因素，缺少了教学媒体，整个教学活动也是难以顺利进行的。因此，教学媒体也是教学系统的重要因素，要加强这一方面的建设与发展。一般来说，教学媒体主要分为传统教学媒体和现代教学媒体两个部分。如今，现代教学媒体得到了广泛的利用，在教学设计的过程中，设计人员要多考虑现代教学媒体这一方面的内容。

第三节　数字化时代应用型高校外语教学面临的机遇与挑战

一、数字化时代应用型高校外语教学面临的机遇

（一）信息技术对应用型高校外语教学的影响

信息技术在应用型高校外语教学中有着非常显著的影响，并且在应用型高校外语教学中得到了广泛的应用。在应用型高校外语教学中，有三个基本的要素，即教师、学生、教学设施。随着信息技术的融入，这三个要素都会相应地发生改变，不仅改变了教师的教学作用，也改变了学生的学习能力，同时还影响着教育设施的工作性能。信息技术对应用型高校外语教学的改变主要有如下几点表现。

1. 教育思想和教育观念：凸显能力培养

传统的应用型高校外语教学主要是强调知识的讲授，无论是在课程设置，还是在教学内容组织、教学方法运用等层面，都是为了传授知识服务的。在信息技术背景下，要求应用型高校学生不仅要掌握基本的知识，还需要掌握获取知识的能力，因此需要对教育思想与观念加以变革。这样才能将应用型高校外语教学从知识的传授层面转向对能力的培养层面。

2. 教育目的：走向大众教育

信息技术的进步使得应用型高校外语教学逐渐走向社会，并且取向平等，其各个层面与人们的生活相融合。人们可以对学校、教师、课程等进行自由选择，将办学的开放性充分展现出来。随着信息技术的运用，应用型高校外语教学的组织形式变得更为方便、灵活，教学计划也更为针对与柔性。在当

今信息社会背景下，知识更新速度加快，人与人之间的竞争更为明显，这就使得人们对学习更加重视，愿意接受高等教育，甚至终身教育，因此导致外语学习更接近终身化。

3. 教学内容与方式：走向前沿与互动

在教学内容层面，教师运用信息技术的网络搜索功能，对外语这门学科前沿的知识、最新的成果进行查询，从而将这些内容运用到应用型高校外语教学中。在应用型高校外语教学方法上，通过信息技术，对传统的应用型高校外语教学方式加以改变，创设良好的教学情境，从而将教学内容更便捷地表达出来，凸显了互动性，也便于对学生综合能力的培养。

4. 师生关系：转向主动合作

传统的应用型高校外语教学模式主要是以教授为主，是一种单向的模式。信息技术使得应用型高校外语教师的作用发生改变，从知识的传递者转向学生学习的引导者、协调者，学生可以运用信息技术，对外语这门学科前沿的知识进行学习与接收，使自己从被动的学习者转向主动的学习者，即学习的主人。显然，师生角色在信息技术背景下都发生了改变，彼此成了合作者与交流者。

5. 教育评价制度：变得更为透明开放

信息技术使得学校的办学行为更为开放、透明，社会机构也对学校更加关注，并且更为突出的是，教育评价的主体从政府逐渐转向社会，这都有助于信息技术教育的进步与发展。教育评价的内容也会发生改变，其中对于学生的评价从以往对知识的过分重视转向对能力的要求，从过去的单纯考试转向考试与实践相结合的方式。这些变化都是因为信息技术教育的影响。

（二）信息技术环境下应用型高校外语教学的优势

计算机网络体现出交互性的特点，这一特点有助于将学生学习的积极性调动起来，让学生有学习的欲望，愿意去学习，形成学习动机。在信息技术环境下，交互性就是学生在学习中，不是仅被动学习，而是参与到具体的学习过程中。传统的教学过程往往是教师占据主导地位，学生是被动地接受学习，但是信息技术环境下的交互学习改变了这一局面。

在信息技术环境下，计算机对学生提出的问题做出处理，对学生给出的答案可以进行逻辑分析，并能够将结果向学生反馈，这对于学生而言有助于锻炼他们的外语运用能力。在这一环境下，学生可以从自己的兴趣出发，对学习的内容进行选择。可见，这种模式为学生提供了理想环境，帮助学生从自己的知识基础与认知出发，展开学习，提升自身的知识水平和能力。

二、数字化时代应用型高校外语教学面临的挑战

（一）对教学方法与手段提出了挑战

传统的应用型高校外语教学是从教材出发来一步步地传授知识的，教学主要是以教师为中心，采用"填鸭式"的教学模式。随着信息技术的引入，以及慕课教学、微课教学、翻转课堂教学等的实施，教学内容不断深化与多样，学生可以运用信息技术在任何地方获取教学内容。在传统的应用型高校外语教学中，教师是教学的主导，学生被动接受知识，但是随着信息技术的引入，这种角色发生了改变，教师展开探究教学、项目教学等，实现教与学方式的改变，教师主要负责引导，学生主动进行学习。显然，传统的教学模式与当前的应用型高校外语教学改革已不相符。当前的应用型高校外语教学需要运用新的教学手段，提升教学水平和质量。

（二）对教师角色与技能提出了挑战

"教师教、学生学"这一模式就意味着教师是知识的传输者，学生只是知识的接受者。但是，随着信息技术的融入，一些新的教学模式兴起，教师的责任发生了转变，从灌输者转向引导者，学生从接受者转向主动学习者。虽然教师的主体地位被颠覆了，但是教师仍然是推动学生展开学习的动力，他们需要不断指导学生的学习，是学生学习的必要支持者。显然，教师成了学生获取资源的一种途径，当然教师在教学中不仅需要为学生答疑解惑，还需要不断提升自身的技术水平。

在传统的应用型高校外语教学中，教师只需要具备专业素养就可以了，会用电脑，执行一些基本的任务，就能够完成教学。但是，在当前新时代背景下，教师需要提升自身的技术能力，能够多样化地组织课堂教学信息技术

为教师和学生提供了海量的资源，学生在面对如此多的资源的时候是很难做出选择的，这就需要教师的帮助，教师帮助学生对资源进行甄别，在课前将这些资源提供给学生，如微课视频、微课课件等。

在课堂之上，教师努力激发学生学习的兴趣和积极性，熟练把握课堂活动，如进行合作学习等。同时，教师还需要掌握信息技术，能够运用该技术制作视频，对学习进行检测，实现与学生的互动。当然，教师还需要处理好传统手段与现代手段的关系，发挥好自身的情感与人格作用。

（三）对学习观念与方式提出了挑战

在信息技术环境下，自主学习、合作学习、体验式学习等是最为常见的方式。随着信息技术的不断引入，知识变得更为开放，学生要想获取知识，除了从课堂和教师那里，还可以通过网络获取。显然，信息技术融入应用型高校外语教学使学生的学习路径更为拓宽，学生也获得了丰富的学习资源，让学生的学习变得更为主动。

在资源选择上，学生的自主性更为明显，他们可以选择本校教师的微课讲解，也可以选择其他学校教师的讲解。同时，学习的时间、地点也非常灵活，只要具备无线网络，学生就可以在任何时间、地点展开学习，这将传统课堂只能讲授一两遍的弊端予以消除。

信息技术融入应用型高校外语教学，使学生学习更加具有互动性，学生不仅可以和教师交互，还可以和计算机交互。学习平台可以监控学生的学习情况，教师也可以实时查看学生的学习情况，为学生提出一些意见和建议。师生之间、生生之间可以随时展开交流与合作，将外语学习的困难放在明面上解决。可见，泛在性、自主性、随时性是信息技术时代下应用型高校外语学习方式的主要特征，颠覆了传统的"机械"和"被动"的学习方式。

第四节　数字化转型背景下应用型高校的教育与教学发展

基于高等教育普及化背景，探讨多元治理下的应用型高校人才培养模式改革和学科专业体系构建，对身处普及化转型期的应用型高校发展具有现实意义。

一、数字化转型背景下应用型高校多元共治的内涵特征

20 世纪 80 年代末，世界银行讨论非洲发展问题时首次提出"治理危机"，从此，"治理"一词便在国际学术界逐渐传播起来。而在我国"治理"成为研究热点词汇则始于 2013 年党的十八届三中全会提出"推进国家治理体系和治理能力现代化"之后；2019 年党的十九届四中全会的召开，又使治理研究在我国得到进一步升温。治理的最典型、最显著的特征就是多元主体参与共同治理，实现"多元共治"。

同样，大学治理作为治理教育的重要手段，指的是国家机关、社会组织、市场主体、利益群体和学生个体等众多利益相关者，通过一定制度安排开展合作互动、共同管理教育公共事务的"多元共治"过程。

提出"大学治理"这一命题，是因为过去在应用型高校管理中大多借鉴行政管理的理论和举措，以至于应用型高校行政管理中的不少部门设置与上级教育主管部门一一对应。从现实来看，行政管理模式对应用型高校干扰较多、管得较多、激励不够、保障不够，这已经成为影响应用型高校办学活力提升的关键因素，甚至成为应用型高校教育管理中的顽瘴痼疾。提出大学治理这一命题，主要基于以下几个原因。

一是行政化在应用型高校还比较严重，尤其地方应用型高校更是如此。谁的行政权力大，谁就有更多话语权，无论是校级层面还是管理部门，概莫能外。

二是无论政府还是应用型高校自身，对"治理"一词的理解都还存在偏差，甚或有些关于"治理"的研究偏离了其"多元共治"的治理本质，"多元治理"的典型特征未能得到彰显，教育治理研究的"治理味道"还远远不够。应用型高校中有部分管理人员认为，"严格管理"就是"教育治理"；或者认为，教育的法治化、制度化本身就是教育治理，再提教育治理似乎有些多余；甚至认为管理的信息化就是"教育治理"。

三是将一般性的行政治理分析框架简单地移植到教育领域，对教育问题

的"多层次性"分析不够，对我们的教育对象——学生这个最重要的群体关注不到位，这又使得教育治理研究的"教育味道"严重不足。为了使教育治理更加合理，教育治理的方案、过程都必须是科学的，实现科学的教育治理是教育治理的重要目标。为了使教育治理更有活力，教育治理的过程必须是民主的，只有当教育的各方利益相关者都能积极参与教育治理，实现教育的多元共治，教育治理才会取得成效。同时，为了使教育治理更有秩序，教育治理还必须符合法治精神，并朝着微观治理方向发展，仅仅依靠政府层面而忽视学校自身对教育治理的重要作用是不符合法治精神的。为此，应用型高校不仅要把政府下放给学校的权力用好，还要把政府下放给学校的权力进一步下放给教师、学生、家长等相关主体，从而完善应用型高校内部治理结构，实行分权共治。譬如，近年来省属地方应用型高校教师的职称评审权已从原来的由省教育行政管理部门组织专家评审变成了由学校自行评审。

不少应用型高校顺势将这份权力下放给了二级学院和专业系，由职称申报者的同事和同行专家说了算，即由二级学院和专业系组织校内外专家进行评审，这已成为许多应用型高校通行的做法。实践证明，这样的做法更加客观公正，更能起到激励作用，但也不排除还有少数应用型高校会将这种自治权力用偏，最终使之成为部分校长专制的工具。其实，办学治校仍需要多元共治，真正形成"党委领导、校长负责、教授治学、民主管理、依法治校"的局面。

除了多元共治特征外，教育治理还有一个多层级特征。在国家与区域层面，是政府宏观管理；在应用型高校层面，则是应用型高校依法自主办学，继而将这种办学自主权部分地下放给二级学院，再由二级学院部分地下放给专业系直到学生班级。对于应用型高校层面的学校治理主体而言，应当包括学校党委、学校行政部门、校务委员会、教职工代表大会、学生代表大会、学生会、学校所在社区、相关社会组织、市场主体，还应该包括教师、学生、家长等校内外主体。以上这些主体通过一定的制度安排进行必要的合作与互动来共同管理学校教育事务。高等教育普及化时代的应用型高校二级学院治理，其关键是构建"校-院"权责结构、和谐有序的内部治理体系以及社会有效参与机制。

二、数字化转型背景下应用型高校多元共治的目标取向与操作模式取向

（一）应用型高校多元共治的目标

应用型高校多元共治的具体目标主要体现在以下几个方面。在办学体制方面，通过多元共治，使政府主导、多元参与的办学格局更加合理，产教融合、校企合作的办学模式更多样，学科专业结构与区域产业布局更加匹配。依托校地联合的不断深入，打通人才培养与产业发展之间的通道；依托产教融合、校企合作的不断深入，提升学科专业建设内涵，实现应用型高校在高素质应用型人才培养和学科专业建设路径上的创新。在评价方式方面，服务国家战略和区域重大需求、培养高素质应用型人才的价值导向更加鲜明，"重基础理论、重实践创新、强动手能力、强综合素质"的能力为重、素质导向的评估评价更加合理。在管理机制方面，省部共建、区域联合、政行企校协同的发展机制更加顺畅，条件保障、制度供给更加有力。

（二）构建应用型高校多元共治的操作模式

构建应用型高校多元共治的操作模式，需要切实把握应用型高校的人才培养规律和学科专业建设要求；围绕国家以及区域的产业升级、技术创新，培养专业基础牢、工程能力强、富有创新能力的高层次工程技术人才，需要更多先进知识支撑。具体地说，一是建立健全应用型人才培养体系。以服务地方产业结构调整与转型升级为主线，调整地方应用型高校的专业设置、专业方向和专业结构，使其更好、更精准地对接地方产业链；面向产业发展对中高端不同层次人才需求，按照应用创新型和技术技能型两个层次明确应用型高校人才培养目标。要对接专业认证标准和专业评估标准、行业专业标准、职业技能标准，调整完善人才培养标准、相应课程体系与教学内容。要从人才培养的面向、规格、过程和模式等多个维度优化应用型人才培养环节，并在人才培养过程中注重社会需求与学生发展同步、专业教育与修为教育同步、知识教育与技能训练同步、学校教育与企业培养同步。二是建立课程教材产

教联合开发机制。由地方应用型高校牵头组建校本课程开发中心，整合行业、企业、学校基层教学组织资源，重点围绕地方重点产业领域，研制一批核心课程标准，打造一批高水平优质课程，大力开发数字化资源。三是组建区域产教联合体。可由产业园区牵头，政府相关部门、地方骨干企业、科研机构、地方应用型高校参与组建理事会，明确各参与方的责权利，打造具有人才培养、创新创业、产业升级等功能的产教联合体，统筹编制专业群建设规划，确定人才培养规格，升级改造人才培养方案，开发课程和教学资源，改革教学和学业考核评价；组建跨界技术研发及应用团队，推动企业专家与学校教师双向流动，联合开展技术创新；建立校企人才培养双向牵引机制，开展"订单式"培养，使产教融合、校企合作走深走实。四是创新拔尖应用型人才选拔培养机制。

改革招生政策，可通过"文化考试＋技术考核"等方式，招收优秀中高职毕业生、生产一线优秀员工就读应用型高校本科专业；也可联合重点行业企业采取"推荐＋考核"等方式，招收生产一线优秀高职毕业生，以校企项目合作培养专业硕士学位研究生。坚持"能力牵引"，依据卓越工程师专业能力要求，安排理论与实践课程体系；实施"项目绑定"，针对行业、企业实际工程问题，遴选"绑定"学生培养全过程项目，培养学生解决特定领域内复杂工程问题的能力。五是搭建产教融合供需信息共享平台。通过建设产教融合信息服务平台，动态发布企业人力资源需求、技术研发需求、项目合作需求和应用型高校人才供给与科研成果信息，定期发布人才需求预测及专业预警报告、产教融合绩效报告。

三、数字化转型背景下的应用型高校人才培养

"为谁培养人、培养什么人、如何培养人"是教育的根本问题和永恒主题，也是教育界必须直面和准确回答的问题。在高等教育普及化背景下，应用型高校如何培养人，如何培养适应国家战略和区域发展的大批高素质应用型人才，是全国几百所应用型高校评判其多元治理成效的根本标准。站在应用型高校普及化转型的新起点上，应用型高校需要以更加宽广的视野深刻认识自身面临的发展环境，以更审慎的态度准确研判学校所处的历史方位，以更科

学的思路谋划人才培养、科学研究、社会服务和学校发展。

（一）应用型高校人才培养面临的机遇和挑战

在这个机遇叠加、机遇与挑战并存的新时代，经济社会发展的新态势为应用型高校发展拓展了新的空间。以"信息技术+"、大数据、人工智能等为代表的新一轮科技革命和产业变革突飞猛进，国家加快建设世界重要人才中心和创新高地，区域发展更加依赖高素质人才支撑和高水平创新驱动，从而为应用型高校提供了更大的发展空间。同时，高等教育发展的新形势为应用型高校发展提供了新平台。我国正在迈向世界舞台中央，已建成世界上最大规模的高等教育体系。随着国家加快建设高质量高等教育体系，推进高等教育大国向高等教育强国迈进，加快一流应用型大学建设步伐，促进教育链、人才链与产业链、创新链有机衔接等战略举措的大力实施，应用型高校建设具有了更加广阔的舞台。

同时我们也看到，世界百年未有之大变局在加速演进，世界范围内科技和人才的竞争日趋激烈，面对国家和区域接连推出的重大战略和重大举措，全国应用型高校都铆足劲、出大招，瞄准高端人才、高水平团队、重大平台、重大项目、重大奖项，精准发力，集中用力，形成了"百舸争流、千帆竞发"的态势，应用型高校发展会迎来更多、更大的挑战。资源配置的非均衡态势也在日益凸显，无论是国家"双一流"建设、"双万"计划、学科评估，还是区域中的优势学科、特聘教授、品牌专业，都表明制度安排、资源分配更加注重效率优先。那些优势突出、机制灵活的应用型高校越来越容易获得优质资源，强者越强的格局会更加突出，应用型高校办学的外源性要求日益提高。中华民族伟大复兴进入关键时期，党和国家事业发展对高等教育的需要、对科学知识和优秀人才的需求比以往任何时候都更为迫切。区域经济社会创新驱动发展、产业转型升级和人民群众对更高质量高等教育的需求，对学校服务经济社会发展的能力和水平都提出了更高要求。

（二）多元治理下的应用型高校人才培养

首先，多元治理下的人才培养需要多元主体共同发力。以应用型高校与政府、行业企业共建"产业学院"这一人才培养的新型平台为例，一般而言，产业学院都会由地方政府、产业园区、行业企业和学校自身派员组建董事会（民办院校会成立相应的理事会），并以此作为产业学院的运营核心。董事会对产业学院的目标定位、管理体制、财务运转、招生就业等方面进行审议和决策。组成董事会的各利益主体也会有不同分工：地方政府、产业园区提供政策和资金扶持，应用型高校则提供场地、设备及教师，行业企业负责教师实训及学生培训，以此开创政府、学校、企业、行业共同参与人才培养过程的局面，做到产业、人才、技术、资本深度融合，知识教育、能力培养、素质提升"三位一体"。产业学院突破了以往政府主导、应用型高校为主的教育模式，构建起多元主体共同发力进行应用型本科人才培养的治理结构。

其次，多元治理下的人才培养需要精准对接社会需求。在应用型高校的人才培养中，立德是前提，能力是核心，实践教学是关键。产业学院成立的初心是能与产业园区的企业精准对接，把园区产业对高素质应用型人才的需求"订单"进行分类组合，以此革新专业设置办法，确定人才培养规格和人才培养数量，继而配置相应的教学资源，进一步提升人才供给与产业需求的匹配度和精准度。达成意向之后的行业企业、学生和产业学院统一签订教育培训协议，由行业企业、应用型高校和产业学院三方协同育人，形成联合协作、精准培养的应用型高校的育人模式。学校负责专业理论课程和基本能力训练，产业学院负责实践培训，企业负责专项岗位能力培训。学生在学校、产业学院、企业三个教学场所多阶段轮转、螺旋式培训，逐步实现从"新手"到"熟手"再到"能手"的能力转变，较好地实现教育链、人才链和产业链、创新链的有效融通。

最后，多元治理下的人才培养需要多方主体共同评价。随着产业学院人才培养工作的深入开展，为提高应用型人才培养满意度，可通过对产业园区企业的跟踪调研和信息反馈，整理出企业对高素质应用型本科人才的不同需求，包括共性要求和个性要求（其中，工作态度、工作质量、行动能力、社会行为、工作纪律、专业知识是产业园区对应用型本科人才的共性要求）。以此为基础，坚持学生为本和评价方式的人性化，形成与行业充分对接的产业学院人才培养评价体系。该体系以提高学生的综合能力和就业竞争力为目标，重在弥补以往评价主体单一的缺陷，以最大范围地解决学校与企业、企业与企业之间人才培养评价标准各异的问题。

四、数字化转型背景下的应用型高校学科建设

（一）打造人才队伍高地

要牢固树立"人才是第一资源"的理念，大力推进精准聚才、精准育才、精准用才。聚力引聘领军人才和创新团队，聚力助推青年教师成长发展，聚力深化人事制度改革，打造科研创新高地。紧紧围绕国家战略和区域重大需求，强化有组织科研，争取大项目、打造大平台、产出大成果。要实施自主创新攀登行动，面向绿色低碳和人工智能等前沿领域，引导教师、科研人员加强基础研究和关键核心技术攻关，在国家级重点科研项目上取得突破。要大力提升科研人员的技术研发与社会服务能力，加强与名院大所合作，深入开展协同创新，在实现国家级科技奖项上取得突破。要实施创新平台建设行动，创新体制机制，改革校级科研项目资助政策体系，提升校级科研机构科研创新能力。

要加强特色智库建设，为地方经济高质量发展提供专业化政策建议和智力支撑。要大力实施重大科技产品开发与应用培育工程，联合大院大所大企业开展重大技术攻关，开发具有较高显示度的高新技术产品。要完善科技成果转化机制，探索以市场为导向的知识产权全流程服务运营新模式，促进高价值发明创造和专利转化。要实施创新能力激发行动，营造崇尚创新、献身科研的浓厚氛围，加大青年科研人才培养力度，激发科研工作的潜力和活力。同时要精心育才，从政策、资金、平台等方面给予支持，使他们能够安心、热心、舒心地在学校工作；要坚持精细用才，按需设岗，以岗聘人，让他们在一线历练成长。

（二）推进学科建设体系化

要坚持分类分层建设，把传统优势学科做强，把国家急需学科做精，把新兴交叉学科做实。要按照"服务需求、突出特色、水平优先、优化布局"原则，统筹谋划、合理布局学科建设与专业设置，科学增列专业学位研究生培养授权点，分层次做好学位点建设工作。推进地方战略性新兴产业集群，

打造高水平学科体系。推动学科交叉融合，促进理工结合、工工交叉、工文工艺渗透，推进跨学科培养应用型创新人才。

大力推进研究生培养改革，不断完善人才培养方案，加强招生体系、课程体系、教材体系、实践教学体系、评价体系和学位授予体系改革，形成具有应用型高校自身特色的研究生培养体系。优化研究生分类培养模式，加强研究生导师队伍建设，贯通课程链、产业链、创新链，搭建科产教融合培养中心和相关平台。推进合作办学品牌化，坚持校地融合、国际合作，对照高端标准，发挥比较优势，打造社会服务、国际交流的品牌效应。

（三）赋予二级学院更多自主权

建设高水平的地方一流应用型高校，要有一流的现代治理体系、坚实有力的资源条件、取得高度共识的精神文化作为重要支撑与保障。要聚焦"以师生发展为中心"，提升现代大学治理效能，推进资源配置改革，加强大学文化建设，不断增强师生的获得感和幸福感。要完善现代大学治理体系，坚持党委领导下的校长负责制，进一步完善现代大学制度。

（四）促进科技成果转化

要认识到学科建设的龙头地位，明确研究生教育的重要使命和责任，以及研究生教育改革发展的方向和思路。要从战略高度认识建设高水平学科是建设地方一流应用型高校的核心要义。

总之，学科特色是学校的根本特色，应用型高校的核心竞争力、发展潜力和社会地位要靠高水平学科来支撑，要靠高水平的学科成果来体现。学科体系建设关系学校的发展根基，在高水平人才培养中发挥着重要作用。

第二章 高校外语教学概述

在新的时代发展背景下，高校外语教学面临各种发展机遇与挑战，只有充分把握机遇，才能迎合社会发展的趋势，培养出符合社会发展的高质量外语人才。同时，应对高校外语教学有一个正确的认知，熟悉其基本要素，进而结合时代发展要求，进行全方位发展。本章重点对高校外语教学进行概述，包括高校外语教学的内涵、高校外语教学的基本要求与内容、高校外语教学的理论依据、高校外语教学的发展历程回顾。

第一节 高校外语教学的内涵

一、教学的内涵

教是教师的行为和动作。教的意义一般指"讲授""教授""传授"等，当然还可以指代教学。前者指的是古老的教授，后者是将教作为一门职业对待。外语中，常用 teach 来指代教，有的时候还用 instruct，因为 instructor 是教师的一种角色，而且有些学者认为这还是主要角色。

就教的内容而言，可以包含知识、课程等。就教的主观性来说，可以是有意识地教，如 Professor Widdowson teaches us Discourse Analysis；也可以是无意识地教，如 "The incident taught him a lot about the nature of the superpower." 这种研究深受第二语言习得理论的影响。

二、外语教学

21 世纪是信息化、全球化的时代，为迎接新世纪的挑战，我国外语教学经过多次调整，外语教学已恢复了其应有的地位。在外语教学研究和实践中出现了一些新的理念，当今的外语教学呈现了以下几个新的特点。

首先，当代的外语教学以创新作为教学理念。

其次，外语教学更加注重培养学生的跨文化意识。

最后，外语教学注重与互联网相结合。

（一）明确外语教学目标

对于大学生来说，就业是他们将来的主要任务。随着市场经济的发展和全球化进程的不断深入，越来越多的大学生在毕业后选择直接就业而不是继续深造。这就需要高校在教学过程中明确培养目标，结合实际情况，制订出能够切实提高学生实践能力的教学计划，同时不断完善教学课程体系，在实际教学中对学生进行个性化教育。高校外语课程是高校外语课程体系中非常重要的组成部分，对于大学生就业有很大的帮助。高校外语教学应以就业为导向，制订出有针对性的教学计划。

第一，要加强大学生外语实际应用能力的培养。为了使大学生能更好地进行社会交流与实践应用，教师在教学中可以根据专业特点、课程性质以及学生就业方向来明确教学目标。比如旅游专业和市场营销专业对学生实际应用能力要求较高，所以教师在课堂上可以重点传授外语听说读写方面的知识和技巧。

第二，要增强大学生的就业能力。高校是大学生走向社会、接触社会的一个重要平台，因此学校必须加强对学生进行就业能力方面的培养。对于一些职业学校来说，可以适当增加外语课程，结合学生实际情况安排专业课程和就业技能训练，从而使学生在毕业后尽快适应社会环境，并在实践中更好地运用所学知识进行社会交流和实践应用。

（二）创新外语教学模式

创新外语教学模式，对应用型人才培养目标的实现具有重要的现实意义。外语教学要充分尊重学生的主体地位，注重学生自主学习能力的培养，让学生成为外语课堂教学的主体，充分发挥学生学习主体作用。高校教师应该不断创新外语教学模式，将传统的"填鸭式"教学方法向多元化教学方法转变，优化学习环境，发挥网络作用和多媒体作用。

首先，要注重发挥多媒体作用。在教学过程中教师可以利用网络技术、多媒体设备等辅助工具开展外语课堂教学。在实际教学过程中老师可以在计算机上建立虚拟仿真课堂环境，运用虚拟仿真技术将真实场景与虚拟场景相结合，以创设情境实现教学目标。比如在讲到"Can you feel your love？"一句话时，教师可以让学生用外语直接对该句话进行复述不是简单重复，以此来锻炼学生外语口语和书面语的应用能力。

其次，要注重语言实践运用能力的培养。通过外语教学可以提高大学生语言学习兴趣与交际能力是高校外语课程教学改革的一个重要方面。教师在课堂教学中应注重语言实践运用能力培养，设置情景模拟活动引导学生参与交流、讨论等，调动学生学习兴趣及主动性。同时通过这种语言实践活动锻炼大学生外语交际能力和书面语言运用能力，有助于提高大学生的外语应用的能力。

最后，要注重对学生学习效果的评价与考核机制建设。传统的评价体系通常是以教师为主体开展评价工作的，这在很大程度上束缚了大学生外语学习的积极性与主动性。随着新课改的推进和教育信息化的发展，教师在教学过程中应转变传统观念和意识并采用多元化教学方法与评价方式来实现对大学生学习效果考核和过程管理。同时也应注意对学生学习情况与能力情况的考核方式与权重设置。

（三）优化外语课程结构

教师要以学生发展为根本，将学生作为课程教学的出发点和落脚点。在教学过程中，教师应关注学生在外语学习中出现的问题，并给予正确引导，帮助学生解决学习问题。同时，要根据实际情况进行适当调整，为学生提供更多的实践机会。教师还应建立科学合理的课程结构，明确课程目标，对外语课程体系进行合理设置。如增加交际类外语课程、职业外语课程等。同时，教师还应结合本校实际情况制定出专业的外语教学大纲。根据学校各专业学生学习情况进行教材的选择和优化，将最新、最实用的教学资源引入课堂，以提高教学质量。在保证学生掌握基本知识的同时，还要加强对学生专业知识和技能的培养与训练，使其成为应用型人才。

1. 树立新的人才培养理念

近年来，随着高等教育改革的不断深入，高校人才培养理念也逐渐发生了转变，形成了"宽口径、厚基础、强能力、高素质"的人才培养目标。各高校都在努力探索新的人才培养模式，以满足社会发展和经济建设的需要。这一趋势促使教师在教学中要转变思想，树立新的人才培养理念，适应社会对应用型人才的要求。高校外语教师不仅要传授知识和技能，还要承担起对学生进行思想政治教育和人文关怀的责任。外语教师要善于利用外语教学资源，挖掘出教学内容中蕴含的德育教育内容，以此来丰富教学内容。同时，教师还要创新外语教学模式，将传统的语言技能教学方式与情感教育、人文教育等有机结合起来。

2. 加强课程体系改革

高校外语课程体系改革中，应加强外语课程与其他课程的联系，将专业知识融入其中，如在外语口语和听力教学中融入专业知识，让学生在学习外语的同时也能够掌握本专业相关知识。此外，教师还应结合学生的实际情况增加职业外语课程。将职业外语融入教学中，可以让学生在学习过程中了解到社会职业需求，并能根据社会需求进行有针对性的学习。例如，教师可以将外语应用到外贸行业中，在为学生讲解了常用的外贸商务术语、国际贸易流程以及相关政策后，教师还可以将这些知识应用到实际工作中，让学生在实践中学习外语知识和专业技能。此外，还可以将职业外语与学科外语相结合。学科外语主要是指对教材上的语言知识进行讲解以及拓展的训练。教师应加强对学科英文词汇的学习与记忆，并在讲解时注重对理论知识的运用。将职业外语引入教学后，可以让学生在学习过程中了解到各行业的实际应用情况以及发展趋势。

第二节　高校外语教学的理念

一、以素质为重点，强化外语综合能力培养

随着时代的进步与发展，国家对人才的需求已经不是单一的专业技术人才，而是综合素质全面的高素质应用型人才。大学生应具备较强的外语应用能力，同时还要具备较好的政治素养和道德修养。只有这样，才能胜任今后的工作，才能成为一名合格的社会有用人才。在应用型人才培养目标下高校外语教学过程中，应强化学生综合素质培养。在外语课程教学过程中，应重视语言的交际功能，通过创设情境来促进学生学习外语，使其能真正地感受到外语在实际应用中所起到的作用。在这一过程中，教师应积极创造良好的语言交际环境，同时要引导学生充分利用网络资源进行自主学习和探索，以便更好地掌握外语知识和提高应用能力。在外语课程教学过程中还要加强对学生道德品质、生活技能、心理健康等方面素质的培养。

（一）注重思想品德教育

在高校英语教学过程中，应注重对学生进行思想品德教育，使其能够真正理解并掌握外语知识的同时，不断提高自身的思想品德修养，使其具有较强的政治意识和道德水平。首先，在外语课程教学过程中，教师可以通过引入中外历史典故、名人名言、重大事件等来进行思想品德教育，使学生能够积极参与到思想品德教育中，从而使其能够更好地理解外语知识和提高综合素质。其次，在外语课程教学过程中还可以通过利用传统文化来提高学生的思想道德水平，从而使学生能够真正感受到传统文化所蕴含的深刻内涵。如在学习《论语》时教师可以让学生充分了解"仁""义"等思想内容，同时还应引导学生继承和发扬中华民族优良传统文化中的精华和思想理念。最后，还可以利用西方文化来提高学生思想道德水平，如在学习《圣经》时教师可以通过介绍西方文化的一些优秀事例来引导学生

了解西方文明的发展过程、思想观念以及政治制度等，从而使其能够更加全面地认识西方文化。

（二）培养良好的心理素质

当代大学生的心理素质问题已成为大学生们最关注的问题之一，许多心理问题甚至已成为威胁大学生身心健康和学业发展的重要因素。学生对心理素质问题的认识与重视程度会直接影响到学生的学习与生活，对其学习和生活都有很大的影响。而大学生心理健康水平不仅与个人成长发展直接相关，而且与高校教育教学质量直接相关。在外语教学过程中，教师应重视对学生心理健康水平的培养，为学生创造良好的外语学习环境，使其能在和谐愉快的教学氛围中更好地学习和掌握外语知识。同时教师还应引导学生正确认识自身所处的社会环境，增强他们适应社会环境、驾驭社会环境的能力，培养他们具备较高的心理承受能力。只有这样，才能更好地面对和处理生活中所出现的各种问题。大学生正处于长身体、长能力阶段，面临着社会上诸多因素带来的压力和挑战，所以在外语教学过程中应重视学生心理素质培养工作。

（三）掌握实用生活技能

在应用型人才培养目标下，学生应掌握一定的生活技能，以便适应社会发展的需要。在外语教学过程中，教师应充分发挥外语与社会生活联系密切的优势，加强对学生生活技能的培养。在这一过程中，教师要加强对学生生活技能的培养，使其能够运用外语来解决日常生活问题。学生掌握必要的生活技能不但能够提升学生学习效率，同时还有利于其自身综合素质的提升。例如，在日常生活中，学生应能够通过用外语识别相关家用电器的英文说明书，正确使用洗衣机和冰箱等家用电器。教师要引导学生识别掌握这些家用电器的功能和用法，使其能够正确地使用这些家用电器。另外，还可以引导学生在不同的场所中识别英文标识、进口商品标签与用途，从而提高学生自己处理生活问题的能力。教师应通过对学生进行适当的家务劳动来锻炼和提升其学习效率，使用外语技能的同时也掌握了实用的生活技能。

二、以应用为主线，提高外语教学实践应用能力

教师要从培养大学生外语交际能力入手，根据大学生学习特点制订相关教学方案。例如以小组为单位进行讨论式学习，提高学生之间交流与合作的能力；在课堂上教师要加强对学生口语训练的指导和训练，同时利用多媒体等现代化手段来提高学生学习效率。在具体教学过程中教师可以采取灵活多样的考核方式来提高大学生运用语言进行社会交流的能力，比如进行任务型教学、口试测试等。

（一）任务型教学

在实际教学过程中，教师可以把课程教学分成几个阶段，每个阶段完成一定的任务。例如在课堂上将单词和课文内容教授完后，教师可以布置一些简单的任务，让学生利用课余时间进行练习和复习。这些任务一般都是比较简单且贴近学生生活的。例如在进行单词记忆时，教师可以布置学生背诵《牛津外语》第七册上的对话和课文；然后教师可以让学生在课堂上模拟对话来进行练习。这种教学模式既能锻炼学生听力、口语以及写作等方面的能力，又能提高学生分析问题、解决问题的能力。同时教师也可以在完成任务之后对学生进行一些口头测试和笔试测试，这样更能提升他们学习效果。

（二）口试测试

高校外语课程的口试测试主要是对学生的口语交际能力进行考查，通过对学生的语言交际能力进行考察，以了解学生的外语口头表达能力。在具体口试测试时，教师可以先让学生自己读一篇英文短文，然后根据短文内容进行提问。例如："What was the first sentence？"这道题的测试目的是考查学生在听完录音材料后对文章内容的理解能力和反应速度。学生在听完录音材料后对其内容进行理解，然后根据自己对文章内容的理解提出问题。

这样可以有效地让学生利用所学知识进行讨论和交流，同时也可以加强学生之间的沟通与合作。然后，教师可以根据学生回答问题的情况进行评分，将回答问题正确率较高、反应较快的学生评定为优秀口语学习者；回答问题

不准确或不完整的则评定为不及格口语学习者。

（三）计算机辅助教学

计算机辅助教学是指将计算机技术应用到教学过程中，实现传统课堂教学无法实现的一些教学目标，达到提高学生外语学习效率和质量的目的。在传统课堂教学中，教师一般利用黑板、粉笔等工具进行外语知识的教学，并不能将课堂容量、学生积极性以及教学效率等问题解决。计算机辅助教学则可以有效地解决这一问题。教师在课前可以将外语课件制作出来，在课堂上将课件投放到电子显示屏上，利用多媒体设备进行讲解，而学生则可以通过鼠标对课件进行操作。这种教学方式既能吸引学生的注意力，又能让学生在短时间内获得更多的外语知识。计算机辅助外语课程教学不仅有利于培养学生的外语思维能力，还有利于提高学生外语学习的兴趣和积极性。在计算机辅助外语课程教学过程中，教师还可以通过网络等途径与其他高校进行交流合作，提高资源共享的效率和质量。

目前，我国的高等教育已经从精英教育转向大众化教育，高等教育的人才培养目标也发生了变化。因此，高校外语教学也必须与时俱进，调整教学理念与教学目标，将应用型人才培养目标纳入高校外语课程的教学体系中。教师应在课堂上采取营造语言环境、充分运用真实材料、鼓励学生参与课堂互动、改革课程评价方式等措施，从而提升大学生对外语的实际应用能力。从学校层面来看，学校应该在课程设置、师资建设等方面为应用型人才培养目标下高校外语课程的教学改革提供良好的条件，教师应该不断提高自身素质以适应社会发展的需要，学生则需要掌握科学学习方法以提升自己的外语实践能力。

第三节 高校外语教学的理论依据

一、教学过程最优化理论

在整个教育学理论体系中，教学过程最优化理论占据着非常重要的地位。

这一理论起源于 20 世纪 70 年代初期，它是由苏联教育家巴班斯基提出来的，这一理论一经提出就引起了当时教育界的强烈反响，发展至今仍然发挥着重要的影响。

（一）教学过程最优化的概念

在教学系统中，教学过程是极为关键的程序与内容，教学质量与效果的取得在很大程度上取决于教学过程最优化。教学过程的最优化是指教师有目的地选择一种确保教学过程的最佳方案。

（二）教学过程最优化的内涵

教学过程的最优化的内涵突出表现在以下几个方面。

第一，遵循教学的基本规律与原则。

第二，充分考虑教学环境与条件。

第三，制订与选择合适的教学方案或计划。

第四，合理地组织与管理教学过程。

第五，在规定的时间内，争取获得最大可能发展的效果。

（三）教学过程最优化的具体实施内容

第一，结合具体的教学实际，全面分析教学任务，提出建议和对策。

第二，深入学生实际，确定教学组织内容。

第三，依据教学大纲突出教学的重点与难点。

第四，分析具体的教学条件，确定合理的教学方法。

第五，开展差异化教学。

第六，确定最优化的教学进度，取得理想的教学效果。

二、有效教学理论

有效教学是关于教学质量提高的一个非常重要的理论，国内教育学专家主要对这一理论进行以下解释。

（1）利用经济学理论对有效教学的效果、效益、效率等进行阐释。

（2）有效教学的内涵集中体现在"有效"和"教学"两个方面，要从这两个方面对有效教学的概念做出界定。

（3）以学生发展为价值取向来界定有效教学。

（4）从表、中、深三个层面来阐述有效教学的结构。

第四节　高校外语教学的发展历程回顾

高校外语教学的发展体现在外语教学系统各个要素的改革中。既关乎教学政策、教学材料的改革，又关乎课程设置、教学模式以及师资队伍的改革等。限于篇幅，本节就从教学师资发展入手进行分析。

就过去的 30 多年来说，我国的高校外语教师师资建设工作成果显著，无论是在教学水平层面，还是在师资队伍结构层面都得到了应有的改善和发展，基本能够满足当前社会对人才培养的需要。下面就对师资建设的改革历程展开分析。

一、高校外语师资建设的全面改革阶段

2006 年，教育部高教司发布了《关于开展高校外语教学改革巡讲活动的通知》，目的是加强师资建设，推广网络环境下的高校外语教学模式，提升网络条件下的高校外语教学水平。

2006 年，教育部高教司共组织 3 批巡讲，给全国 27 个城市多所高校 10 000 余名的高校外语教师进行了培训。通过这次巡讲，高校外语教师对教学改革有了深入的认识，对促进高校外语教学改革产生了巨大的推动作用。

二、高校外语师资建设的专业发展阶段

（一）在数量与质量方面的发展

随着我国教育体制的深入改革，对教师工作者提出了较高的要求，教师

队伍的建设既要满足数量上的需求，同时也要在质量上有所提高。教师既要有良好的知识结构和较高学历，同时还要有胜任教育教学工作的能力。进入21世纪以来，我国全面提高教师队伍的规格标准，在现实办学条件下逐步扩大培养规模，提高办学质量，培养高层次、高学历的教师队伍。但从我国高校教学的发展现状来看，教师还存在数量少、业务能力水平不高、综合素质水平较低的问题，尚且不能满足教学改革的需要和社会发展的需要。

（二）在技能与能力方面的发展

21世纪，促进学生身体健康、增强学生体质的教学观念越来越受学校教育工作者的重视，教师的技能也随之发生变化。教师的技能和能力随着社会经济、政治、教育等方面的发展而不断提升，教师的知识、技能与能力结构也不断发生变化。随着教师社会角色的变化、教育专业化的要求以及知识的海量增长，必须重视提高教师的综合素质，提高教师队伍的整体水平，从而推动我国教育事业的发展。[1]

---

① 朱峰，宁雷. 21世纪教师 [M]. 沈阳：东北大学出版社，2009.

第三章　数字化时代下应用型高校学生外语学习的问题及对策

众所周知，应用型高校学生在学习外语的过程中通常会遭遇各种各样的问题，这些问题往往为他们的外语学习带来或大或小的障碍，在某种程度上影响了应用型高校学生外语水平的提升。例如，外语学习过程中的情感障碍、学习动力衰退、学习焦虑、学习拖延等。这些问题在当前数字化时代其实仍然存在，因而需要教师以及学生给予足够的重视，并找到恰当的改善策略。

第一节　应用型高校学生外语学习焦虑问题及对策

一、应用型高校学生的外语学习焦虑问题

（一）外语交际恐慌

1. 外语口头表达焦虑

口头表达焦虑是指说话者在没有安全感的情况下，由于表达水平有限或者受到紧张氛围的影响而引起的内心焦虑不安，导致交际无法正常进行。这种情况在外语学习的初级阶段比较常见，有时也会发生在中、高级阶段。

学生开口表述本来就存在一定的困难，再加上气氛紧张、沉闷或压抑，

表述时势必体验焦虑，体验焦虑的学生其想法不外乎以下几种：第一，自己不如别人。第二，讲不好失面子。第三，沉默是金。其典型的心理活动如下：

（1）我不习惯用外语回答问题。

（2）想到要用外语表达我就紧张、惶恐。

（3）那么多人盯着我，我很不自然。

（4）我害怕老师叫我单独回答问题。

（5）我现在不行，等适应了环境再慢慢争取机会。

2. 外语领会焦虑

学生在听的过程中，不能充分发挥心理机制的作用，出现一些难以克服的困难。焦虑心理及表现：

由于领会困难，学生在语言交际或课堂师生交往过程中，听不懂，跟不上，自然而然产生一系列的消极心理，我们称之为焦虑心理。如：

（1）听到讲外语我就头发麻，心发慌。

（2）我实在是每个字、每个词都注意到了，还是听不懂，真不知怎么办。

（3）我在听和领会方面实在是无能为力。

（4）听不懂真是活受罪。

（5）我对自己失去了信心。

（6）为什么别人都能听懂，而我却不行。

（7）反正听不懂，跟不上，不如做点别的事。

领会焦虑在语言交际或课堂学习中常以下列形式表现出来：① 恐惧，害怕参与交际或与教师、同学进行课堂交往，进而发展到害怕上外语课，特别是听力课；② 烦躁不安，学生听不懂，抓不到重点，心烦意乱，坐立不安；③ 抵触。学生因听不懂、跟不上而赌气。跟自己赌气，放弃交际和交往；跟老师赌气，摔钢笔、课本，不交练习，怨恨老师；或拿公共财物赌气，将课椅弄坏，在墙上乱涂乱画，以发泄心中的不满。

（二）外语考试焦虑

考试焦虑是一种由于害怕失败而过于担心考试成绩的情感。外语考试是种类最多的考试，一直贯穿于学习的各个阶段，即便是平时成绩不错的学生也极有可能在考试中发挥失常，因此考试焦虑现象普遍存在。

1. 一般考试焦虑

不管是常规的还是非常规的外语考试，都会带给学生一定程度的心理压力，从备考阶段到成绩公布的整个过程中，学生时刻处在一种焦虑、心慌的状态下，一般可以概括为以下几种。

（1）复习期间的担忧心理。外语考试题型众多，知识涵盖面广，基本不会组织系统复习，不划定考试范围，另外听力和口语测试也带给学生很大的压力。要应对外语考试就要全面掌握听、说、读、写、译五项基本技能。学生在备考时，常因为复习内容太多而不知如何下手，不清楚考试重点和学习要领，这种盲目复习加重了学生内心的焦虑、紧张。

（2）考试中的紧张心理。外语考试题量较大，对比其他考试，时间更为紧迫。学生很容易因为考场严肃的气氛而感到恐慌、不安，伴随出现无法集中注意力、视听困难、思维混乱，不能发挥自己的日常水平。有的同学由于紧张甚至会出现手发抖、忘写姓名的情况。

（3）交卷后的懊悔心理。学生交完试卷，走出考场，发现没有把握重点，大意失分，责怪自己平日没有好好学习，悔恨自己由于过度紧张没答完。

（4）成绩公布前的焦虑不安心理。结束考试后，学生以一种急迫、不安、期待的矛盾心理等待成绩公布。成绩好的学生关注自己是否发挥了实际水准，是否能稳住排名。成绩一般的学生想知道自己是否有进步，排名有没有变化。基础较差的学生担心自己能否及格，排名是否进步。

2. 统考焦虑

外语是所有学科中统考最多的课程，在各个外语学习阶段都有相应的全国性质的考试。

统考是一种全国性质的考试，可以说从实施以来就对外语教学起了一定的推动作用。在我国应用型高校学生学习中，大学外语四、六级和专业外语四、八级这两种统考有着十分重要的地位。考生逐年增加，考试成绩也逐年提高。由于统考在广大考生心中地位非同一般，所以大多数学生都会出现不同程度的焦虑心理，主要可以分为以下几种情况。

（1）不知所措。由于学生自身对统考了解并不深入，加之家长、教师过分夸大统考的意义和难度，导致考生对统考有一种"遥不可及"的初印象，在心理上产生恐慌、焦虑。面对统考，学生无所适从，不知道从哪入手，紧张情绪进一步影响其学习效果，慢慢地就会形成恶性循环。

（2）情绪表现失控。在考试前很长一段时间，有些考生都一直陷在低迷的情绪状态，他们对周围的一切都失去兴趣，很少与教师、同学联系，几乎不去参与各种文化活动。虽然对外语感到迷茫、无奈却也不敢出现一点松懈，所以就使自己在焦虑与痛苦之中无法自拔。

（3）生理机制失调。考试所以引起的焦虑、紧张在生理上有十分明显的表现，如出现神经衰弱、食欲缺乏、记忆力下降、精神涣散、头晕恶心等，一些情况较为严重的同学甚至还需要进行休息调理。

二、应用型高校学生的外语学习焦虑问题的解决策略

当前，在我国的大学外语教学中，外语学习焦虑已经成了一个重要的障碍，考虑当前大学生的外语学习焦虑情况，需要找寻恰当策略对这些突出问题进行解决，努力克服学习焦虑。具体来说，可以从如下几点着手。

（一）激发外语学习兴趣

兴趣是人们对某物进行认识或者对某项活动非常喜爱，产生的积极情绪色彩，是推动人们展开活动的积极因素与活跃动机。众所周知，兴趣是最好的老师，是学生能够获得知识并取得成功的前提和基础。一个人只有具备浓厚的兴趣，才能激发他们主动参与到学习之中。并且，一些学者认为，学生对外语这门课程是否喜欢，是影响学生焦虑的一个重要层面，因此在大学外语教学中，教师要努力培养学生的学习兴趣，这样可以避免他们产生焦虑的心态，从而不断提升学生的外语学习水平。

1. 建立和谐的师生关系

教师和学生应该努力建构和谐的关系，因为这种和谐融洽的关系，有助于学生形成对教师的好感，从而愿意投入到外语学习中。在大学外语教学中，如果教师表现出热心、尊重，这样会让学生产生一种情感依附，从而会不自觉地向着教师期盼的方向进步。

在教学中，教师还需要掌握批评的艺术，即尽量将批评与表扬结合起来，这样才有助于维护学生的自尊心，适当采用委婉的语气，对学生的错误进行

指点，从而帮助学生改正错误。需要指出的是，教师避免使用简单粗暴的批评手段。

2. 创设生动的教学情境

在大学外语教学中，教师不应该采用单一的教学手段，应该采用直观、与大学生心理发展规律相符的教学手段，这样可以将学生外语学习的积极性激发出来。教师需要巧妙运用实物，尤其是将教学环境中的人、事、物等都能充分利用起来，对课堂教学加以组织，让教学内容更加形象生动，这样便于学生学习与记忆内容。

另外，教师还需要对教学内容的脉络进行把握，将复杂的知识转化成简单的语言传授给学生，并采用不同的手段、尽量与现实贴近展开教学，保证教学内容的新颖性，通过吸引学生的注意力，让学生对外语学习产生兴趣。

3. 融入丰富的课外活动

对于大学外语教学来说，课外活动属于一种辅助，是课内活动的延伸。课外教学与课堂教学紧密结合，并不是要求课外教学重复课内教学的内容。搞好课外教学，有助于提升教学水平和质量。基于外语这门学科的特点，从课外教学活动出发，教师应该为学生创设条件，让学生主动参与到课外实践之中，真正地调动起外语这门学科所附带的活跃性，让外语学习更加真实、具有动感。

当然，外语课外活动的形式多种多样，如唱英文歌曲、参加外语角等，同时，为了更加调动学生外语学习的积极性，教师也可以定期举办外语演讲比赛。当然，在举办活动时，教师应该加强监管，不能放任自流，要做好活动规划，并不断对其进行调整，以保证活动更加有效。

4. 借助多媒体教学手段

多媒体技术是一项极富潜力的教学模式，自出现以来，在大学外语教学中就发挥了应有的魅力。多媒体技术集合了文字、图像、视频等于一体，这就给活动增加了别样特色。在大学外语教学中，教师应该具有现代化意识，采用多媒体展开教学，充分将课件中的文字、图像等发挥出来，吸引学生的眼球，让学生愿意学、乐于学，摆脱外语学习焦虑的困境。

（二）开展外语合作学习

根据研究表明，课堂氛围是影响学生产生焦虑情绪的一项重要因素，对课堂氛围加以改善，有助于缓解学生的焦虑。[①]合作学习起源于 20 世纪 70 年代，被人们认为是一项成功的教学改革，因此受到了人们的关注。合作学习主要是对课堂教学中的人际关系展开研究，将目标设计作为先导条件，让学生之间展开合作，往往采用分组的形式，最后展示结果，教师查看团队中学生的表现以及最后的团队成绩。显然，合作学习这项手段融合了理论与实践，显然其对于缓解焦虑非常有效。

1. "组内异质，组间同质"

这就是说小组内部应该保持异质，即小组内成员的水平、性格等要保证差异性，同时各个小组之间的水平不能相差太大，应该在每一组中都包含优等、中等、较差学生，因此这就需要教师在开展合作学习之前，应该了解每一位学生的外语水平及性格特点等，这样才能便于分配，也保证了小组之间的公平竞争。

2. 以团体成绩为评价标准

因为合作学习是以团队形式完成任务的，因此在评价标准上也应该考虑团队成绩，要求每个人在完成任务的过程中都能取得进步，这样可以一定程度上缓解学生因为比较而产生的自卑心理。

3. 强调和谐的师生关系

在合作学习中，教师不再是活动的控制者与传授者，而是充当了任务的制订者与组织者的角色，学生也不再是倾听者，而是转变成积极的参与者，这种互动的关系便于学生消除自卑感与胆怯心理。

4. 建构互助互爱的生生关系

除了师生关系的和谐，通过合作学习，学生与学生之间也保持了一种和谐的关系。因为每一名学生的知识结构、智慧水平、个性特征都存在差异，而合作学习恰好能够使这些不同的学生相互启发与交流，从而彼此补充、共同提高，这大大减少了学生与学生之间因为不和谐带来的紧张气氛，从而不

---

① 刘妮. 普通高校大学生外语学习焦虑研究［D］. 西安：西安外国语大学，2011.

断提升学生外语学习的水平。

（三）培养学习自尊自信

在外语学习焦虑的影响因素中，负评价恐惧是其中仅次于考试焦虑的一个层面，主要表现在课堂上怕教师提问自己，即便提问自己又担心自己回答不好而受到教师的批评。负评价恐惧主要源自学生对自己的不自信、对自己学习的不自信，且这些都是受自己的自尊心的影响。学生产生学习焦虑，往往与自身的自尊、自信有着紧密联系，这就需要教师采用恰当的手段，对学生的自尊心进行保护，同时努力培养学生产生自信心，这对于缓解他们的焦虑十分重要。

1. 合理纠正学生的错误

在外语学习中，教师需要明确：学生在回答问题时出错是难免的，如果学生答错，教师应该从保护学生自尊心的角度入手，不要刻意纠错，尽量减少对他们错误的纠正，同时寻找恰当的纠错手段。当学生的自尊心得到了保护，那么他们会将内心的欲望逐渐释放，慢慢跟进教师的步伐，与教师达成一种默契。当然，要想保证纠错方式有效，需要考虑以下两个因素。

第一，考虑学生的个性特征，如果学生是敏感性格，那么尽量减少对学生本身的评价，而是针对问题展开评价，避免学生产生心理负担。如果学生比较内向，尽量避免在公共场合纠正学生的错误，而尽量是单独与学生进行交流。

第二，考虑纠错的时间、地点以及教师纠错的语气。这就是说教师在纠正错误时尽量选择在轻松的氛围中纠正，对于个别学生突出的问题，教师避免在公共场合纠正，应该选择课后进行纠正。对于学生普遍存在的问题，教师可以在课堂上进行指出。

当然，为了对学生的自尊心进行保护，教师除了要纠正学生的错误，还需要多进行表扬和鼓励，挖掘每一名学生的优点，并且有意识地放大学生的优点，这会让学生感受到自身在学习中的价值，从而将这种情绪扩展到外语学习中，促进自己获得良好的外语学习效果。

2. 培养学生的自信心

学生自信心的增强，可以帮助学生战胜学习焦虑。根据实践显示，如果学生的自信心较强，他们的学习焦虑感会比较低，他们不会受到外界因素的影响，便于将自身能力与水平充分发挥出来，同时让学生认识到自身具有某项能力，也有信心将外语这门语言学好。

一般来说，要想提升学生的自信心，可以从以下两点着手。

第一，对学生寄予厚望。因为期望较低，学生的自尊心也较低，更不用说自信心了。当然，如果期望过高，学生很难实现，也会挫伤他们的积极性，让他们变得更加忧心忡忡。因此，教师要设定合理的期望，从学生的智力水平、能力需求出发，让学生自己相信自己能行。

第二，让学生感受到成功的喜悦。在课堂上，教师应多多鼓励学生，并从问题的难度考量，提问学生，然后鼓励与表扬学生，这样可以进一步帮助他们建立自信。

（四）缓解学习与考试压力

一般来说，造成学生焦虑的最主要原因就是考试。所谓考试焦虑，即学生在考试之前感受到一种威胁或者在考试的刺激下引起某些不安，是与注意、认知评价等紧密关联的一种紧张、恐惧情绪。

由于我国学生都是在外语教育背景下长大的，很多学生的学习焦虑源自各种考试，当然外语学习也是如此。而且，进入大学之后，外语四级考试也使得学生更为焦虑，因为很多学校要求四级考试与学生毕业挂钩。但是因为学生焦虑，导致他们的考试结果并不理想，并且严重影响了学生的身心健康。因此，教师应该对学生进行心理疏导，帮助学生进行学习与考试，将学生的积极性发挥出来，提升学生的心理素质，促进学生的全面发展。

这里教师就充当了一名"心理咨询师"，具体来说，教师应该指导学生做到如下几点。

1. 形成正确的应试动机

教师应该引导学生形成正确的应试动机，明确考试的意义何在。心理学家说过：人的认识会对人的情绪产生直接的影响，如果信念不合理，会导致情绪不良或者产生不适应性行为，进而产生心理问题。因此，教师应该帮助学生端正对考试的态度，树立正确的应试动机，勇于面对各种考试，放松自己的心情，使自己的思维达到最好的状态，这样才能取得理想的成绩。

2. 培养良好的人格

人格不良，往往导致心理紧张、考试焦虑。因此，教师应该组织学生参加各种有益身心的活动，磨炼学生的意志，培养他们形成良好的人格，提高学生的心理素质，尤其是那些具有竞争性的比赛，如演讲比赛等，通过这些活动锻炼学生的能力，提升学生的应变能力，这可以有效减轻学生的焦虑。

3. 树立良好的考试信心

有些学生在考试之前往往容易紧张，总是担心自己准备不充分，无法取得好的成绩，这就让自己的心理产生恐惧，反而更容易考试时一团糟，成绩也不尽如人意。因此，教师应该列举一些外语学习的成功案例，对学生进行引导，帮助学生树立考试的信心，帮助他们卸下心理的包袱、稳定自身的情绪，保持平常心。如果学生在考试时不自主地紧张，应该学会自我调控，自我暗示自己能行，自己给自己打气，相信自己一定可以取得优异的成绩。这些形式都是为了降低自己考试之前的焦虑。

第二节　应用型高校学生外语学习动机衰退问题及对策

一、应用型高校学生的外语学习动机衰退

动机是激发人们展开行动的内部力量，是个体发动行动、维持行动的一种心理状态。一个人的动机往往与其是否能够满足自身需要有着紧密的联系。

而外语学习动机是个体展开外语学习的强烈愿望，其是推进外语学习的内部动力。只有有动机的外语学习，其才能取得较好的学习结果；如果是无动机的外语学习，往往是将外语视作一种学习负担，也很难取得较好的外语学习效果。[①]

外语学习要将学习动机的广义和狭义作为研究前提，对外语学习动机进

---

① 王志敏. 外语学习动机激发策略的理论与实证研究［M］. 北京：光明日报出版社，2014：27.

行细致区分。一般情况下，我们可以将外语学习动机的内容概括为四种（图 3-1），即影响因素、动机状态、语言学习结果和相关因素。

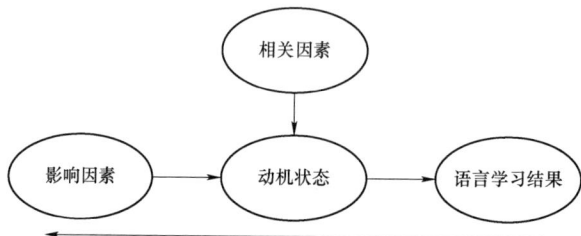

图 3-1　外语学习动机研究内容

通常来说，影响因素就是动机的原因，它包括归因、倾向性、语言环境等产生动机的各种直接因素。语言结果和非语言结果是语言学习结果的两种表现形式。语言结果指的是受动机作用的影响而收获的语言知识和能力；非语言结果指的是在语言学习的过程中可能会造成情感、态度层面的结果，如出现满足、期待、焦虑等情绪。除此之外，由于非语言影响因素和结果在内容上有一定的重合，因此动机同样也会受到非语言结果的影响。动机中包含那些存在差异化的因素，如性别、年龄、性格、风格等。这些因素往往会因为个体的差异化而产生不同的动机，但是其并不会随着发展而发生变化。外语学习动机系统的内在结构是由影响因素、动机状态和语言学习结果共同构成的。

（一）内在动机与外在动机

内在动机往往是在学生内部起作用的动机，其是由学生对学习的兴趣、需要、理想、好奇心、自尊心、责任感等的内在因素转化成的，因此具有主动性与积极性，其对于外语学习而言有着巨大的意义。

外在动机是指外语学习受外部因素的影响，由外部因素激发，如考试压力、社会要求、伙伴认可、父母奖励、荣誉奖金等引发起来的，表现为心理上的压力。受外部因素的影响，学生不得不进行外语学习，如为了获得文凭、为了以后的工作等，但是由于外在动机是受外部因素影响的，且外部因素不断变化，因此外在动机也具有较大的可变性。

（二）主导性学习动机与辅助性学习动机

主导性学习动机的动力非常强，主要起着主导性的作用。主导性学习动机会随着学生的成长不断发生改变。例如，大一学生的外语主导性学习动机主要是为了获得教师、家长的认可；到了高年级，其主导性学习动机变成了获得优异成绩，找到一份好的工作。

辅助性学习动机的动力一般比较弱，主要是起着辅助的作用。其可能不仅仅只有一个，而是有很多个，如得到奖学金、获得赞赏等。

（三）远景性学习动机与近景性学习动机

远景性学习动机与学习活动之间并没有直接的关联性，而是间接性的，其对于学习活动的价值、结果等起着强调性的作用，其与外语学习的社会意义之间有着紧密的联系。对外语学习的主动性产生有利的影响。也就是说，这类动机与长远活动关系密切，具有极强的稳定性。

近景性学习动机与学习活动有着直接的联系，主要是学习活动本身引起的，表现在对外语这门学科的兴趣和积极性，通过学习获得成功的结果和体验。这类动机可能是同学之间的竞争引起的，也可能是由教师、家长等施加的压力引起的。

二、应用型高校学生的外语学习动机衰退问题的解决策略

当前，很多教师十分关注如何调动学生的学习积极性，而动机激发策略对于学生的外语学习有着十分重要的作用，因此很多学者对其展开了研究。第三章对外语学习动机的衰退现象以及对学生学习倦怠的影响展开了分析，因此本节主要探讨如何激发学生的学习动机。

（一）激发内在动机

当前，普遍认为比较有效的动机策略不仅包括内在动机策略，也包括外在动机策略。但是，从一定条件来说，外在动机可以转化成内在动机，因此教师将内外动机结合起来，可以更好地激励学生。具体来说，教师可以从如

下几个层面激发学生的内在动机。

1. 激发学生的兴趣

在教学中，学生具备浓厚的学习兴趣，有助于他们投入学习中，也决定了他们学习能否获得成就。海德等人提出了兴趣培养的四阶段模式，如图 3-2 所示。

阶段 1：情境兴趣的激发

所谓情境兴趣的激发，即认知或者情感短期改变产生的一种心理状态。一般来说，一旦情境兴趣被成功激发，就可能持续一段时间，只不过持续的时间可能较长或者较短，并且这种情境兴趣也有助于学生建构自己的学习内容。要想激发情境兴趣，除了依靠外部因素，还可以通过小组活动、电子设备等。

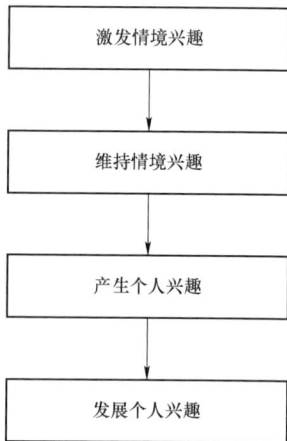

图 3-2　兴趣培养的四阶段模式
（资料来源：王志敏，2014）

阶段 2：情境兴趣阶段的维持

所谓情境兴趣阶段的维持，即情境兴趣激发之产生的一种心理状态，其往往是较长时间内持续的一种心理倾向。其往往需要借助教师或者其他同伴的支持，使得情境兴趣得到加强和维持。当然，也不能仅仅依靠外部力量，学生自己也需要创造环境和条件，如参加一些小组活动。

阶段 3：个人兴趣阶段的产生

所谓个人兴趣阶段的产生，其实际上是一种心理状态，即对某一特定内容产生持久的兴趣。要想形成个人兴趣，学生需要对学习内容予以高度重视，无论是否外部给予支持，学生都需要投入到学习之中，并对自身学到的知识进行巩固。同时，学生在学习过程中发现自身的问题，找到适合自己的学习行为，对更多信息进行积累。在这一阶段，学生更多是自发形成，虽然有很多外部条件的支持，但是更多的都是个人的调节与反思。

阶段 4：个人兴趣的发展

所谓个人兴趣的发展，同阶段 3 一样，是一种心理状态，也是对某一特定内容的专注。在这一阶段，个人兴趣得到不断强化，并且除了提出问题、对学习进行自我调节外，还能够克服困难，发挥自身的主观能动性。当然，在这一阶段，外部环境、专家等的引导也有助于个人兴趣的发展。

（1）外语教学中情境兴趣的激发和维持

在外语教学中，教师可以通过选择教学材料、设计学习活动、利用信息技术等，将学生外语学习的兴趣激发出来。

在选择教学材料的时候，教师应该坚持三个因素：连贯性、生动性与细节具有吸引力。所谓连贯性，即要求材料内容连贯、结构清晰，这不仅便于学生理解，而且容易吸引学生的兴趣。所谓生动性，即语言较为形象、内容更为新颖，如果材料能够提供新颖的知识，减少生僻的语言，很容易让学生觉得有趣。所谓细节具有吸引力，即尽量选择能够吸引学生注意力的内容，如爱情、友情等话题。

在设计学习活动时，应该将听说读写译各项技能考虑进去，并且可以听说结合、读写结合、读译结合等两两结合，不仅有助于学生提升自身的语言综合能力，还避免了学习的枯燥性。另外，活动形式应该多样，如角色扮演、小组讨论等。

（2）外语教学中个人兴趣的培养和发展

这就要求在外语教学中，教师应该从学生的需求出发，激发学生的好奇心，为学生提供必要的指导。只有从学生的需求分析入手，教师才能将学生的学习兴趣调动起来。当然，关键是选择适合的学习活动的主题，这些主题能够激发学生的学习兴趣，当然不是说所有的全新主题就能激发学生的好奇心。很多时候，学生对某些熟悉主题的某些方面会产生好奇心，这些好奇心就促使学生探索新问题、获取新信息。

在好奇心的驱使下，学生开始寻求解决问题的方法。具体来说，可以从以下几点入手。

第一，学习之前，首先进行思考，对需要解决的问题加以确认。

第二，对与问题相关的所有事实进行确认。

第三，对问题进行解决。

第四，进行思考，对于问题的结论也不能草率地做出。

第五，多思考一些问题的解决方法。

第六，如果被问题难住，不应该退缩，应该继续思考。

第七，对于一些不太可能的想法，也应该着手去分析，设定其是可能的，并着手分析。

第八，对问题中困惑的细节应该留意。

总结起来，其中主要是要求学生应该多进行独立的思考，教师在其中应该发挥指导的作用。当然，指导不是代替，而是给予帮助，让学生能够承担自身的学习任务，应该适度。也就是说，如果学生遇到困难，不是立即伸出援手帮助学生解决所有麻烦，而是应该让学生先尝试解决，然后在合适的时候给出提示和帮助。

2. 满足学生能力需求

如果学生相信自己能够胜任某项任务，那么他们就会愿意去做、去承担。学生的能力需求需要从多大程度得以满足，需要考虑多个因素，如学习任务的难易程度、学生自身先前的学习经历、学生自身具备的学习水平等。当然，学习任务的难易程度应该与学生自身的能力水平相符，能够让学生胜任这项活动，同时也需要具备挑战性。如果任务过于简单，那么会降低学生的成就感，很难提升学生的自我效能感。

努南（Nunan，1989）对影响任务难度的因素进行了分析，具体如图 3-3 所示。

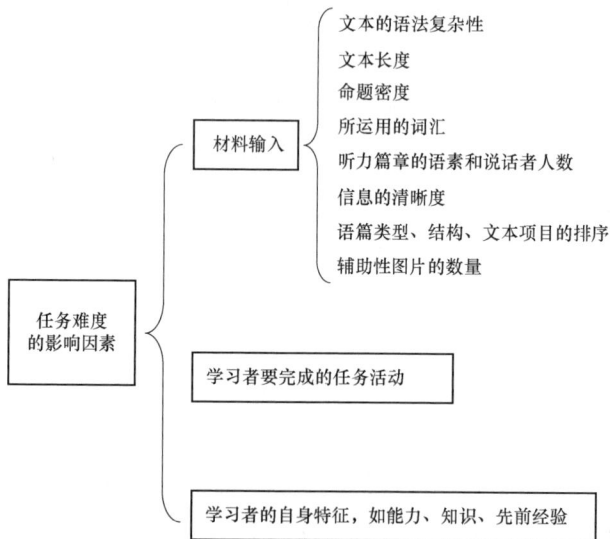

图 3-3　努南的任务难度的影响因素

（资料来源：王志敏，2014）

布林德利（Brindley，1987）认为，除了学习者要完成的任务活动本身以及学习者的自身特征，任务难度与教师也有着密切的关系。在布林德利看来，任务难度的影响因素主要有如下几种，如图 3-4 所示。

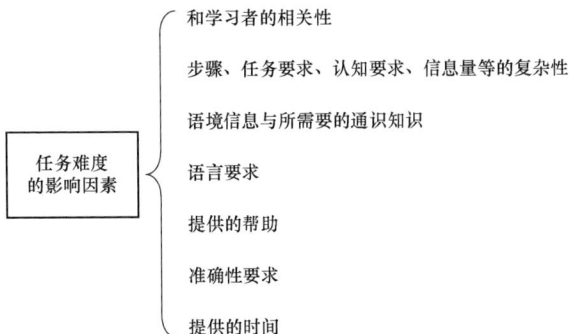

图 3-4　布林德利的任务难度的影响因素
（资料来源：王志敏，2014）

通过分析这些影响因素，我们知道教师应该尽可能选择那些与学生知识、能力水平相当的材料，如果任务材料的难度较大，教师可以设计一些简单的任务，并且为学生提供一些帮助和指导，或者给予学生充足的时间准备。反之，如果任务难度较低，应该适当增加难度，或者让学生独立完成，或者缩短学生完成任务的时间。

当然，学生如果对自己丧失信心，在面临困难的时候，他们很容易焦虑，这种焦虑必然会导致兴趣的下降、自信心的不足。因此，教师应该创设愉快的学习氛围，对学生的焦虑感加以缓解。另外，教师还要避免对学生进行优劣的对比，避免伤害学生的自尊，应该引导学生对学习内容多加关注，从而帮助他们掌握知识和内容。

3. 满足学生归属需求

所谓归属需求，即学生需要与他人建立一种愉快的关系，从而使自己获得归属感。在外语教学中，对学生归属感的满足，要求教师与学生建构信任、和谐的关系，并通过小组凝聚力，促进学生之间的团结相处。

教师的亲和力，能够将师生之间的距离拉近，促进师生之间更加和谐。常见的教师亲和力主要体现在语言行为与非语言行为两个层面。其中语言行为涉及风趣的言语、亲切的问候、真诚的赞美等；非语言行为涉及教师与学生的目光交流、教师的微笑、生动的手势语等。

虽然大学外语课堂中，学生人数较多，教师仍旧需要花费一定的时间，争取在短时间内记住学生，这样直接呼喊学生的名字也可以拉近与学生之间的距离，总比"那位靠窗户的同学"这样的言论更加尊重学生。同时，在课下，教师也要利用机会与学生进行交谈，增进对学生的了解，同时主动与学生分享感悟与经历，让学生对自己有所了解和熟悉。

通过实际行动，教师应该表达对学生的关心，具体的做法如下。

第一，提供给学生一些具体的帮助。

第二，给予一些个别的学生以辅导，为学生解答困惑。

第三，学生需要帮助的时候，教师应该立即回应。

第四，教师应该及时批阅学生的试卷。

第五，教师应该定期给学生发送一些有趣的、与学习内容相关的文章。

第六，组织学生开展课外学习。

第七，当学生学习不顺利时，教师应该给予特别关注。

从分析中可知，教师只有付出真心，才能换回学生的爱戴。当然，除了师生之间的关系，生生之间的关系也非常重要，只有生生之间能够互助合作，才能形成一个具有凝聚力的小组或者班级。为了让学生之间互相了解，教师可以组织一些"破冰行动"，让学生彼此记住名字，交换个人的信息，之后可以提供一些机会，通过一些任务，加深学生之间的了解。教师可以设计一些小组任务，并让小组内部展示成果，提升学生的集体意识；也可以创造机会，让学生共渡难关，接受挑战等。

（二）激发外在动机

要想激发学生的外在动机，教师应该让奖励成为激励、让表扬更加有效、以批判温暖人心。

1. 让奖励成为激励

究竟奖励对学习动机是起到正面的作用还是负面的作用，目前学者仍旧展开研究。一方面，奖励被认为能够激发学生的学习动机，也是最为直接、简单的手段，不仅能够让吸引学生的注意力，让学生努力学习，还能够激发学生的兴趣。另一方面，很多学者认为，外部的奖励只不过是在控制学习者的行为，而不是激励学习本身。学习者对奖励的关注多于对学习过程的关注，很容易导致自身的学习效能降低与学习动机下降。

笔者认为，其实奖励没有对错之分，能否对学生的学习起到激励作用，关键在于教师采用方式实施奖励。只要教师的奖励得当，将奖励可能引发的负面影响尽量消除，就可能有效发挥奖励的作用。

外语学习往往需要经过反复的操练，这就需要学生具有一定的耐心和恒心。教师可以给予学生一定的物质奖励，尤其是那些一直努力的学生，让他们得到鼓励，就能带动他们学习的积极性。当然，这种奖励也需要控制数量，不能太过于频繁。这种常规的奖励往往是对学生学习态度的奖励，对于那些复杂的学习任务，应该从完成的结果与情况考量。如果是小组活动，教师在进行奖励时应该考虑整个小组，而不是个人。当然，教师还可以对学生的课外学习进行奖励，这样可以鼓励学生多进行课外学习，如课外阅读、课外写作等。

教师奖励的标准应该透明，即让学生知道有奖励，并且学生也认可这种奖励。奖励的尺度不应该过大，以免对于教师、学生来说都有过大的压力，违背了奖励是为了促进学生的学习这一初衷。教师可以赠送一些小礼物作为奖励，很多人说这不是给中小学学生的吗？其实并不是，对于大学生来说，一份小小的礼物也能打动他们的内心，让他们感受到教师的关爱，并且与教师的隔阂不断缩小，产生一种亲近感。

2. 让表扬更加有效

学生都希望得到教师的表扬，教师也希望通过表扬让学生的学习能够蒸蒸日上。但是，作为一种激励手段，表扬并不是像我们想象的那么简单。恰当的表扬能够增加学生的自信心，培养他们的进取意识；如果表扬不恰当，反而会出现适得其反的结果，甚至失去学习的兴趣和积极性。

当然，教师何时表扬学生、如何表扬学生，需要依据一定的标准。表扬应该有标准和条件，教师应该对那些真正付出努力的、取得学习进步的学生进行鼓励。那些随意的表扬，显然不会起到激励的作用。当然，这并不是说只有那些成绩突出的学生才能获得表扬，一些学生本身基础薄弱，取得了一定的进步也应该受到表扬的。当然，教师也不能仅仅因为学生参与了任务就大肆对他们进行表扬，而是应该关注他们在任务完成过程中的实际表现。

3. 以批判温暖人心

批评和表扬看起来是对立的两个方面，实际上是有着异曲同工的作用，都是教师激励学生的手段。与表扬一样，批评如果运用得到，也会对学生起到一定的激励和鞭策作用。如果批评不当，很可能导致学生的自尊心和自信心受挫，引发学生对教师的抵触。虽然批评不如表扬那般受到欢迎，甚至很多学生认为批评是丢脸的，是很不愉快的经历，但是教师恰当的批评也能够传达出"我很在意你""我不放弃你"的意思，这就能够发挥出批评的正面积极意义。

当然，在批评时，教师需要注意如下两点。

首先，教师要告诉自己批评的目的在于促进学生的进步，而不是对学生进行惩罚。因此，批评应该是从教师内心出发的，是对学生的期待，而不是为了发泄自己的情绪。教师的批评可能是委婉的，也可能是直截了当的，但是切记不要挖苦学生，不能使用暴力的语言，否则只会起到负面的作用。

其次，教师在批评学生时，应该主要公正、客观，只是就事论事，而不是批评学生个人，不能因为学生的某一项错误而否定学生这个人。每一名学生都有自身的优点和长处，教师应该让学生知道自己并未忽略他们的优点，只不过是希望他们改正自己的缺点，让自己的优点更加凸显，让自己更好、更优秀。

第三节　应用型高校学生外语学习拖延问题及对策

一、应用型高校学生外语学习拖延问题

学习拖延作为一种特定情境下的拖延行为，一直以来都像人们对待任何一种拖延一样为人们所憎恶，家长和老师们憎恶学习拖延，认为正是学习拖延导致孩子们学业成绩不佳，学习拖延是学习者表现不好的罪魁祸首。但是，随着近年来对拖延问题研究的逐步深入，研究者逐渐认识到，学习拖延其实是涉及行为、情感、认知等各方面的心理问题，非常复杂，不能简单地把学

习拖延归结为学习者学习结果的唯一根源。

一般而言，人们都会认为学习拖延不利于学习。具体来说，有如下几点。

（一）造成学业成绩不佳

学习拖延会导致学习者学业成绩不佳。学习者在准备考试时拖延，无法充分备考，会直接导致考试成绩不佳，甚至考试不及格。学习者平时学习拖延，教师布置的学习任务没有按时完成，会影响听课的效果，进而影响学习者对基础知识的理解和吸收，最终体现在期终考试成绩上。考虑到期终考试评价方式的局限性，现在学校里普遍实行形成性评价，学习者平时的作业与论文都会与最终考评相联系，因此，平时作业和论文拖延也会影响学习者的成绩。

（二）带来不良的情绪影响

学习拖延行为会导致学习任务无法完成，或者虽然完成但远远落后于规定进度，再加上考试成绩不佳等后果，拖延者往往会受沮丧、抑郁、焦虑等不良情绪的困扰，不良情绪又会加重学习拖延，形成恶性循环。

（三）降低自尊和自我效能

学习拖延除了会使学习者受不良情绪困扰以外，其带来的学业上的失败还会使学习者产生挫败感和学习无助感，严重影响学习者的自信心和自我效能感，会降低他们的自尊，使他们怀疑自己的能力，影响以后的学习生活。

（四）影响身体健康

学习拖延给学习者造成了不良情绪，在心理上打击了学习者的自信心，学业失败给学习者带来巨大的精神压力和自责，进而引发学习者身体和心理健康出现问题。

二、应用型高校学生外语学习拖延问题的解决策略

前面对学习拖延与大学外语学习中的拖延问题进行了分析，在此基础上

本节主要探讨克服大学生外语学习拖延问题的策略，希望能够帮助大学生提高外语学业成绩，改善外语学习质量和效果。

（一）提高自我管理能力

所谓自我管理，即自己对自己进行管理，是个体对自身目标、自己的思想和行为、自己的心理等展开管理，自己组织自己、自己管理自己的各项事务、自己对自己进行约束与鼓励，从而实现奋斗目标。自我管理从某种程度上说就是所谓的自我控制，个人通过自身的内在力量，采取一些技巧和方法，对自己的行为进行改变，减少不良行为的出现。

如何克服大学生外语学习的拖延行为呢？一些学者认为，学习拖延是学生没有对自身展开有效的管理与控制产生的。实际上，之所以出现学习拖延，是因为自己对自己管理失败，是自身调节能力差的表现。因此，我们认为要想减少大学生外语学习中的拖延情况，需要对自己进行管理，具体来说，可以从如下几点展开。

1. 合理管理自身的时间

研究发现，很多学习拖延的学生对时间管理不善，导致很难在规定的时间完成任务，出现了拖延的情况[①]。因此，要想改善大学生的外语学习拖延情况，首先就应该让他们学会管理时间。所谓时间管理，即运用一定的技巧，有效、灵活地运用时间，从而为了自己的目标奋斗。下面就来介绍一些简单的时间管理技巧。

第一，制订工作计划，确定工作的主要手段与方法，详细周到地列出具体的步骤。

第二，将一些工作进行分配，让他人帮助分担，这样便于提升自己的效率。

第三，保证计划详细、具体，并进行排序，从事情的轻重来考虑对时间进行安排。

第四，对于一些重要的事务，在保证头脑清晰的情况下完成；对于一些不是特别重要的事务，在自己效率不高时完成。

---

① 史利红. 大学外语教学中学习拖延问题研究［M］. 北京：北京理工大学出版社，2019：115.

第五，将一些优先处理的事项列出来。

第六，为计划预留出一定的时间，避免发生意外情况。

第七，忽略一些本身没有意义的事情。

第八，对于同类事务，最好一次性完成。

第九，对完成的期限要严格规定。

第十，不要苛求事事完美，而是应该追求高效地完成事务。

第十一，学会使用碎片化的时间。

第十二，如果遇到浪费时间的人，一定要说不；对于不必要的事务，一定要说不；对那些空洞的事情，一定要说不。

第十三，确定最佳时间，达到一定程度的平衡。

第十四，训练判断时间。

2. 制定合理的外语学习目标

在学期开始之前，大学生应该为自己制定合理的外语学习目标。所谓合理，即适度，如果制定的学习目标过高，那么学生在外语学习时会丧失信心；如果制定的学习目标过低，那么学生在外语学习时就会松懈，也很难激发学生学习的兴趣和积极性。因此，大学生应该从自身的外语学习需要出发，设定一个合理的、通过自身的努力可以达成的目标。

3. 制订科学的外语学习计划

为了实现设定的外语学习目标，大学生需要制订科学的外语学习计划。例如，大学生要想通过外语四级考试，那么他们需要在三个月内对单词进行记忆一遍，其中在一个月或者一周内对单词进行复习。另外，为了通过考试，学生应该系统地做练习，并且从练习中进行总结，从而保证考试的顺利。显然，没有计划，那么目标就是一句空谈。

4. 采取恰当的学习方式

设定了目标、制订了计划，下一步就需要实施计划，而要想顺利地实施计划、实现目标，就需要采用恰当的学习方式，这是目标达成的重要保证。采用恰当的学习方式，可以帮助学生提升外语学习的效率、节约外语学习的时间、激发学生外语学习的动力、克服学生自身的外语学习拖延行为。

5. 实施自我规范与监督

所谓自我规范与监督，即学生对自己的动机、行为等进行自觉调整，使这些动机、行为与社会规范相符合，实现既定目标。大学生应该监控自身的外语自主学习行为，并调整具体的外语学习计划，对于一些非学习行为，学生应该给予自己的惩罚机制；如果完成了任务，也应该给予自己奖励，严格按照这套标准，从而克服自己的外语学习拖延情况。当然，如果有必要，学生也可以邀请其他人来监督。

（二）改善自己的认知水平

为了克服学生外语学习中的拖延问题，学生除了提高自我管理能力外，还需要改善自己的认知水平，具体来说可以从如下几个层面着手。

1. 提高自我效能感

所谓自我效能，即一个人基于特定的情境，从事某一行为或者某些行为，并取得预期效果的一种能力。从很大程度上说，自我效能指的是个体对自我有关能力的一种感觉或者感受。当然，自我效能还指代人们为了实现某一目标所需要具备的信心与信念，即个体对自己能够获得成功的信心。用三个字概括就是"我能行"。因此，自我效能对于学习者外语学习动机有着很大的激发作用。如果一名大学生的自我效能高，那么他们的学习动机就会很强，会积极采用各种手段，对自己的学习计划进行调整，因此也容易获得较好的成绩；相反，如果一名大学生的自我效能低，那么他们就缺乏外语学习的自信心，缺乏学习动力，因此也不会获得较好的学习成绩。

通过对大学生网络外语学习拖延进行研究不难发现，学习拖延与自我效能呈现负相关的关系。如果一名学生的自我效能高，那么他一般不会有学习拖延的现象；相反，如果他的自我效能低，那么他很可能出现学习拖延的现象，甚至可能非常严重。那么，如何提升大学生的自我效能呢？一般可以从如下几个层面着手。

第一，肯定自身过去的经验。

第二，从他人经验中提升自己的信心。

第三，自己给予自己信心，相信自己可以解决问题。

第四，寻找外援，如教师或者其他同学的帮助。

2. 进行合理的归因

所谓归因，即人们对自己行为或者他人行为产生的原因进行推断。具体而言，就是个体对自己的行为过程或者他人的行为过程的因果关系进行的推定。一般来说，归因可以划分为如下两种。

第一种是内部归因，即认为是个体自身因素导致的结果。例如，某人外语考试取得了好的成绩，他认为是自己聪明的结果或者自己精心准备的结果等。

第二种是外部归因，即认为是外部因素导致的结果。例如，某人外语考试取得了很差的成绩，他认为是题目太难导致他考试失败了。

若归因正确，那么可以使个体更为自信，从而提升个人的自我效能；若归因错误，那么可能使个体备受打击，从而感受到挫败感，丧失学习的积极性，产生学习拖延现象。那么，如何进行归因呢？对于缺乏自信心的大学生来说，应尽量将外语考试取得成功的原因归结为自己的认真听讲、认真准备、反复操练等，把导致失败的原因归结于外部因素，这样就会提升自身的自信心，提升自己的自我效能感，激发他们学习的兴趣和积极性。同样，对于一些过度自信的大学生而言，应该将外语考试的成功适当归结为自身的努力，但是失败也应该多考虑下自身的因素，寻找自身的不足，以争取下次取得较好的成绩。如果那些缺乏自信心的大学生也将外语考试失败的原因全部归结到自己的身上，那么他就没有前进的动力了，结果必然放弃外语学习。

可见，无论是内部因素还是外部因素，都不能让大学生丧失外语学习的自信心，最好能不断提升他们外语学习的效能感，使他们充满学习的动力和积极性。这样就一定程度上可以解决大学生外语学习的拖延问题。

3. 改进外语学习策略

改进外语学习策略是改善外语学习拖延的一个重要方法。所谓外语学习策略，一般包含两种：一种是认知策略，另一种是元认知策略。

认知策略，指的是对学习信息进行加工的方式，其包含对知识的理解、记忆、存储与提取的技术。一般来说，认知策略还涉及对知识的复述、对知识的精细加工、对内容进行组织等。

元认知策略，指的是大学生对自己认知策略进行的调整。

大学生改进外语学习策略，有助于提升大学生的外语学习成绩，学业的成功能够让大学生更为自信，也有助于提升大学生的自我效能，激发大学生的学习动机和积极性，使大学生能够降低懒惰情绪，从而降低大学生的学习拖延问题。

4. 提升外语学习自我调节能力

所谓自我调节学习，即大学生为了实现成功，提升自身学习的效果，实现学习目标，对元认知、学习动机、学习行为等进行主动调控的过程。自我调节学习强调大学生能够不断激发自己采用恰当的学习策略展开学习。

一般来说，自我调节学习具有如下条件。

第一，学生能够对学习目标进行确立。

第二，学生能够认识到自身掌握的学习策略，并能够明确这些策略有助于他们的学习。

第三，学生能够成功地对自己的学习行为进行调节。

第四，学生具有自己学习的愿望、意识，并且能够将学习作为一种积极过程来追求和探究。

如果大学生能够具备上述四个条件，不仅会在外语学习中对某种策略进行灵活运用，还会将个体的人格与品质特征体现出来。

5. 增强外语学习内在动力

之所以出现外语学习拖延，一个根本原因在于学生缺乏内在学习动力，因此要想克服外语学习拖延现象，大学生可以有意识地想象下自己取得好的成绩之后的情境，从而在自己的外语学习中会采取各种方法和技巧，又或者与他人展开交流与合作，从而增强自身的外语学习内在动力。

6. 请查外语学习中的拖延原因

当然，除了上述几点外，大学生应该查找自己在外语学习中产生拖延问题的原因。如果学生的外语学习拖延是由聊天等活动引起的，那么他们就需要对自己的聊天时长进行严格控制，或者暂时关闭聊天软件，慢慢地，当他们的聊天时间少了，就不会那么想要聊天了。如果学生的外语学习拖延是由网络游戏引起的，那么大学生可以将一些游戏软件删掉，并且对自己的上网时间进行严格控制，并设置一些奖惩机制，逐渐学生就不会那么爱玩游戏了。

另外，学生也可以采用自我暗示的方式，告诉自己如果继续聊天或者玩游戏，那么就容易出现挂科甚至退学的情况，意识到如此严重的结果，学生就会对聊天、玩游戏产生恐惧，就会不自主地进行克制。当然，他们可以找辅导员进行监督。

（三）合理安排自己的外语学习任务

很多学生之所以出现外语学习拖延问题，还有一个重要因素就是学习任务。大学生的学习任务比较繁重，这就容易使他们丧失信心与动力，甚至对外语学习产生厌恶情绪，很难完成外语学习任务，出现拖延问题。鉴于此，我们可以从如下几个层面合理安排自己的外语学习任务。

1. 分解外语学习任务

所谓分解外语学习任务，即将大任务分解成一个一个的小任务。众所周知，如果一个任务一旦开始做了，其实做下来感觉并没有那么困难，但是很多时候一直拖延着不能迈开第一步。如果外语学习拖延者能够将这些大的任务切分成小的任务，并且这些小的任务相对来说较为简单，那么他们就不会出现畏难情绪，愿意去尝试，这就迈开了一小步。例如，如果写一篇外语论文，看起来这项工作非常浩大，很多人也不知道如何动笔，但是如果将这项工作分成小的一个一个的章节，那么看起来就没那么困难了。如果要写，每天只要求自己完成一小节，甚至只有几百字，这样慢慢地这项任务就变得容易了。并且，一个小的任务的完成很容易让人感到满足与成就，这样积极的情绪会为接下来的任务储备动力。

2. 设立任务奖励机制

除了将分解外语学习任务外，大学生在制订学习计划的时候，可以设立一些任务奖励机制。例如，完成一个小人物，可以奖励自己一个冰激凌、玩游戏 20 分钟等。当学生完成了一个大的任务，就可以给自己一个大的奖励，如吃一顿大餐、休息半天等。当然，需要注意的是，每一个小的任务不能持续太长的时间，如果时间太长，学生容易丧失耐心，很难获得奖励；也会让学生丧失外语学习的动力，很难再继续下去，导致拖延产生。

3. 安排外语学习任务的顺序

每个人有自己的喜好，大学生应该针对自己的喜好程度，对自己的学习任务顺序进行安排。如果自己的状态不好，那么就不要安排自己不太喜欢的任务，如果强行安排，会适得其反，甚至出现瞌睡等现象。这与大学生自身的内心抵制有关。这种地址会导致学生降低学习效率，浪费时间，从而出现严重的拖延情况。

为了避免出现这一情况，大学生应该在自己精神状态较好的时候安排难度较高的工作，或者是那些自己不喜欢但是必须完成的工作，而将那些自己喜欢的工作和任务安排在这个之后，这样大学生做完了不喜欢的任务之后再着手喜欢的任务，如同给了以自己一个奖励一般，并且由于这项任务自己喜欢，学生也感觉不到学习疲劳，甚至能够专心致志地完成学习任务。

第四节　应用型高校学生外语学习情感障碍问题及对策

一、应用型高校学生外语学习情感障碍

情感障碍具体表现为焦虑、厌倦、恐惧、紧张、冷漠等。通常情况下，如果学习者心理压力很大，思想过于紧张，势必会使其学习效果大打折扣。

（一）担心否定的社会评价

有些学生害怕给老师、同学们留下负面印象，为了维护自身形象采取消极态度面对各项课堂活动。

（1）逃避。学生严重关注自身缺点，担心自己无法回答教师提问，而最终选择放弃。

（2）白日梦。学生因回避课堂活动，心不在焉。他们从外表看表现得文静、守纪，但内心却想入非非，心猿意马。教师向其提问时，仿佛没有听见，毫无反应，或者要其回答课文上的问题时，半天找不到地方①。

（3）过分依赖。学生缺乏自信，一味地依赖教师或班上同学。特别是在学习遇到困难时，望而生畏。作业难度大，完不成，不是积极思考，努力想办法，而是等待同学的帮助，老师的讲解。练习做不出等着对标准答案作文

---

① 文卫平，朱玉明. 外语学习情感障碍研究［M］. 西安：西北大学出版社，1998：48.

写不出，等着参看范文。

（二）存在挫折心理

1. 攻击

对班上外语成绩好的同学不服气，看不惯，认为他们在课堂上积极发言是图表现、出风头。老师对成绩优异者稍加指导或偶尔与他们多交谈一会，便认为老师不公平，偏爱好学生，看不起成绩不好的学生，因而有时攻击老师和成绩好的同学，获得心理上的平衡。

2. 退化

退化也称回归，是指个体受挫后表现出一种与自己的年龄、身份很不相称的幼稚行为。如有的学生听力跟不上，不是多听多实践。他们看到大部分同学在突击记单词，也盲目地拿着词汇手册，跟着死记硬背单词。

3. 冷漠

有些学生在外语学习过程中受了挫，产生冷漠心理，普遍地表现为对外语提不起兴趣。他们认为，反正学不好，不如把精力花在其他功课上。上外语课、做外语作业或参加外语考试勉强应付，马虎了事，缺乏应有的热情和兴趣。

4. 固执

学生外语学不好，有很大一部分原因是方法不对，受挫的学生心理上并不灰心，也不服气，认定他自己的方法是行之有效的，固执己见，我行我素。而且有什么想法埋在心里，不愿外露。学习上呈闭锁性，孤芳自赏，自以为是。

5. 逆反

学生考试不及格或课堂语言实践中自尊心受到了伤害，产生失败者心态。对学习无兴趣，对老师的感情表现淡漠，采取封闭和疏远态度，甚至产生对立情绪，不接受正面的教育和影响，不按教师的要求或课堂要求行事，心里和老师同学对着干。如该交作业的时候不交作业；该发言的时候不发言，而不要求讲话的时候却念念有词，埋怨老师、同学不给其机会。

（三）存在苦恼心理

第一，学习方面的苦恼。学生在学习方面有下列烦恼：觉得有些学科没有意思，有些学科总是学不好；自己花了时间，成绩总是上不去；教师讲课枯燥无味，但又不得不去；作业不会做，但无从问起；基础差，底子薄，赶不上别人；成绩差，无人关心；学习不得法，又无人指导；考试太多；课业负担太重；埋怨学习条件差。

第二，学校生活方面的苦恼。在学校生活方面学生常因一些无法克服的矛盾引起内心不快，如校园生活单调、枯燥；个人兴趣、爱好受到抑制；班级学风不好，影响学习；做了好事或工作积极却得不到理解；学习刻苦、成绩好却受到孤立。

第三，家庭生活方面的苦恼。来自家庭的压力，也使学生情绪受到干扰，如家庭经济困难，负担重；家庭不和睦，经常生气；父母不理解自己，一味强调学习；父母在自己学习就业问题上无能为力。

第四，同学朋友关系方面的苦恼。学生在交友过程中常生出不少苦恼，如没有人理解自己；朋友不忠实；学习不好，同学看不起自己；和同学相处不好；得不到同学朋友的帮助。

第五，师生关系方面的苦恼。如老师偏向、不公正；老师不关心学生，冷漠；老师粗暴，缺乏爱心和耐心；得不到老师的关心和尊重；不能和老师坦率地交谈；师生交往少。

学生对于自己的苦恼是如何处理的呢？一般有四种情况：

第一种情况：自己解决。如，跟要好的同学讲，一吐为快；或告诉老师、家长，及时排遣。

第二种情况：置之不理，听其自然。

第三种情况：没有办法，干生气，或者忍着，窝在心里。

第四种情况：以报复、顶撞的方式发泄。

很明显，第三种和第四种处理方式带来的问题及负面效应较大。

二、应用型高校学生外语学习情感障碍问题的解决策略

人的情感的力量非常庞大，在强烈的情感的支配下，什么事情都可能发

生。只要方向正确，人的情感可能像核爆炸一般发挥巨大的潜在力量，创造出伟大的事业。因此，情感的动力作用非常大，这就是所谓的情感动力。那么如何启动情感动力呢，本节就对其展开分析。

（一）培养积极的先决情感

在学习层面，学生往往表现出很大的差异性。那么，这些差异是怎么形成的呢？如何将学生的差异缩小呢？教育心理学家与教育工作者对这些问题进行了深入研究。尤其是自20世纪60年代开始，学者布鲁姆（B.S.Bloom）对这些问题着重进行了探究，提出了"三大教学变量"这一理论[①]。

（1）先决知识行为，即学生要想完成学习自身所具备的条件的程度。

（2）先决情感特点，即学生能够被触动而完成学习的程度。

（3）教学质量，即教学与学生相适应的程度。

在布鲁姆看来，上述三大变量对学生的学习成绩、学生的学习进度、学生的情感等起着决定作用。具体来说，三大变量与教学结果、学习结果之间的关系如图3-5所示。

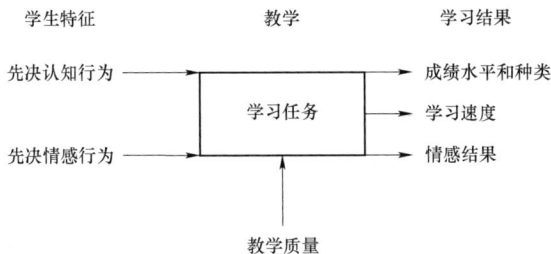

图 3-5　布鲁姆的三大变量与教学结果、学习结果的关系

（资料来源：文卫平、朱玉明，1998）

在这里，布鲁姆强调的是，在学习中，任何一项学习任务都是与前面一个学习任务紧密相关的。先前的学习经验不仅有助于学生知识的掌握，也有助于学生情感的形成。也就是说，不能舍弃学生的先决认知行为，也不能放弃学生的先决情感特点。

---

① 黄志成. 布鲁姆对影响学习的变量的系统研究综述 [J]. 外国教育资料，1990，（4）：31-39.

　　什么是先决情感特点？其指的是学生受到鼓励之后参与学习的程度。在学习中，学生的情感对学习非常重要，如果学生带着热情展开学习，那么他们学起来会非常轻松，并且能够取得好的成绩。那么，如何培养学生积极的先决情感呢？其关键在于让学生在学习中获得成就和满足，具体而言可以从如下几点着手。

　　1. 获得成功的学习经验

　　这就是说在学习中，教师应该引导学生学懂、学会，鼓励学生创造积极的、定向的、与自身实际符合的自我概念与志向，让他们体会到获得成功的感觉。很多学者都认为成功的经验对于学习非常重要。如果学生刚开始学习就遇到了失败，那么他们有可能丧失学习的兴趣，也很难展开进一步的学习。因此，获取成功的学习体验是非常重要的。为了感受到成功，学生需要设定切合实际的目标，具体而言教师需要做到如下几点。

　　第一，设定学生可以达到的目标或者学生自主选择的目标。

　　第二，得出结果后着重积极层面的介绍和强调。

　　第三，鼓励学生对自己的学习进行指导。

　　第四，教学中鼓励自我竞争，减少个别的对比，允许学生设定自己的目标。

　　2. 唤起学生的好奇心

　　教师可以通过创设情境，让学生发现和亲身体验学习的乐趣，这样有助于提升学科的吸引力，获取成功的学习体验。一般来说，一些身体力行的活动、调查研究活动、生活中的情境等都可以吸引学生的注意力。当然，教师在设置任务时，一定考虑那些积极的，且能够融合探索、调查、社交等内容的方法。同时，也可以从学生的爱好出发成立兴趣小组，如语法组、翻译组等，这些可以将学生的潜力开发出来。

　　3. 让学生明确自身目标

　　这就是让学生弄清楚自己要做什么，如何做才能实现目标。就动机而言，目标的设定应该是学生能够理解并且能短期完成的。但是，目标的设定要适当。如果目标设定得太高、太难，那么学生就会丧失学习动机，因此教师在设定远期目标的时候，应该在过程中设定一些小的近期目标。

（二）实施教学的积极情感背景原则

所谓教学的积极情感原则，即教师将饱满的热情与情感置于教学过程中，为学生提供良好的情感背景，将学生的自主性与积极性调动起来，使学生感受到学习的愉悦。

根据情知教学论，学生参与活动的心理可以归为两种：第一种是包含想象、感知等都在内的认知因素，第二种是包含兴趣、动机、性格等在内的性情因素。教学过程就是两项因素交叉的结果。具体来说，需要从如下几点着手。

1. 教师呈现良好的心理素质与品质

在课堂上，教师除了传授给学生课程内容外，还需要投入一个看不见的内容，即品质。一名好的教师，他/她需要具备如下品质，如图 3-6 所示。

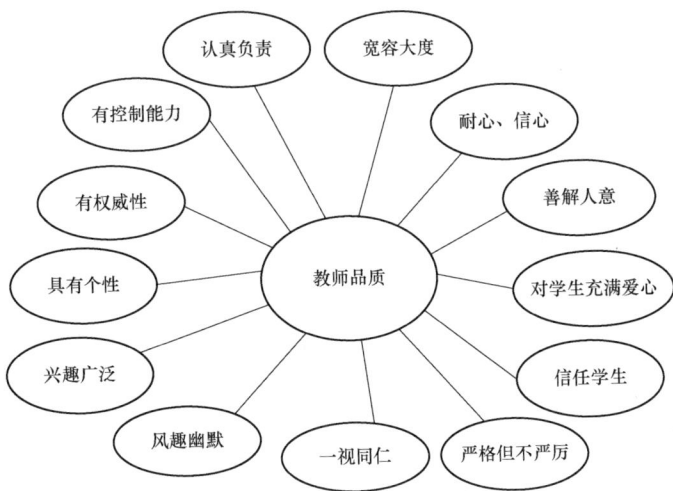

图 3-6　教师品质

（资料来源：文卫平、朱玉明，1998）

这些品质归纳起来，可以总结为如下几个层面。

（1）高尚的情操

教师应该敬业，具有良好的职业道德，具有无私奉献的精神。尤其是当今社会，应该耐得住寂寞，经得起金钱的诱惑，讲求为学生付出，不求得回报。

（2）谦虚的品质

教师不应该自大、自满，而应该具有谦虚的品质，对学生也不能颐指气使，给学生以居高临下之感。另外，教师在教学中也应该实事求是，不能装腔作势，时刻注意自己的言行，不能鲁莽，不能对学生的尊严造成损害。

（3）坚强的意志

一名合格的教师，应该目的明确、毅力顽强，当他们与学生进行接触的时候，应该富有耐心，能够将自身的涵养展现在学生面前，让学生学习与亲近。

（4）广泛的兴趣

教师应该兴趣广泛，除了对本学科孜孜不倦外，还需要对有益学生进步的东西抱有热情，如很多学生热爱音乐、体育、旅游等，教师对这些都应该有所涉猎，甚至可以将这些内容融入外语教学中，不仅有助于学生知识的增加，还有助于增进与学生的情感。

（5）愉快的心境

教师在教学中应该和颜悦色，以愉快的形象给学生以情感熏陶。同时，在教学中也应该乐观向上，课堂上应该保持幽默，这样才能调动起学生的积极性。

另外，外语教师的心理素质可以归纳成十种能力，如图3-7所示。

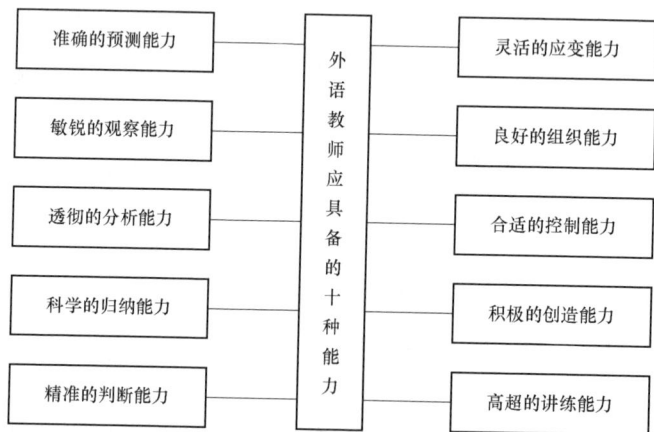

图 3-7　外语教师应具备的十种能力

（资料来源：文卫平、朱玉明. 外语学习情感障碍研究［M］. 西安：西北大学出版社，1998）

外语教师只有具备这些优秀的心理品质，才能在教学中应对学生的各种心理现象，从而为学生创造积极的情感背景。

2. 教师表现出积极的态度

著名心理学家海德（Hidi）提出了态度平衡理论，如果 A 喜欢 B，那么 A 对于 B 的穿着也会表示欣赏。从这一理论中可以看出，教师对教学内容的价值进行肯定的基础上，学生在认知"教师—教师所教学科"这一关系时，为实现平衡，往往表现为如下两种情况，如图 3-8 所示。

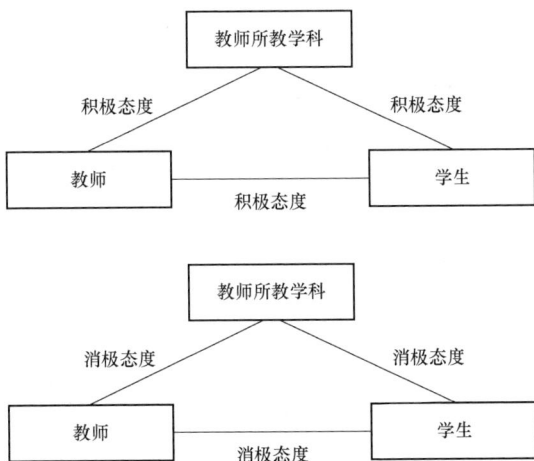

图 3-8　教师、学生、教师所教学科之间的平衡

从图 3-8 中不难看出，学生如果对教师持有积极的态度，那么对于教师所教的学科也持有积极的态度；如果学生对教师持有消极的态度，那么对于教师所教的学科也持有消极的态度。同样，如果教师对自己所教的学科持有积极的态度，那么对学生也持有积极的态度；如果教师对自己所教的学科持有消极的态度，那么对于学生也持有消极的态度。可见，教师的积极态度能够对学生以及学生所持有的价值观起着直接的影响。

那么，教师在教学中如何展现积极的态度呢？

首先，就是要将外语这门学科的价值尽量突出出来，让外语这门学科与学生的实际生活相联系，让学生感受到学习外语是有用的。

其次，教师努力将自身对学生的积极态度转化成学生对自己的积极态度，使学生能够接纳教师，只有接纳了，才能增进教学的效果。

（三）培养学生肯定的自我

从总体来说，自我可以划分为两种：一种是肯定的自我，另一种是否定的自我。前者对自我有准确的认识，积极地看待情感体验；后者对自我的认识是扭曲的，消极地看待自己的情感体验。显然，肯定的自我对于自己的发展十分重要。

学生如何培养自己肯定的自我呢？当然，在这之中，教师是一个重要的因素，教师可以创造条件让学生实现肯定的自我。

1. 培养学生的归属感

所谓归属感，即个体被他人接受和接纳的心理态度。从本质来讲，人是社会中的一分子，人从社会的尺度对自己进行考察与认知，当自我与他我出现分裂的时候，意识到自己脱离了社会、脱离了世界，就必然需要将自我放在他我之中。这就是自我认识的过程，当然自我认识的程度，取决于他人对自己的接纳程度。根据马斯洛的理论，人在生理与安全的需要得到满足之后，往往需要寻找归属感的群体，被这个群体接受，获得群体的关爱。归属感使人的心理得到安全，获得情感寄托，一个人的归属感越强，其更容易形成肯定的自我。

具体来说，归属感的培养需要做到如下两点。

（1）教师应该鼓励学生明确自己的角色、扮演好自己的角色。也就是说，归属感能使自己更明确自己在群体中的地位，并且这个地位是受到其角色扮演的成功与否决定的。众所周知，学生的学习情况与其获得的成就有着紧密的关系，并且也成为判断他/她在班级里面的位置的标准。如果一个人的学习态度良好，愿意努力付出，与集体的目标保持一致，那么他/她很容易得到班级的认可，获得自己的位置。对于教师而言，无论学生的学习状况是怎样的，都需要鼓励自己的学生定位自身的角色。

（2）教师应该为学生创造多种参与活动的机会。实际上，参与的过程就是与集体相融合的过程，如果个体积极参与集体的活动，他/她也很容易融入集体之中，获得集体的认可。在外语课堂上，教师可以进行角色扮演、分组任务等，让每一位学生都积极参与，彰显每一位学生的个性和才能，让他们的潜力得到发挥。

2. 培养学生的自尊自强意识

学生如果具备自尊自强的意识，也是对自我形象的肯定。要想培养自尊自强意识，可以从如下几点着手。

（1）以成功经验作为引导提升自我观念。如果学生在外语学习中经常失败，往往会丧失学习的信心，从而影响学习外语的动力。因此，在外语课堂教学中，教师应该为学生提供成功的机会，让他们感受到成功的喜悦，从而增强自己的自信心。

（2）尊重学生的情感，避免错误的褒贬。在课堂学习中，学生的个性、兴趣等存在明显差异，学生有时候会产生不同的想法，教师应该首先对这些想法进行接纳，然后通过实证分析，让学生认识到自己的想法是否正确或者错误。需要指出的是，教师应该避免随意褒贬，因为未经过论证的做法显然会对学生造成影响，甚至一些随意的贬低会让学生丧失自我意识。

（3）提出合理的要求。当然，教师不能一味满足学生的情感需要，这样会放纵学生，应该在关心的同时严格要求学生。

第四章　数字化时代下应用型高校外语教学模式的创新

在数字化时代背景下，应用型高校外语教学模式需要做到与时俱进，积极进行创新与发展，引入新的教学模式，跟上社会发展的步伐。当前，随着网络技术的飞速发展，随之出现了很多新型的教学模式，如多模态教学、慕课教学、微课教学、翻转课堂教学、混合式教学、云端教学等，应用型高校外语教师需要对这些新型的教学模式展开学习与掌握，进而充分应用在教学过程中。本章重点对数字化时代下应用型高校外语教学模式的创新展开深入分析与探讨。

第一节　应用型高校外语多模态教学的实施

一、多模态教学的内涵

在多模态话语分析理论的基础上，New London Group 提出了多模态教学方法。作为一项教学理论，其包含多个层面，如声音、图像、视觉等。根据这一理论，语言的输入与输出都会受到多种符号模态的影响，因此在外语教学中，可以将多种符号模态加以融合，并考虑图像、音乐等形式，丰富外语课堂教学，将学生的兴趣激发出来、教师采用多模态教学，可以结合网络手段，为学生创设各种情境，这样学生才能在学习中体会到快乐，多渠道地将学生的各个感官激发出来，促进学生外语语言技能的进步与发展。

二、多模态教学的原则

（一）坚持"学生中心"这一核心原则

在高校外语多模态教学中，"学生中心"是最为核心的原则。所谓"学生中心"，即做到以学生为中心，发挥学生的主体性与能动性。在高校外语多模态教学中，学生是学习的主体。要想实现"教学相长"，就必须将学生作为中心来促进教师的教学，让教师对学生的学习进行指导。在教学的内容上，教师需要将学生的积极性与主动性调动起来，学生可以根据自身能力、自身认知等层面的具体情况，结合教师的指导，对自己的学习策略进行调控，从而与教师的教授形成良性的互动。

（二）建立以对话为主的格局

教师与学生之间的对话是基于网络时代建构起来的，高校外语多模态教学模式要建立在以对话为主的格局之下，这是其内核。具体来说，教师教学的效率、学生学习的能力、学生国际素养的培养，都与师生之间的良性对话有着密切的关系。其中，利用网络资源优势，为学生设计与他们相符合的互动活动，引导学生展开多元层次的互动，构建传统教学与网络教学结合的新型模式，是教师值得关注的方面。当前，最关键的层面在于不断更新与变革教师的教学理念，如果不变更这一点，那么无疑就是"穿新鞋，走老路"。

三、应用型高校外语多模态教学的意义

（一）改善学生的外语学习模式

首先，从多模态表现形式的需求出发，高校外语多模态教学往往采用的是不同的教学手段，对教学形式加以丰富，避免外语教学过于单调。这样的

方式可以将学生的学习积极性调动起来，通过参与各项活动，学生的外语学习也变得更为主动，便于学生形成自主学习的意识。同时，学生的参与也能够不断训练他们的综合能力。

其次，高校外语多模态教学能够对传统单一的模态教学进行弥补，从教学目标、教学内容出发，采用不同的教学方法，用直观的方式，让学生主动、积极地参与其中，提升他们对语言使用的效率，进而提升学生的综合运用能力。

（二）提升外语教学的质量和水平

高校外语多模态教学是将多种模态结合起来展开教学，将学生的各个感官调动起来，让学生对学习内容有清楚的理解，在同样的时间内，多感官要远远比单一的感官更容易理解与记忆。这从一定程度上大幅提升了教学的效率和质量。

四、应用型高校外语多模态教学的应用策略

（一）充分发挥多媒体资源的优势

在高校外语教学中引入多媒体技术，是高校外语教学的一种变革手段。多模态教学强调调动学生的多项感官，从而满足高校外语教学的要求。多媒体课件正是这样的一种实现手段，其将文字、音频、视频等集合起来，便于调动学生的多种感官。当然，教师在制作多媒体课件的时候，需要进行多种准备，需要考虑不同的教学任务，对各种资料进行收集与设计。

（二）建构高校外语多模态网络空间

随着网络技术不断进步，大数据技术也不断革新，我们的校园网、校园论坛更加丰富，也被人们逐渐应用到教学中。所谓网络空间教学，即教师通过网络平台与学生展开交流与互动。他们可以在网络上进行实名认证，从而师生之间展开交流。

当进行外语网络空间教学之后，教师与学生之间可以突破时间、地点的

障碍，他们可以在线进行问答，展开互动，这样不仅便于教师了解学生的学习情况，也能增进彼此之间的关系。

通过网络空间，教师也可以对学生的作业进行批改。学生按照固定的时间提交自己的作业，然后教师进行批改与反馈，这不仅可以节约用纸，还可以让师生进行互动。

需要指明的是，网络空间要想发挥出应有的作用，首先必须让学生积极参与其中，学生需要登录上去完成学习和作业，教师要实时进行分析和阅读，从而评估学生的学习情况。

第二节　应用型高校外语慕课、微课教学的开展

一、慕课教学方法

（一）慕课教学的内涵

所谓慕课，英文是 MOOC，是"大规模在线开放课程"的简称。从 Wiki 百科中我们可以查询到，慕课指的是由参与者进行发布的课程，并且材料也可以在网络上查询到。也就是说，慕课的课程是开放的课程，当然慕课的课程非常宏大。简单来说，慕课的课程具有分享性，无论你处于世界任何一个角落，都可以进行学习与下载。与传统课程相比，慕课课程有图 4-1 所示的优势。

慕课既然用 MOOC 表示，其可以理解为如下四个层面。

M 是 Massive 的简称，指的是规模比较大。那么这个规模比较大具体指的是两种：一是人数比较多，二是资源规模比较宏大。当然，这个"大规模"也是相对来说的。

O 是 Open 的简称，即慕课课程的开放性，学生可以根据自己的兴趣选择学习课程，如果他们想学习，他们就可以注册、下载学习。即便一些课程是由某些盈利公司建设的，他们也可以进行下载。

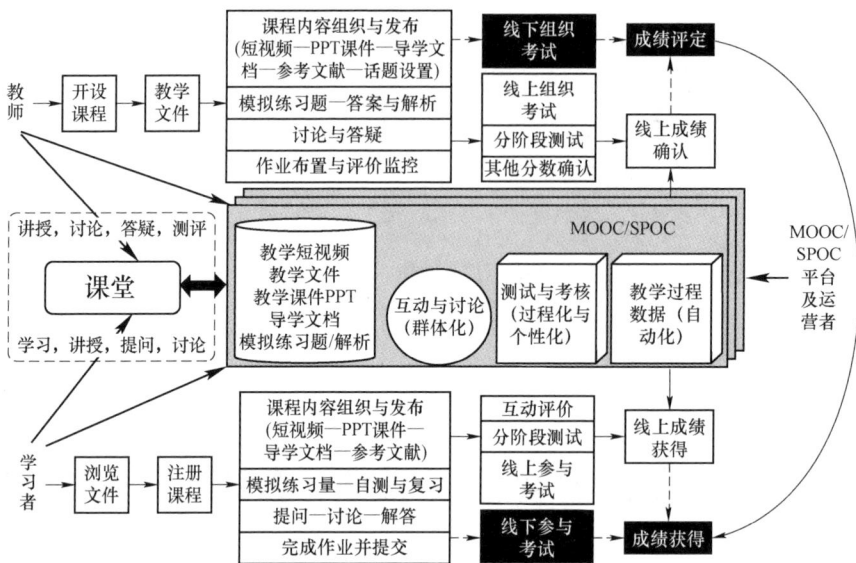

图 4-1　慕课教学与传统课堂的比较

（资料来源：战德臣. MOOC＋SPOC＋翻转课堂：大学教育教学改革新模式［M］.
北京：高等教育出版社，2018.）

O 是 Online 的简称，即教与学的过程是通过网络实现的，如教师的线上教授、学生的线上学习、师生之间的讨论、学生作业的完成与提交、学生作业的批改等。

C 是 Courses 的简称，即课程包含主题提纲的讲授、内容的讲解、各种学习资料的上传、作业的布置、注意事项的提醒等。

慕课这门课程与传统的互联网远程课程、函授课程、辅导专线课程不同，也与网络视频公开课不同。从目前的慕课教学来说，所有的课程、教与学进程、师生之间的互动等都可以在网络上实现，具有完整性与系统性。

慕课这一教学模式最早是在 2008 年出现的，但是真正的流行是在 2011 年，是教育的一大革新。之后，出现了很多与之相关的课程，直到 2012 年，由于各个大学不断推进慕课教学，因此将 2012 年称为"慕课元年"。

（二）慕课教学的分类

1. 基于任务的慕课教学模式

这一模式具体如图 4-2 所示，其主要研究的是学生在任务完成之后对知识、能力的获取情况。学生可以从自身的学习方式出发，按照一些具体的步骤开展教学，可见学生的学习是具有灵活性。学生可以对一些录像、文本等进行观看，也可以共享其他学生的成果，从而完成自身的任务。

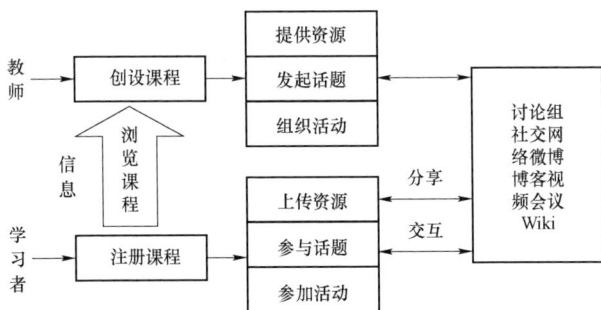

图 4-2　基于任务的慕课课程设计开发模式

（资料来源：蔡先金. 大数据时代的大学：e 课程 e 教学 e 管理［M］.

济南：山东人民出版社，2015.）

2. 基于内容的慕课教学模式

这一模式如图 4-3 所示，主要侧重于学生对内容是否可以掌握清楚，一般会通过总结性评价、形成性评价等手段，来评估学生的学习成果。当前，其非常注重研究学习社区的相关内容。在这一模式中，很多名校视频也包含在内，并设置了专业的用于测试的平台，学生在这一平台可以免费进行学习，并可以取得相应的证书。

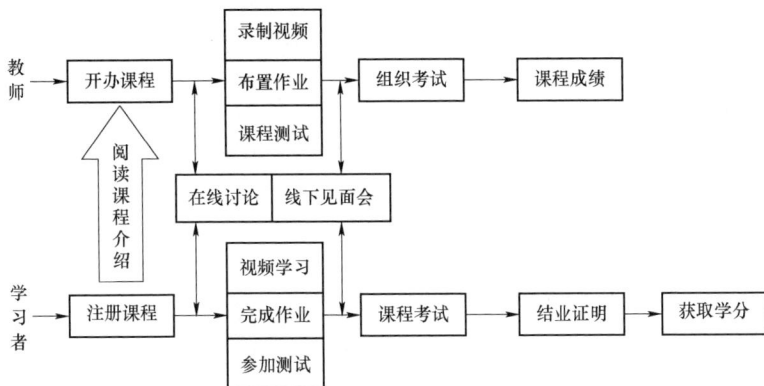

图 4-3　基于内容的慕课课程设计开发模式

（资料来源：蔡先金. 大数据时代的大学：e 课程 e 教学 e 管理［M］.

济南：山东人民出版社，2015.）

综合而言，上述两大模式的特征可以总结如下。

第一，慕课课程设计以及活动组织都是建立在网络这一平台基础上的。

第二，慕课课程设计不仅包含了课程资源、课程视频等内容，还容纳了学习社区等内容。

第三，慕课课程的时间一般不会太长，控制在 8～15 分钟之内最佳。

第四，慕课课程设计主要是考虑大众因素的，因此在目标设置的时候也需要从多方面考虑。

第五，慕课课程设计应保证创新性和开放性。

（三）高校外语慕课教学的意义

1. 突破时空限制，转变教学模式

慕课教学突破了传统的大学限制，让学生在接受高等教育的时候，不因时间、地点等受到限制，这对于传统的高等教育来说，面临着巨大的挑战。

慕课教学模式对于大学课程的设计与开发、师资发展等影响巨大，尤其明显的影响主要体现在教学方法与策略层面。因此，当前的高等教育除了要适应社会发展的趋势，还需要考虑慕课教学在我国的本土化问题。一些专家学者通过研究国外的慕课教学，建立了很多国内本土化的外语在线开放课程群，这样学习者不仅可以自己选择适合自己的课程，还能学到外语知识，提升自身的外语水平。也就是说，外语慕课教学使教学更加优化，不断提升了教师的教学质量与效果。具体来说，外语慕课教学在教学层面有如下两点优势。

第一，使外语教师从传统的教学模式中解放出来，他们也将面临巨大的挑战，就是外语教师应该不断学会运用技术，为学生构建高效、多样的外语慕课课程。

第二，运用慕课教学模式，教师的需求将会减少，并且会在慕课教学中出现一些"明星"教师，每一位教师都有很多的学生"粉丝"。另外，教师的授课重点也会发生改变，尤其是明星教师提供的精品课程，这些课程必然需要有好的教材、声源等，为了给学生创造优质的视觉感受，因此还需要添加一些肢体表达。

2. 激发学习兴趣，使学生的学习更为自由

在慕课教学模式下，人们更多关注的是是否激发了学生的学习兴趣，是否发挥了学生的主观能动性。因此，通过慕课平台，学生的学习从繁重的课堂中解放出来，而在这种轻松的学习模式下，他们获取知识的欲望将会逐渐增加，从而变成主动获取知识。学生可以在自己设定的时间内，对知识的来源与结构进行充分的了解，将关键性知识与内容把握好，学生的学习过程也限于如何提出问题、寻找答案解决问题等。

另外，慕课学习环境让学生的学习是自由的，便于学生培养自身的自主学习能力。他们通过自主学习，有了大量的课外学习时间，从而不断拓宽自己的学习视野，提升自己的兴趣点。

（四）应用型高校外语教学中慕课的实施策略

1. 构建多层次的慕课课程

慕课教学模式冲击着传统的外语教学，尤其是传统的外语教学模式单一的情况。从师资力量上说，传统的师资力量比较薄弱，教师资源非常有限，导致很多课程的讲授都并没有针对性。但是相比之下，外语慕课教学基于学生的兴趣和积极性来设置课程，这使得学生学习外语的动力明显提升，从而不断提升他们学习的效率与质量。

2. 采用多种教学方式展开慕课教学

虽然很多学校都要求不断进行外语教学改革，在上课方式上也不再是单一的手段，但是在教授方式上还是过多倾向于知识点的讲述，即便是将多媒体手段融入其中，也多是课堂讲授的辅助手段，因此只是将传统的板书形式替代成了现在的多媒体形式。相比之下，外语慕课教学模式更为多样化，学生即便不在学校之内，也能够通过网络获取知识。

3. 多渠道考核学生的慕课学习情况

在慕课教学模式下，外语教学中设置了多渠道的考核手段。如果仅仅是传统的笔试考试或者论文写作，那么很难将学生的实际能力检测出来。但是，在外语慕课教学模式下，可以进行个性化的考核，这样的考核可以将学生的积极性激发出来，从而开展下一阶段的学习。

二、微课教学方法

（一）微课教学的内涵

微课教学是指教师将微课的资源整合到日常课堂当中，根据学生的学习特点和学习进度，将微课资源与普通课堂相结合，从而实施教学的过程。

微课教学的特点主要体现在以下几个方面。

（1）内容易懂，精力专注。

（2）集中、强化教学技能。

（3）突出自身优势，彰显个性特点。

（二）微课教学的分类

1.“非常 4+1”微课资源结构模式

“非常 4+1”模式主要由图 4-4 所示的五个要素构成。其中“1”代表微视频，而“4”代表围绕它的四个层面，便于构建微视频。这“4”个层面都是围绕“1”建构起来的，并且是与“1”相匹配的资源。

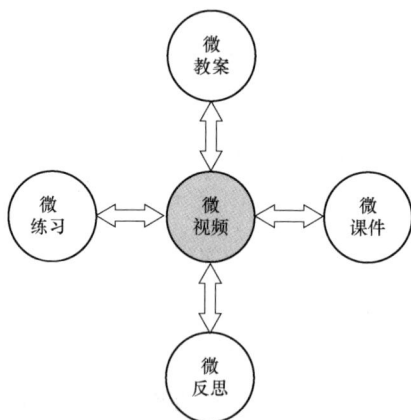

图 4-4 “非常 4+1”微课资源结构模式

（资料来源：王亚盛，丛迎九. 微课程设计制作与翻转课堂教学应用［M］. 北京：机械工业出版社，2015.）

2. 可汗学院微课教学模式

可汗学院微课教学模式（图 4-5）就比较复杂了，并且具有较高的建构成本，但是适用范围还是相对比较广泛的。在这一模式中，教学设计者、教师、学生彼此之间是相互促进的关系，当然彼此也是独立的。这一模式主要是为了完成教学的设计。

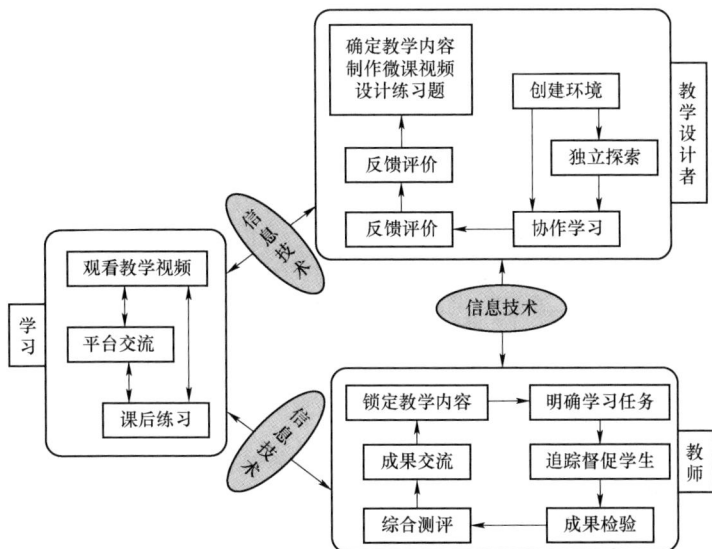

图 4-5 可汗学院微课教学模式

（资料来源：王亚盛，丛迎九. 微课程设计制作与翻转课堂教学应用［M］. 北京：机械工业出版社，2015.）

3. "111"微课内容构建模式

"111"微课内容构建模式（图 4-6）主要指的是对三个"1"的把握。其中第一个"1"指的是用一个案例引入教学情境，从而让学生对学习的价值与意义有清楚的了解；第二个"1"指的是带出一个本集需要的知识点或者概念，从而强化对知识的理解和把握；第三个"1"指的是对其进行训练，从而实现知识的内化。

4. "123"微课程教学运作模式

"123"微课教学模式（图 4-7）是基于国内外中应用型高校学习情况建构起来的。其中的"1"指的是教学活动应该将微课程视作中心，并且强调短小；"2"指的是教师要设置教案，组织教学活动，一般要设置两套教案；"3"指的是根据资料展开自主学习，这里的资料主要有三组资料。

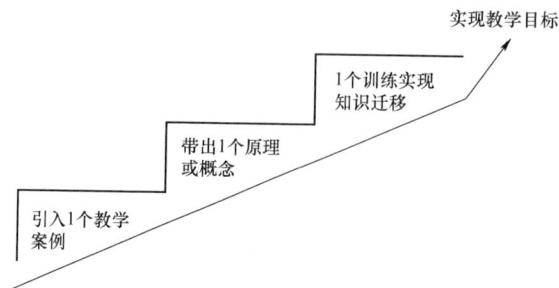

图 4-6 "111" 微课内容构建模式

（资料来源：王亚盛，丛迎九. 微课程设计制作与翻转课堂教学应用［M］. 北京：机械工业出版社，2015.）

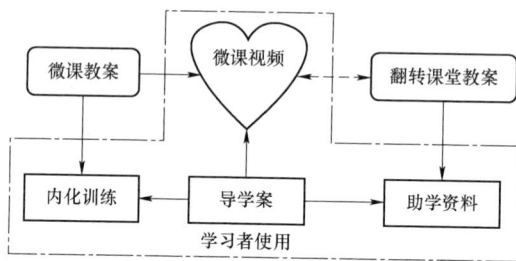

图 4-7 "123" 微课程教学运作模式

（资料来源：王亚盛，丛迎九. 微课程设计制作与翻转课堂教学应用［M］. 北京：机械工业出版社，2015.）

（三）高校外语微课教学的意义

1. 促进学生学习积极性的提升

高校外语微课教学中，教师用直观的教学手段清晰地展示抽象的理论知识和技能，为学生理解与掌握知识和技能提供了方便，使学生学习起来更容易一些。学生对新鲜事物总是充满好奇心，而对于高校学生来说，新颖的微课教学模式是比较新鲜的事物，能激发他们的好奇心和求知欲，学生在新的教学模式下学习的积极性会得到提升，更愿意主动学习，这对于提高学习效果、提升外语素养具有重要意义。

2. 使学生的个性化学习需求得到满足

高校外语微课教学为学生提供了延伸性的学习平台，学生利用这一拓展化的学习资源可以查漏补缺，完善自己的知识体系，巩固自己的运动技能。传统外语教学中，由于一节课时间比较长，学生的注意力很难始终保持高度集中的状态，学生注意力分散，无法与教师配合好，自然就会影响课堂教学的顺利进行和最终的教学效果。而在高校外语微课教学模式下，由于时间短，而且学生面对的是生动形象的教学资源，所以更容易集中注意力，更容易准确抓住知识点，还能主动思考与探索，这对于促进学生视野的拓展及学习水平的提高是有好处的。

（四）应用型高校外语教学中微课的实施策略

应用型高校外语微课教学的组织与实施过程可分为以下三个阶段。

1. 课前准备

课前准备工作的好坏直接反映教师的内容编制技能，准备阶段的工作主要包括对教学内容的选取、对教学目标的确定、对教学策略的制定、对教学顺序的安排及对教学器材的摆放等内容。选取教学内容一定要有明确的主题，对某一个或少数几个选定的问题集中进行说明，这样才能体现出高校外语教学的目的性、计划性，才能使教学目标发挥引领作用。

2. 课中教学

（1）课程导入。微课时间较短，在有限的时间内尽可能用新颖的方法引出课题，这样才能在短时间内吸引学生的注意力，使其在接下来的时间里集中精力学习。这一环节用时较少。

（2）正式进入教学活动。教学活动是主体部分，以解决一个技术问题为主线，教师的讲解要简短精炼，留出让学生自主练习的时间，教师在旁边巧妙启发、积极引导。

（3）课后小结，课堂小结是对教学内容要点的归纳及整个教学的总结。课堂小结贵在"精"，要起到画龙点睛的作用，不要做不必要的总结，以免画蛇添足。

3. 课后反思

教学探究和解决问题是课后反思的基本立足点，反思的要点有两个，即教和学，通过反思来检验目标的合理性与达成情况，根据现实问题而提出解决方案与改进建议。

第三节　应用型高校外语云端网络教学的探索与构建

一、应用型高校外语云端课堂现状研究

（一）学生不在状态

云端课堂的开设能够让身处异地的教师与学生展开实时互动。但与此同时也就意味着学生已经离开了熟悉的班级、教室，转移到了一个有网络、有电子设备的舒适场所中。在这种相对安逸的条件下其失去了班级合作竞争氛围下的求胜欲，这时候的他们略显散漫、不愿听讲，身边随处可见的小零食、舒适的床和温暖的被窝在逐步侵蚀他们学习的激情。当学生在一节云端课程中意识到教师并不能做到百分百监管、不用刻意做出好学的样子也没事后，他们便会变本加厉直至被懒惰所腐蚀。在云端课堂中，由于要保障通话的流畅度，教师往往不会要求学生打开摄像头，这样一来学生在教室中的紧张感、压迫感荡然无存，自认为无人监管的他们容易开小差、做小动作，有些甚至直接浏览其他网页或打游戏，这并不是外语工作者想看到的理想状态。

（二）学生学习效率低

2019 年疫情初期的寒假过后，广州的应用型高校教学由传统的线下面授突然转变为崭新的线上远程教学。这不仅是教学形式的改变，影响更深远的是教育模式的提升。一夜之间，"互联网＋教学"不再是一句空话，而是全方位、各学段、多学科地运用到一线教学当中。面对这个新挑战，一般教学已经难以开展，外语就更加雪上加霜。部分后进生由于家里缺乏有效监督，每天拿着手机做着学习以外的事情。老师得知后都会开展家校共育的措施，分别和学生、家长谈话。但家长要工作，很多时候确实难以时时刻刻监督孩子，

因此，疫情期间的家校外语工作的开展就变得异常困难。

（三）外语学习需要家校共育

"孩子在学校归你管，回家之后归我管，我们各管各的"，当老师找家长反映学生情况的时候，难免有些比较极端的家长，会认为老师和家长对学生的教育是"各司其职""互不干扰"。这种想法，割裂了家校共育中家长和老师之间的重要关系。其实，学生的健康成长是离不开家庭教育和学校教育的，两者是互补和成全的关系，而不是割裂、分开的状态。外语作为家校共育的重要组成部分，需要学生—老师—家长三方手牵手、肩并肩，同一方向，共同努力，协同发展，这样才是对学生全面发展最好的做法。

二、打造应用型高校外语高效云端课堂的有效策略

（一）改变云端课堂的现有模式

如在课前我们可以提前设置问题并将其呈现在微课之中，让学生自行思考，与此同时还可以借助 QQ、微信等软件的优势功能，将同一小组的学生拉入到同一讨论组中，在群组内着重强调微课内容、展示具体问题，让小组同学通过打字聊天、语音消息、语音通话、视频通话的方式进行无障碍沟通，得出最终结论，并做好论述材料准备。

此时，教师可以让每个小组以自荐、推荐的方式选出一位代表，在云端课堂开课后，每个小组的代表要以麦序发言的方式与他人分享自己的探究成果。这种"云端课堂＋微课"的模式有诸多好处，第一，教师可以通过查看聊天记录、加入视频聊天等方式及时了解学生的合作动态，对其探究方向进行及时把控；第二，能给予学生充足的发挥空间，在锻炼其观察力、表达力、思维力的同时培养其论证能力；第三，能在线上环境中创设出与线下课堂如出一辙的合作与竞争氛围，唤醒学生的拼搏精神与求胜欲；第四，能在打破传统云端课堂教师"独自演讲"的状态，给学生提供展示的舞台与机会，在提高授课效率的同时保障教学质量。

（二）与家长形成高度共识

首先，教师可通过现代化沟通手段，与家长进行深入交流，在肯定家长对学生成长的重要促进作用的同时，要明确云端课堂具体运用过程中所可能出现的负面影响，让家长意识到外语的关键性，认识到云端课堂中自控力较差的学生需要监督与陪伴，以促膝长谈的方式统一思想战线。其次，教师要建立健全长效沟通机制，时刻与家长保持联系，利用现有家长群等，在上课前提前发布课程相关的重点信息，引导家长运用正确的方式与学生一起学习相关知识，对其学习进度、学习状态等进行有效把控。再次，教师要在互相平等、尊重的基础上肯定家长的教育思想，根据家长所提出的意见或建议，去设计带有贴合课程内容、带有教育意义的亲子活动。一方面能在收获快乐亲子时光的同时有效拉近亲子距离，另一方面能改善教师与家长之间的关系，有助于达成教育共识，最关键的还是能通过与云端课堂的相互结合达到以理论促实践的效果，提高学生的综合运用能力。

第四节　应用型高校外语智慧型
语言实验室的运用

一、应用型高校外语语言实验室智能化管理的必要性与需求

（一）外语语言实验室的现状

随着技术的发展，在新文科背景下，高校的外语实验室不再只是传统的机房，其形式也趋于智能化、多样化。目前的外语语言实验室的设备是通过数据线和局域网进行连接，设备包括了计算机、一体机、路由器、交换机、耳机、平板电脑以及充电柜在内的多种电子设备。其使用频率相对更高，管理难度也随之增加，因此亟须探索出一套新型的智能化设备管理方案。

（二）外语语言实验室管理需求

基于物联网技术的外语实验室管理系统，须满足实验室设备实时监控、安全隐患报警、自动化控制以及可扩展性等多种需求，从而提高外语实验室的设备管理效率和信息化水平。根据以上需求，该系统应具有实验室智能门禁功能、电力控制功能、实验室环境监测功能、实验室无线监控功能、实验室设备及软件智能管理等功能。

二、应用型高校外语智慧型语言实验室管理平台构建

针对实验室的具体需求，使用多模网关为核心，可以搭建一个智能化管理平台对实验室的软硬件、人员、环境等数据进行收集、处理和管理工作。实验室管理平台的框架根据软硬件可以分为两大模块，分别是 IOT 设备智能化管理模块和软件更新进度管理模块。

（一）IOT 设备智能化管理模块

物联网技术的蓬勃发展为如今外语实验室的管理问题带来了一个低成本，高效且可扩展的解决方案。搭建物联网智能管理系统的重点在于如何将实际需求一一对应到感知层，网络层和应用层。基于现有的外语语言实验室，结合所需功能，感知层包括多模网关、门禁系统，监控系统，设备管理系统以及环境安全系统。网络层则使用了以 4G、5G 为代表的无线广域网和以蓝牙、Wi-Fi 和 RFID 技术为主的无线局域网。其中 RFID 技术，又称无线射频识别技术，是一种易于操控，简单实用且特别适合用于自动化控制的灵活性应用技术。配合蓝牙、Wi-Fi 等近场传输技术可以十分便捷地传输几乎所有所需的数据信息。应用层则包含了终端控制与数据分析两个部分。

1. 智能门禁系统

外语语言实验室具有设备价值高、数量多、使用频率高等特点，因此准入系统需要在保证安全的前提下更加便捷。既要使拥有权限的用户直接完成实验室门禁解锁，同时，实验室管理员也可通过系统直接授予某个用户门禁权限，被授权用户无须提前录入信息便可临时通行。另外，该系统也需要有

一定的安防功能，每日的访问数据需要被记录并生成日志存储，以便需要时管理员可以进行查阅；当出现陌生访客尝试强行进入实验室的情况时，需要及时提醒管理员。

因此门禁系统使用智能门锁，通过面部识别与指纹识别技术可以有效地解决传统实验室准入存在的安全隐患和流程复杂等问题；当出现陌生访客时也可以及时留存视频和照片信息通过服务器发送到控制终端以便管理员进行相应的处理。同时将门禁系统接入物联网可以使得门禁与灯光、温度、监控系统进行自动化联动，避免因为忘记关闭电源所带来的能源浪费。

2. 智能监控系统

监控系统除了满足日常安防需求之外，主要是用于监控实验室的状态，在实验室管理人员不在现场的时候也可以随时了解实验室情况。不同于传统的监控系统，基于物联网技术的智能监控系统可以通过与门禁系统和红外传感器相互连接交互。当实验室有人存在时开启监控，人离开时关闭监控，从而可以延长监控系统使用寿命，节约能源。

另外，支持 IOT 的智能监控摄像头可以与其他物联网设备进行互联，一旦遇到突发事件，可以按照预先设置的逻辑进行反应，实时状态也可以通过网络传递到管理员端，从而判断是否需要人工介入操作。同时，管理员还可以根据传感器的状态随时查看实时监控以便做出及时的反应。

3. 设备管理系统

实验设备的管理包括平板电脑，多功能互动一体机等在内的资产管理，也包括设备使用管理。一方面，可以通过使用 RFID 技术来提升实验室资产管理的智能化水平。RFID 系统一般由读写器与电子标签两部分组成。只要 RFID 标签出现在读写器的有效识别范围之内，就可以通过阅读器读取到标签信息，并不需要建立物理连接。因此给实验室的固定资产贴上 RFID 电子标签，既可以了解设备的基本情况如：购置时间，维护日期，供货商，配置等基本信息；又可以记录每台设备的使用情况，是否存在软件没有及时更新或者硬件损坏待维修的情况，为日常维护提供真实的数据参考，可以有效地提高实验室的管理效率和信息化水平。另一方面，可以使用智能插座来实现各种电子设备的开关机。比如外语语音实验室主要使用更为灵活化的平板电脑作为课程载体，而平板电脑需要经常充电，因此需要将其置入充电柜统一进行充电。由于安全考虑，充电柜的设计功率无法达到几十台平板的最大充电功率，因此无法进行快速充电。通常情况下都需要进行长达 10 个小时的充电，才能保证所有的平板电脑达到满电的状态。这个过程耗时长，且很容易出现充满电却没有断电的情况。不仅容易使平板电脑的电池寿命减短，同时还增加了用电风险。而引入了智能插座则可以完美地解决上述问题。通过对用电功率的实时监控，可以有效地判断平板电脑是否已经完成充电。既可以手动开关机，也可以根据平板电脑的使用频率，设置每周固定两次开启充电电源，开始充电。当功率小于一定数值时便可以认为充电柜里的所有平板电脑完成充电，并自动断电。同样的，互动一体机等设备也可以通过相同的方式进行一键开关机的操作。这样就可以极大地提高设备管理精确度保证设备的用电安全，延长设备使用寿命。

4. 环境安全监测系统

实验室环境检测包括灾害监测，温湿度，门窗状态，是否有人在场等情况。首先，由于外语语音实验室的人流量大，使用频率高，且主要设备为电子设备，一旦发生火灾，轻则会造成设备损失，重则会造成人员伤亡。因此实验室的消防安全是重中之重，需要放在首位考虑。传统的烟雾报警器只能进行当场声光报警，即只有当实验室周围有人时才能起到火灾报警效果，而当实验室周围无人时，并不能起到很好的提醒作用。针对上述情况，可以使用智能烟雾报警器作为灾害监测的传感器，这种基于物联网的新型烟雾报警器不仅可以当场声光警报，同时还可以与其他 IOT 设备进行联动。比如，当烟雾传感器检测到烟雾时，会第一时间打开报警功能，同时通过互联网将情况上报给管理员，管理员可以通过实时监控视频，第一时间判断实验室的火灾情况是否误报或者真实发生，从而采取相应的措施。这样即使在假期、实验室长期无人的情况下，也可以保证实验室的安全。

其次，由于气候潮湿，经常会出现"回南天"这种高度潮湿的天气情况。而电子设备在使用和存放的过程中十分容易受到潮湿天气的影响，发生一些损坏甚至降低使用寿命。因此实验室设备存放的环境需要保持通风和干燥才能够避免上述问题的发生。这就需要使用温湿度传感器用于实时感应室内温湿度变化情况，从而采取相应措施。

除此之外，门窗状态也是在实验室管理的过程中的一个需要注意的问题。

在实验室非开放时间，需要保持门窗关闭，禁止非授权人员进入，确保实验室设备安全。另外，如果遇到台风天气没有及时关闭门窗，会导致设备乃至整个实验室的严重损害。而使用门窗传感器，通过物联网技术远程查看门窗的开关状态可以有效地解决门窗忘记关闭所带来的问题，提高实验室管理水平。

（二）软件更新进度管理模块

硬件是实验室的基础，而软件则是外语实验室的核心内容。由于外语语音实验室的特殊性，教师教授不同的课程所需要使用的功能也有着一定的区别。一般的教学软件存在着功能冗杂，交互设计复杂，核心功能不符合实际教学需求等问题。这是由于软件的开发人员没有一线教学经验，对于课程内容不清楚，不了解课堂使用的具体场景；同时一线教师与学生也没有专业的产品相关的知识，对于教学的实际需求无法准确及时地反映给软件开发人员。这就造成了软件使用率低、版本更新效率低、沟通不顺畅等问题。

因此该模块引入了项目管理理念，通过使用在线协同工作工具来解决教学软件不符合一线教师的实际需求，以及开发人员与师生的沟通不顺畅不及时等情况。整个模块以多人协同在线管理系统为中心，连接实验员和软件供应商，而非供应商直接与师生进行沟通。其优点非常明显，既可以避免师生与软件开发人员相互不了解对方想法的问题，又可以很直观地反映需求、更新进度与时间的关系。因此软件更新进度管理模块可以更高效地解决由于任课教师对于课程的不断完善，以及教学进度的变化，带来的每学期对于教学软件需求变化的问题。同时实验员每学期结束也可以查看软件在过去一学期的更新情况，不断完善软件更新管理方案，提升软件更新质量与效率。

针对传统的外语语言实验室管理的不足，结合对现阶段各高校外语实验室的实际情况综合分析后。通过使用市面上常见的 IOT 设备以及 RFID 技术，针对实际管理需求，以硬件设备的管理为主，软件系统的管理为辅，设计了一个高效且个性化的高校外语实验室管理系统。经过测试，该系统可以极大地减轻实验员的工作负担，减少失误，同时提高实验室的安全性，智能化程度以及管理效率。

第五章 数字化时代下应用型 高校外语教学内容的创新

随着信息技术得到快速发展，并日益深入社会生活的各个方面，在应用型高校外语教学领域同样也不例外。外语词汇和语法知识教学与听、说、读、写、译是基本技能，是应用型高校外语教学的重要组成部分，学生只有熟练掌握这些基本知识与技能，才能真正提高外语综合运用水平。通过信息技术展开外语教学，可以更好地提升应用型高校外语各项知识与技能教学的效果。本章就来具体分析数字化时代应用型高校外语教学内容的创新。

第一节 应用型高校外语词汇与语法教学的策略

一、应用型高校外语词汇教学的创新策略

（一）词汇知识

词汇是外语语言技能发展的基础。特蕾西提出掌握与运用词汇知识在揭示语言蕴含的意义和准确的语言输出中起着不可或缺的重要作用。她认为即使学习者处于对语言结构完全不了解的状况下，只要头脑中储存了足够的外语词汇知识，就可以通晓和表达第二语言。

理查兹对词汇含义进行解释，他认为词汇是书写或话语表达过程中最小的语言单位。他总结了词汇教学包含的八方面内容。一是扩大学习者的词汇量；二是掌握词汇的搭配形式；三是掌握词汇的功能性以及根据情境使用合适的词汇；四是掌握词汇在语言结构中充当的成分；五是掌握词汇的多种形式，如在词根加上前缀后缀组成新词汇、两个及三个单词构成的合成词、由一种词性转化为其他词性的词汇等派生形式；六是掌握词与其他词之间的语义网络知识；七是掌握词的语义特征；八是掌握词汇的多种词义。

理查兹的研究表明了词汇教学的真正内涵[①]。霍华德（Howard）在《词，意义和词汇：现代外语词汇学引论》中提出词汇教学需要注重两方面内容。一是不重视对词汇教学的研讨，无法在词汇教学研究中取得成果。词汇教学关键是确定词汇研究的范围和外语学科的学科性质。二是研究词汇教学不是漫无目的研究单一或某一学科词汇知识，而是要参考其他或相关学科研究者的研究内容以及结合多样化的多媒体技术。长此以往，词汇教学才会有突破性进展[②]。

我国的胡春洞提出词汇教学等同于文化教学、沟通交流教学、学生思考教学、学习教学以及语言教学。词汇教学本质上就是第二语言外语教学。他提到词汇教学内容要全面展开，不能局限于讨论词汇本身，要超出词汇范畴，改变固化模式，将词汇教学与语言、文化相联系，注重词汇教学的广泛化、多元化[③]。

由此可见，外语词汇教学不仅是呈现词汇，让学生掌握词汇知识，还需要与语言相关的因素合作共同完成词汇教学。不同时期教育家们对词汇教学理论研究有着不同的观点。正是教育家们对词汇教学理论的辩证讨论，使外语教师在教学活动中尝试不同的词汇教学理论进行实践，促进了词汇教学理论和词汇教学活动发展。

---

① Richards，J. C.& Rodgers T. S. Approaches and Methods in Language Teaching：A Description and Analysis [M]. Beijing：Foreign Language Teaching and Research Press，2000：28.

② Howard Jackson. Words，Meaning and Vocabulary. [M]. An Introduction to English Lexicology，2000：122.

③ 胡春洞.外语教学法 [M]. 南宁：广西教育出版社，1990：85.

（二）数字化时代应用型高校外语词汇教学创新的具体策略

1. 充分利用语料库，让学生学会检索

（1）对近义词以及同义词进行检索

由于外语是一门非母语学科，因此学生在学习近义词的过程中存在较大难度。而语料库在应用型高校外语词汇知识教学中的使用，能够使学生在检索过程中，获得相应的参考，然后在此基础之上进行细致大量的分析，例如destroy 和 damage 是两个近义词，那么在实际教学中，就可以在检索栏中将这两个单词输入进去，然后学生会在实际阅读中进行具体分析。同时在学习完这两个词汇之后，也可以将自己在日常生活中遇到的近义词、同义词进行搜索，通过这种方式的使用，方便了学生在学习中进行自主对比，使学生的自主学习意识和自主学习能力都能得到增强。

（2）在检索过程中了解不同词汇搭配

词汇搭配的概念提出已久，并且随着社会的不断发展，受重视程度越来越高，词语搭配考查了词项目贡献，也考查了相应的语法结构以及框架。有相关学者认为词的搭配、语义选择、语义韵以及类连接之间存在紧密联系，它们实现了对词汇组合以及词义的表达，而比较普遍的则是动词与名词之间的搭配。例如，想要了解 trend 这个词汇时，则可以在语料库中进行检索，如 short term trend，development trend，trend up 等，除了这些搭配用法之外，实际上 trend 还有很多用法。这种学习方式的使用，能够使学生在学习中对词汇搭配内容有更深入的认识与了解，同时在实际学习中也可以将查找的内容和自己已知内容进行对比，找出二者之间的差异，进而在实际学习中更有针对性。

2. 融入教学情境，拓展词汇教学内容

教师应该将情境教学法应用于应用型高校外语词汇教学中，具体如下。

第一，运用音乐情境，导入外语词汇教学。音乐能够带给学生良好的听觉感受，有利于渲染课堂氛围。在词汇教学中，应用型高校外语教师运用音乐情境，能够实现课前导入，可以快速地将学生的注意力吸引到单元词汇知识上来。在实际教学时，教师可以借助教室内的多媒体设备或自己的手机设备，播放与单元主题相关的歌曲，创设合适的音乐情境，并观察学生的表情、行为等，进而抓住教学契机，引出本单元的词汇知识，带领学生展开词汇教学。另外，教师在该环节也可以发挥学生的主观能动性，邀请喜欢唱歌、会唱歌的学生演唱相关的歌曲，使学生在自我表现的过程中产生学习兴趣。这样，教师能够优化课前导入的方式，有利于为外语词汇教学打下良好的基础。

第二，运用图像情境，解读外语词汇含义。图像情境是教师常用的教学情境，能够有效地辅助教师讲解教材上的文本内容。目前，许多教师在讲解外语词汇时都习惯采用口述的方式，往往在告诉学生词汇的含义后带领学生重复朗读。学生以这种方式学习外语词汇，往往记得快、忘得也快。同时，许多学生未养成良好的复习习惯，所以很快就会忘记刚学过的词汇。针对此情况，教师可以结合词汇的含义，使用多媒体创设图像情境，将词汇表达的内容生动、形象地展现出来。在展示图像的基础上，教师辅以语言描述，解释图像中的内容，加深学生对词汇含义的理解。这样学生在学习词汇时，将会产生浓厚的兴趣，有利于更好、更快地记住词汇的含义。

第三，实物演示情境，帮助学生记忆词汇。实物情境应用于课堂教学，有利于加强现实生活与课堂教学的联系，能够激起学生的联想。在学习外语词汇时，学生除了识读词汇之外，还需要牢牢地记住某些重点词汇，以便之后更好地进行阅读学习和写作学习。目前，大部分教师只是在讲解完词汇之后布置背诵任务，很少考虑到学生记忆词汇的难度，也没有过多地讲解记忆方法。所以，很多学生难以在规定的时间内有效地记住外语词汇。针对此情况，教师可以采用情境教学法，运用身边的真实物品演示情境，激发学生想象力，使学生能够由实物产生联想，进而更快、更准地记住外语词汇。这样，学生在看到某些实物时，会不由自主地想起相关的外语单词，从而达到深度记忆的效果。

第四，创设对话情境，推动学生运用词汇。在学习知识的基础上，学生还需要懂得运用知识。就应用型高校外语词汇教学而言，教师帮助学生识读单个词汇之后，更要锻炼学生运用词汇的能力，使学生能够运用词汇表达自己的观点。在实际教学中，教师可以结合某些重点词汇知识，创设对话情境，组织学生运用词汇进行对话练习。创设情境时，教师基于单元词汇，设置基本的故事框架，然后让学生借助单元中的词汇设计具体的对话内容。在该环节，教师可以引入小组合作法，让学生以学习小组为单位展开合作学习。通过这样的方式，有利于提升学生对外语单词、词汇、句式等的应用能力，同时有利于养成"说外语"的学习习惯。

第五，借助问题情境，促使学生深度学习。思考是一种良好的学习方式，有利于学生深化对知识点的认识并增强思维能力。学生通过自主思考获得问题的答案，往往比教师直接讲述问题的答案更能取得良好的效果。就应用型高校学生而言，教师在教学中不只要传授给他们知识，更要锻炼他们的探究能力。所以，在应用型高校外语词汇教学中，教师应当设计知识问题，围绕外语词汇知识创设问题情境，通过问题引导学生思考、探究，并借助问题情境启发学生思维。在学生思考问题之后，教师要为学生提供表达机会，使学生能够讲解问题、阐述答案。

总而言之，词汇教学是外语教学的关键环节。通过词汇教学，教师帮助学生识读词汇、记忆词汇、运用词汇，为学生读懂文章、创写文章打下基础。应用型高校学生对课堂教学方式的要求往往更高，他们需要通过生动、有趣的教学方式调动学习热情。情境教学法适用于外语词汇教学，能够推动词汇教学高质量开展。在今后的教学中，应用型高校外语教师需要结合词汇教学现状，围绕教材中的重难点词汇，创设多元且有用的教学情境，利用教学情境推动学生思考、深化学生记忆。

3. 借助新兴技术，激发学习兴趣，培养自主学习能力

在教学中将信息技术手段融入，能够将学生的学习兴趣激发出来，在一定程度上转变学生的固化思维模式。例如，我们可以看到很多学习词汇的App，这些 App 可以与课堂相连接，学生对词汇的音、形、义的理解可以通过网络在课下加以巩固，这不仅有助于提升学生的学习效率，也有助于使教师重视词汇知识教学的方法与手段，提高学生对词汇知识教学的认知。众所周知，课堂教学时间非常有限，教师可以提前在网络上发布任务，引导学生展开自主学习，不断发现教与学中的问题，并进行解决。

二、应用型高校外语语法教学的创新策略

（一）语法知识

语法在语言中具有举足轻重的作用。当谈及语法的定义，不同的学者却有不同的界定。

英国著名应用语言学家威多森（H.G. Widdowson）对语法的定义为，语法是一个规则系统，包括词汇变化规则和词汇造句规则。

美国路易斯安那州立大学的语言学教授尤尔（George Yule）认为，语法是一套结构体系，其分析框架包括意义、形式和用法三个方面，这三个方面是相互结合的，可以通过应用的上下文语境来解释不同的语法形式和不同的语法意义。

朗曼在《应用语言学词典》中将语法定义为，语法是对语言单位（词汇、词组等）组成句子时所遵循的方式的一种描述，这种描述往往包括了语言句子各个语言系统下的含义和功能。

北京大学英语系教授胡壮麟认为，语法应该被看作一个理性的动态系统而非任意规则的静态系统，这种定义更利于在语言教学中培养学生良好的语言应用能力。

（二）数字化时代应用型高校外语语法教学创新的具体策略

1. 利用翻转课堂，完善课前与课堂教学

翻转课堂是一种有效的教学模式，它的理念与外语语法教学相契合，而且能有效改善外语语法教学的现状，提高外语语法教学的效果。

具体而言，外语语法翻译课堂教学流程主要包含六个阶段：教师课前准备阶段、学生课前自学阶段、教师与学生课前互动阶段、学生课堂检测阶段、学生知识内化阶段和学生知识巩固阶段，如图 5-1 所示。教师可根据这一流程来开展语法知识教学。

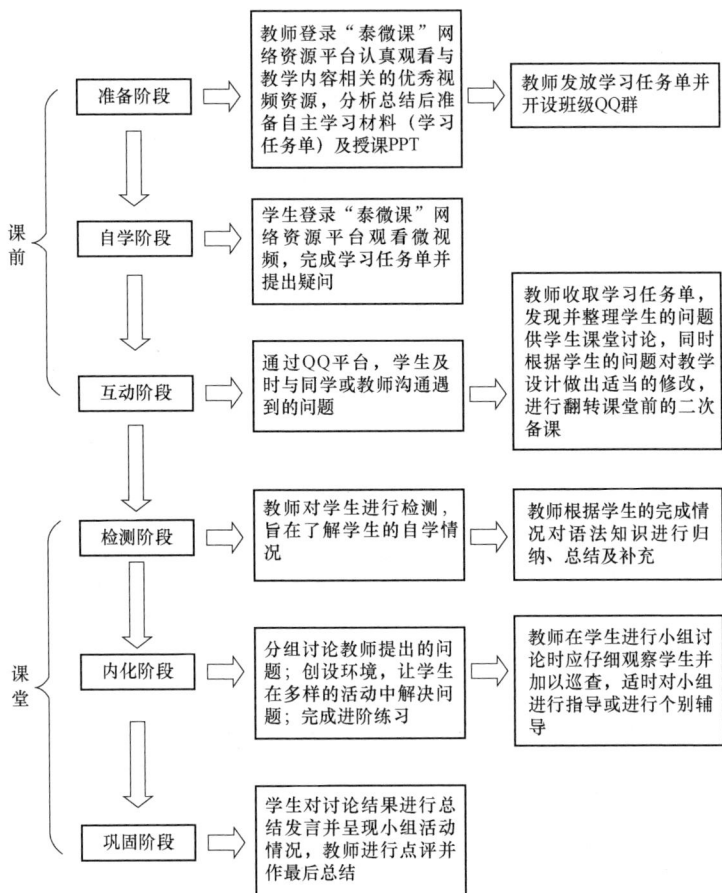

图 5-1 外语语法翻转课堂教学流程

（资料来源：毛婷婷. 翻转课堂在初中英语语法教学中的运用［J］. 英语画刊（高级版），2019（21）：64.）

2. 聚焦文化，开展语法教学

聚焦文化意识培养的外语语法教学，不仅能使学生习得相关语法项目，而且可以使学生在拓展文化知识、对比文化差异、理解文化内涵的过程中，提升跨文化交际能力与传播中华文化的能力。在实际教学中，教师应找准语言教学和文化意义培养的结合点，采取导入、渗透、比较等灵活多样的方法施教。具体而言，聚焦文化意识培养的语法教学可以从以下三个方面着手：

一是认真研读教材内容，确定教学主线。教材只是载体，教师要树立用教材教而不是教教材的基本理念。对于学生不熟悉的教材编排内容（如文化知识），教师可以把其作为暗线，引导学生通过比较、体验、赏析、应用所学语法知识来获得文化知识、理解文化内涵。

二是用心收集教学素材，设计综合活动。"灌输式"的语法教学和"强加式"的文化知识传授容易使学生产生畏难情绪。这就要求教师采用一系列具有综合性、关联性和实践性的外语学习活动，引导学生观察、发现、总结、归纳语法规则和意义，进而使用所学语法知识来表达思想、传递意义，树立并坚定中华文化自信。

三是重视创设教学情境，实施即时评价。教师要改变碎片化的、脱离语境教授语法的教学方式，有目的地创设具有文化氛围的教学场域，引导学生在体验中学习、思考相关语法知识，学会用得体的语言传递信息、表达情感或观点，并通过自评、互评等即时评价，有效传播和弘扬中华文化。

第二节　应用型高校外语听说教学的策略

一、应用型高校外语听力教学的创新策略

（一）听力技能

在听、说、读、写这四项技能中，听往往被认为是接受性的一项技能，但是并不能说听就是一个被动的过程，而是应该认为听是一项非常主动的活动，是一个积极地处理信息的过程。根据心理语言学的研究，听的过程与人的记忆力关系非常密切。人的记忆力（图 5-2）划分为三种，即感知记忆、短时记忆和长时记忆三种，三者所承担的任务不同，构成一个完整地对信息加以处理的系统。

图 5-2　记忆的过程①

---

① 崔刚，罗立胜. 外语教学理论与实践［M］. 北京：对外经济贸易大学出版社，2006.

外部的信息经过人类的感官，会保持一个较短的时间，这就是感知记忆，是瞬时的，指的是外部刺激以一个非常短的时间呈现之后，一些信息会通过感觉器官输入头脑中，形成瞬时的记忆。显然，这是信息加工的第一阶段。短时记忆指的是信息呈现之后，保持一秒钟时间的记忆。长时记忆指的是学习的材料经过复述或者复习之后，在头脑中进行长久存储的一种记忆。根据三种记忆的阶段，听的心理机制可以归纳为三点。

在第一阶段，声音通过人的感觉器官进行感觉记忆，并根据自身已有的知识，将这些信息转向有意义的单位。人们在听母语的时候，这种感知记忆是非常容易实现的，但是如果听的是外语，那么就会出现一系列问题，甚至很多时候人们还没处理完信息，新的信息又进入了，导致自身没听懂。

在第二阶段，信息处理在短时记忆中实现，当然这一过程也是非常短暂的。在短时记忆阶段，听者将听到信息与自身在长时记忆中的存储信息进行对比，将记忆中的信息展开充足，从而构筑新的命题。听者需要对语流加以切分，当然切分的目的在于获取意义，当获取了意义之后，听者就会忘却具体的词汇、语句。显然，在这一阶段，处理的速度是非常关键的。已有的信息必须在新的信息进入之前就需要处理完成，当然这很容易使学习者的脑容量超载，甚至很多时候无法从信息中获取意义。但是随着学习者听力水平的增加，他们具备了一定的知识储备，那么对信息的处理能力也会加速，从而能够留出多余的时间处理那些较困难的信息。

在第三阶段，听者会将所获取的意义转向长时记忆中进行存储，并与自身的信息紧密联系起来，从而对命题的意义进行确立。如果新输入的信息与自身的已知信息能够匹配，那么就说明这些新信息容易理解。在这一阶段，如果形成的命题与长时记忆中的固有信息紧密联系的时候，大脑往往会通过积极思维展开分析与归纳，从而使这些信息连贯起来，构筑新的意义，最后储存在自身的长时记忆中。

当然，学生在听力技能训练中也会存在一些问题，具体分析如下。

第一，学生基本语音知识的欠缺。语音知识是听力的基础。大多数学生无法掌握 48 个音标的准确发音，对音节强、弱，连续、漏读，及不完全爆破这些常识接触和了解都较少，更无法真正了解英式发音与美式发音在发音、语调、重音、弱读甚至节奏上的区别。

第二，学生词汇量有限、跨文化常识的欠缺。缺乏词汇量和欠缺跨文化意识是限制听力理解的要素之一。应用型高校学生受限于词汇量和东西方文化差异，对外语为母语的国家的历史、民族、地理、人文风俗、生活方式和思维方式以及相应的文化背景知识缺乏认知和理解，成为听力过程中的拦路虎。

第三，母语对学生听力水平的积极影响欠缺。学生容易混淆外语音标和汉语拼音的发音，并且习惯于将语音材料翻译成中文来理解意思并完成题目，这对听力水平的提高非常不利。因此，很难将语音信息转化为要获得的有用信息，导致听力过程中的反应速度降低，影响了听力效果。

第四，中学生良好心理素质欠缺。由于学生产生了对听力的恐惧和焦虑，他们在听力的过程中处于高度紧张的状态，这大大影响了他们对听力内容的理解，造成听力效果降低。也有一些学生太过于追求高成绩，考试压力比较大，在听前五个问题时由于压力而未能跟上，使他们觉得表现不好，下面的问题基本上就会放弃。从长远来看，这类学生因缺乏良好的心理素质而害怕听力，产生恐惧的情绪，不利于提高学生的听力水平。

第五，教师的高水平语言综合运用能力欠缺。目前，许多学校教师的外语教师实力并不强。大多数外语教师的母语不是外语，也很少有机会与以外语为母语的人交流，所以他们的语言表达并不真实。因此，他们不能完美地发挥课堂交际活动的组织者和向导的作用，也不能为学生提供合适的口语练习语料和创造良好的口头交流情境。目前，一些外语教师发音不权威，口语表达存在问题，都直接制约了学生的外语听说能力水平的提高。

（二）数字化时代应用型高校外语听力教学创新的具体策略

1. 合理设计听力翻转课堂

在课程开始之前，教师需要布置好音频与视频材料，学生自行听这些材料。在课堂开始后，教师主要负责引导，他们不再是对材料进行详细的讲解，然后给学生对答案，而是将更多的时间放在为学生讲解听力技能上，然后为学生介绍相关的背景知识。课堂形式的展开方式也可以有很多种，可以是表演形式，也可以是讨论形式等。

教师除了应用教材外，还可以自己录制或者应用他人录制好的音频或者视频，在录制时，设置相应的生词、短语以及矩形，并添加一些背景知识，这些对于教师来说不仅可以节省时间，还可以提升学生的学习质量和效率。

教学总是围绕书本内容展开的，学生接触的外语材料是非常有限的，如果他们的语言输入不足，那么必然会对他们的语言输出产生影响，这样长期下去，学生对外语学习就失去了兴趣和积极性。另外，随着网络的发展，网络上有着丰富的教学资源，这些资源对于学生的外语学习也是非常有利的。听力与外语其他科目不同，其学习需要学生进行大量的练习，因此教师可以通过网络平台，为学生搜集相关的音频或者视频资料，让他们展开练习。

教师可以对这些网络资源进行整合，为她们的翻转课堂所用。例如，课堂教师可以从 TED 网站上选择一些音频或者视频，将视频与任务为学生布置下去，让学生有充足的时间进行观看。还可以从学生的不同程度出发，将学习任务分开，如果学生的水平是初级的水平，那么要求他们听懂大意即可，如果学生的水平是较高水平，可以让学生自己去查找一些相关背景，让他们弄懂整篇文章，这样在课堂上他们可以相互讨论，使学生成为学习的主体。

2. 重视朗读的关键性作用

通过大声朗读来帮助学生熟练掌握语音知识是解决听力水平不高的关键策略之一。学生无法流利朗读课内外学习的语言材料，只是默默地想，最终将导致说不出，也听不懂外语。因此，解决朗读问题，应该先解决语音问题。老师首先引导学生们熟练、准确掌握 48 个音标，然后再教授拼读单词的方法。其次，提醒学生注意发音、语调、重读、弱读等内容。最后，可以让学生大声朗读单词、句子，甚至是文本来增强学生的语言感。鼓励学生开口说，反复练习，绝对不要只听练习不开口。一开始，学生们可能会发现他们会忘记准确读音，教师要不断鼓励学生不要气馁，并反复提醒他们记住需要做的是一次又一次的练习，练习到一定程度，自然就记住了。让学生一天练习几次，第二天再练习几次，并回顾他们以前学到的东西，然后每天复习，直到他们能听到一个声音就可以马上说出。教师也可以利用互联网查找各种阅读材料，根据学生的需要选择适合其内容的视频、音频。此外，我们还可以指导学生使用录音软件录制他们的朗读音频，然后自己听，找出朗读的不足，同时提高发音的准确性，从而提高听力水平。

3. 重视词汇量及跨文化常识的必备作用

必备的词汇是提高听力水平的奠基石，词汇的欠缺是听力水平提高主要障碍之一。阅读是扩大学生词汇量的有效途径之一。为了通过阅读储备丰富的词汇，教师必须引导学生在学习中加强基础知识储备，尽最大可能扩大词汇量，鼓励学生养成通过各种渠道收集、整理和积累资料和信息的好习惯。学生可以从密集阅读和广泛阅读各种日常阅读材料中拓展词汇，教师也可以设计一些练习，使材料不仅作为阅读材料，更重要的是，发展成词汇和文化材料，甚至是听力材料，并创造性发挥材料的听力训练价值，以扫清学生在听力理解过程中接受和使用信息的障碍。在阅读材料的选择上，教师应该指导学生选择合适的应用型高校学生阅读材料，选择词汇难易合适、内容有趣的阅读材料，来激发学生的阅读热情。通过阅读提高应用型高校学生的跨文化素质，也可以让学生体验真实的外语表达。

4. 重视采取有效措施降低母语对听力水平的负迁移

在学习外语时，母语的负性转移容易大于正性转移，因此，在听力训练的过程中，必须注意母语的负迁移现象。为了尽量减少母语对听力理解的干扰，教师应该尽量用外语来组织课堂教学，尽可能多地在每个教学环节中使用外语。那些能用外语表达的，如课文解释、练习设计、考试安排、家庭作业、奖励、评论等，应尽量使用外语，避免使用中文。培养学生用外语思考学习问题的能力。在初始阶段，让学生掌握一些日常交流语言，要求学生在课堂上必须使用课堂语言，让学生学会听基本的外语交流语言，然后逐渐做到课堂完全没有母语。其次，借助实物、图片、老师的动作和表情以及文字场景等直观的手段，让学生可以跳过母语，直接将外语与客观事物联系起来。随着学生用外语思维水平的逐渐提高，学生的外语解释能力得到了提高。例如，学生可以使用同义词、反义词或已定义的方法来解释单词的含义；学生也可以使用句子扩展、句子模式转换来理解句子等。这不仅可以克服母语的干扰，还可以培养学生直接理解外语的能力。在老师的帮助和学生的积极合作下，学生不难做到用外语解释外语，只要学生有能力和习惯解释外语，母语的干扰可以大大减少，母语对听力理解的负迁移也能最大程度上得到削弱。

5. 重视学生良好听力心理素质的养成

环境因素是影响学生听力成绩的主要因素之一，对学生听力信心的建立和听力训练自我效能感的形成有重要影响。教师需要先了解学生的听力效果差，不仅受环境因素影响，还受学生自身能力的影响，然后进行全面的分析。接着，可以根据学生遇到的不同的听力测试问题，创建各种听力测试模拟场景。第一，组织学生在教室、多媒体中心和户外场所中开展听力教学活动。教师需要全面地比较听力测试的结果，然后清楚地了解环境因素对听力测试的影响。在不同的模拟场景下进行听力测试，可以提高学生的心理适应能力，为后续的正式听力测试铺平道路。特别是对于那些只有在绝对安静的地方才能获得良好的听力测试成绩的学生，添加适当的外部干扰因素有利于提高他们的听力适应性。采用各种模拟场景进行听力训练，对学生进行听力心理质量训练，可以避免其受到心理因素和环境因素的影响，并影响测试结果。第二，适当地拓展听力课程的内容。应用型高校学生外语听力测试的关键内容是听力理解测试和听力文本理解测试。教师应做好听力考试的分析工作，明确文本因素对学生考核结果的影响。找出实际存在的问题，然后扩大和完善听力训练的内容。即，教师应根据存在的问题，选用多样的听力材料和听力训练形式。在日常听力教学中，注重提高学生的文本理解能力，并有效地纠正学生的外语发音。第三，教师要掌握听力文本的难度，为各层次的学生开展分层听力教学活动。做好日常听力技能培训，使学生的自我心理适应能力增强，能够适应不同水平的听力测试。教师还应丰富和拓展课程内容、语法和词汇，为学生提供高质量的听力。第四，要加强对学生抗挫折能力的训练。在数字化时代，应用型高校学生有积极的思维能力和鲜明的个性特征，但他们缺乏抵抗压力和毅力的能力。在学习外语知识和语言技能的过程中，他们受到外部环境的影响很大，无法在不同的测试环境中发挥自己的能力。将外语听力教学与学生的心理健康教育相结合，培养学生正确应对学习和测试过程中所面临的困难和问题的能力。为因听力考试成绩不佳而失去学习信心的学生增加符合实际并带有激励性质的挫折教育。教师帮助学生发现目前存在的问题，帮助他们找出听力能力发展滞缓的根本原因，可以有针对性地帮助他们找到解决办法。同时，心理知识被巧妙地融入听力测试练习中，也可以让学生得到挫折教育的微妙影响。将挫折容忍度教育的内容合理地融入听力考试的文本中，以鼓励学生正确地看待考试中存在的问题。

　　总之，教师要想方设法提高听力教学水平，积极更新教育教学理念，在听力教材加工、教学方法选用和教学评价实施方面，积极改革实践，充分利用优秀的视听媒体。同时，提高教师自身素质，也是有效指导学生提高听力水平的重要前提。教学的同时，融入学科素养教育，让学生明白，为了适应国际环境，为了中国的建设符合国际标准，他们必须加强外语学习，提高外语语言能力，特别是听和说的能力。

二、应用型高校外语口语教学的创新策略

（一）口语技能

在 18 世纪，关于言语活动的研究主要在于如何对语法进行正确的使用。即便如此，优雅的语言逐渐成为人们对语言进行准确使用的目标。在这一时期，出现了语法翻译法，并在 18 世纪末期盛行，这一方法是用母语来讲述外语的一种方法，在外语教学中，这一方法有着极大的影响力，并在很长的一段时间存在。因此，虽然人们对于口语存在着很大的兴趣，但是对当时的教育影响不大。

19 世纪，随着语言教学的推进，口语理论也发生了巨大改变，这一改变尤其体现在欧洲使用的语法翻译理论被 80 年代的改革运动取代。到了 20 世纪 50 年代，情境教学法在法国兴起，并先后流传于英国、南斯拉夫等国家。随着录音技术的进步以及彩色出版物的出现，以口语作为媒介推进语言学习成为焦点。虽然口语被运用到自然的教学中，但实际形式并不是展开自然的交流，因为要练习语法结构，必然对口语交流进行限制，因此 20 世纪上半期的口语教学理论实际上是自相矛盾的。

在 20 世纪 70 年代，外语教学越来越多地受到了认知理论和社会语言学理论的影响。由于听说法比较具有机械性，使得句型操练脱离了具体的语境，很难培养和提升学生的交际能力。显然这一教学法对于交际过分强调，并认为外语教学不应该如同语法翻译法那样对于语法过分强调，也不能像听说法那样对于结构过分强调，而应该从语言的表意功能出发。这样做可以将学生的中心体现出来，基于学生的实际情况对教学内容加以选择，对教学目标进行合理的确定。显然，这一教学法主要目的在于培养学生的交际能力。

近些年，一些学者又提出了任务型口语教学的理论，这一模式是基于二语习得理念建构起来的，同时也吸收了交际法的精髓。任务型口语教学将交际意义视作中心，主要为了学生的交际能力服务。但是，由于其过分强调交际，这会让学生过分依赖交际策略，甚至也会将注意力转移到交际上，因此会一定程度上丧失对语言整体性的理解。

（二）数字化时代应用型高校外语口语教学创新的具体策略

1. 运用网络技术，完善课前课中课后外语学习

（1）课前线上翻转预习

应用型高校外语口语教学是建立在外语综合教程基础上的。在课前，预习主要是线上的预习。教师在设置预习任务的时候，应该从单元课文主题设计出发，采用多种形式，如问题讨论形式、朗读形式、角色扮演等形式等，便于学生展开移动学习，为课堂的展开做铺垫。

（2）课中线下交流

在课堂上，教师检查学生口语任务的完成情况，教师的角色也发生了转变，从操控者逐渐向指导者转向。在课堂上，口语活动除了面对面交流，还可以通过 QQ 语音来参与，这样可以使学生都参与其中，增强学生参与课堂的程度。

（3）课后"线上+线下"拓展学习

在课堂结束之后，学生可以运用网络技术展开线上与线下的学习。采用校园的听说系统，利用网络技术进行重复训练，对自己的学习效果加以巩固，提升自身的准确度与流利性。从课堂教学出发，为学生布置新的交互活动，如讨论、角色扮演等，学生在线下进行准备，然后通过手机录像上传，教师可以选取其中一些在下一节课进行展示。

学生利用教师推荐的网站与链接，在课堂结束后展开自主学习，如果学习中遇到问题，教师可以通过微信直播等形式为学生解惑。这些任务可以让学生的口语学习转到课外。在课堂结束之后，鼓励学生参与第二课堂或者一些朗诵比赛、话剧活动等，这也是线下学习的方式，从而不断提升学生的口语交际能力。

2. 把握外语口语课程主题，实施针对性教学

外语口语的主题类型多种多样，除日常交谈口语外，还有思辨口语、演讲口语等形式，同时也会因交际对象和使用场合的不同而发生变化。

（1）口语交际课程

日常生活中的口语交际是人们口语表达能力最直接的体现。语言交际能力既包括语言能力，又包括语言运用。

口语交际课程的特点是教给学习者能在真实生活中使用的语言，其教学目的是提高学习者运用外语进行交际的能力，能够用外语正确表达出自身的思想和感情。口语交际课程中的外语教学以达意为主，追求有效的交际功能。学习者在交际课程中要保证语言的流畅性和可接受性，不过分追求精确性。

口语交际课程的活动形式多种多样，下面介绍几种主要的教学形式。

① 两人活动。两人活动在交际课程中施行简便快捷，效率高。教师在两人活动中是监督者，不随意打断学习者的对话，不在一旁发表自己的意见，同时注意学习者在交谈中所出现的语音、语法错误，并在对话活动结束后及时指出。两人活动是在交际课程中应用最普遍的形式，在相互提高口语表达能力的同时，培养合作意识。

② 角色扮演。语言学习不能脱离情境而存在。将情境融入口语交际课程中，有利于激活口语课堂教学，提高口语教学效率。对于我国的学习者来说，外语是一门外来语言，因此在学习外语时缺少真实的情境。通过在课堂教学中创设真实的语言环境，引导和培养学习者外语思维和运用外语进行交际的能力。具体到口语交际课程中，学习者通过在模拟的情境中进行角色扮演，将自身的感悟以模拟的方式表达出来，能够加深对口语表达的认识。

③ 话题讨论。讨论的形式能够有效锻炼学习者的口语表达能力，因为在讨论的过程中要使对方接受自己的观点，必须运用恰当的句型、语态等，才能使讨论最终达成一致意见。此外，学习者在对感兴趣的话题进行讨论时，往往发言积极踊跃。学习者以四至六个人围坐在一起的形式进行讨论，在轻松愉悦的讨论氛围中每个人都有发言的机会。

（2）口语思辨课程

"思辨能力"来源于英文 Critical Thinking Skills，许多学者将其译为"批

判性思维能力"，我国学者文秋芳则认为其是"高层次思维能力"。①思辨能力影响着口语水平的提高。大学生思辨能力的培养已成为高等教育的重要目标。

我国大学外语口语教学的实际不容乐观。表现在教师方面，许多外语教师仍采用讲座式的教学方式，重理论轻实践，重模仿轻创新，学习者在课堂上没有足够的时间进行思考，也很少有思维训练的机会。表现在学习者方面，学习者受到应试教育的影响，过多地将学习重心放在考试成绩上，忽视平时的口语训练，导致在口语表达时逻辑混乱，观点不清晰，缺乏条理性，判断、推理等思辨能力较差。表现在教材方面，话题材料陈旧，一些关于推理或启发性的问题过于简单，不利于培养学习者的发散思维和认知技能。

结合以上理论和我国的口语教学实际，在大学外语口语教学中开设口语思辨课程培养学习者的思辨能力具有重要的现实意义。

作为口语教学的主导者，教师应积极转变自身角色，创造性地运用多种教学形式和教学手段培养学习者的思辨能力。下面介绍几种主要的教学形式。

① 设计具有挑战性的话题。教师在口语课堂中提出的话题除新颖、能够吸引学习者讨论兴趣外，还需要有一定的思维深度。学习者只有进行深层次的思考，才能充分调动起其大脑的思维活动和认知结构，如果只停留在对文字表面意思的理解和阐释上，思维就会停滞不前。苏格拉底提出的"助产术"为我国大学外语口语教学提供了重要的启示。教师在思辨课程中要遵循循序渐进、由浅入深的原则，逐渐培养学习者的思维变换能力。此外，口语话题的选择还应具有争议性，即每位学习者都有自己的见解，可以是社会问题，也可以是娱乐报道等，总之要能够启迪学习者思维，引发积极的思考。例如，"How would a human clone refer to the donor of its DNA？（从伦理角度来看，人们该如何称呼 DNA 的捐献者？）"又如，"Is it right to clone a person in order to harvest organs or body parts？（为了得到某个身体的器官而克隆人是否是正确的？）"

② 提供丰富的语言材料。学习者可接触到的语言输入材料越丰富，其进行的思维活动就越具有深度和宽度。众多教学实践证明，大量语言材料的获

---

① 文秋芳. 论外语专业研究生高层次思维能力的培养［J］. 学位与研究生教育，2008（10）：29-34.

取可以帮助学习者积累更多的词汇和句型，从而更新知识库，表达出更深的思想，提高思辨和口语表达能力。此外，大量的语言输入材料还可以拓宽学习者视野，增长见识、开阔思维。例如，在谈论关于克隆问题的话题时，教师可以向学习者展示大量与克隆问题相关的高级词汇或短语，如 fraternal（异卵双生的）、genetic（基因的）、fertilize（使受精）、infertile（无生育能力的）、a genetic component 等。

③ 组织辩论活动。辩论是逻辑发展的高级阶段，是培养辩证逻辑思维的重要方式和途径。在辩论活动中，学习者能够充分发展其逻辑推理、逻辑分析和综合的能力。以是否支持克隆的辩论活动为例，教师可以将持支持意见的学习者分为一组，持反对意见的学习者分为另一组，各小组成员分别作为小组代表发言陈述观点，并解答对方小组的疑问。教师在学习者辩论的过程中将两方的观点记录在黑板上，在辩论结束后作总结发言，并要求学习者以两方观点为依据写一篇完整的论文。

（3）口语演讲课程

培养学习者口语演讲的能力是适应现代社会对高素质人才需要的要求。演讲如今已成为人们社会生活、工作和学习的一部分，在产品发布、工作汇报、成果展示、会议发言、商务谈判、毕业论文展示时都需要良好的口头表达能力。演讲课具有悠久的历史和文化，其源头可追溯到古希腊时期。亚里士多德的《修辞学》和亚历山大大帝征服欧洲的进程对演讲课有着重要的推动作用。牛津大学、剑桥大学早在中世纪时期就已开设此课程，并受到了极大的欢迎。[①]演讲课将语言操练和语境教学相结合，不仅培养学习者日常外语会话的能力，还锻炼其在重要场合从容不迫地表达思想、阐述观点的能力。因此，开设口语演讲课程具有重要的现实意义。

口语演讲课程突破了以往口语教学单纯语言训练的模式，对学习者的思维过程和语言输出过程给予严格的指导，训练其运用论据有效推理，并准确组织观点的能力，在表达思想的同时有意识地与听众进行互动沟通，增强语言的说服力和感染力。口语演讲课程的教学目标是培养学习者在真实语境中有效交际的能力，成为成功的交流者。它注重交际过程中能力的培养，除演

---

① 王彤. 外语专业口语教学新课型——公众演讲课的探索与实践［J］. 外语界，2001（3）：47.

讲技能，如收集论据、组织材料、整合语言等外，还涉及心理素质的培养，如临危不惧、快速判断、快速反应、自信心的建立等。主要有以下两种教学形式。

① 语境教学。演讲课在相对真实的语境和具体的交际场合中运用语言，表达观点，交流思想。语境可以分为生活场景、社交场景和工作场景。生活场景涉及消遣娱乐等活动，如参加生日聚会、晚宴、购物等。社交场景包括在礼仪场合的讲话等，如欢迎会、致谢词、获奖感言等。而工作场景则主要是信息介绍型和说服型的交际活动，如工作汇报、产品发布、产品促销、项目报告等。演讲课培养学习者在不同语境中的交际能力和适应能力。

② 实践教学。实践教学指的是学习者在真实的演讲中锻炼口语表达能力。Toastmasters club 是国外一个专门练习在公众场合演讲的组织，它在许多国家都设有俱乐部，并定期召开。成员以小组为单位，轮流进行演讲，成员分别扮演着演讲者、反馈者、协调者等不同的角色。在口语演讲课程中，教师可以参考 Toastmasters club 的做法，为学习者创造练习演讲的机会，在做中练，在练中学。

第三节　应用型高校外语读写译教学的策略

一、应用型高校外语阅读教学的创新策略

（一）阅读知识

在学生学习外语时，阅读是必须要掌握的一项技能，也是对学生外语水平进行衡量的一项重要指标。通过阅读，学生可以获得丰富的信息，拥有丰富的体验，感受语言带给自己的文化魅力。阅读要遵循一些基本的模式，具体包含如下几种模式。

1. 自下而上模式

自下而上模式起源于 19 世纪中期，是一种较为传统的阅读模式。所谓自

下而上，即从低级的单位向高级的单位加工的过程，低级的单位即基本的字母单位，高级的单位如词、句、语义等，从对文字符号的书写转向对意义的理解的过程。

也就是说，自下而上的阅读模式是从对字母的理解转向对文本意义的理解。显然，这一过程是有层次、有组织的。因此，读者要想对语篇有所理解，就必须从基本的字母入手，理解某个词的意思，进而理解句子、语篇的意义。

2. 自上而下模式

自上而下的模式与自下而上的模式正好是相反的，产生于 20 世纪 60 年代，是读者基于自己的知识结构，通过预测、检验等手段对阅读材料进行加工理解的过程。自上而下的阅读模式是以读者作为中心，侧重于读者自身的背景知识、自身的兴趣对阅读产生的影响。

著名学者古德曼（Goodman）指出，阅读可以被视作一种猜字游戏，读者运用自身固有的知识结构，减少对字母等的约束和依赖。在阅读中，读者需要对语篇结构进行预测，并从自身的知识出发理解语篇。

3. 交互作用模式

交互作用模式起源于 20 世纪 80 年代，这一模式即运用各个层面的信息来建构文本。但是，交互作用模式是一种双向的模式。交互作用模式是将上述两种模式融合为一体，涉及两个层面的内容。

第一，读者与语篇之间的相互作用。

第二，较高层次技能与较低层次技能之间的相互作用。

就文本理解而言，自上而下的模式相对来说比较重要；对词汇、语法结构而言，自下而上的模式相对来说比较重要。如果将两种模式的精华提取出来并加以综合，就成了交互作用模式，其便于对语篇的整体理解。可见，这一模式是最为实用的模式。

（二）数字化时代应用型高校外语阅读教学创新的具体策略

1. 发挥网络互动优势，激发学生的学习兴趣

教师可以利用信息技术为学生的外语阅读创建一个平台，让学生充分参与其中，利用这一平台来扩展自己的阅读能力。利用信息技术，教师可以为学生准备阅读的丰富资料，实现阅读资源共享。在教学过程中，教师可以依

据教材中的内容为学生建立一个网络阅读资料库，将教材中阅读的重点、难点都上传到网络上，同时为学生补充适当的课外知识，以拓宽学生的阅读视野。此外，为了避免学生在阅读学习中出现乏味情绪，教师还可以在学生阅读的资料中添加一些图片、视频、漫画、音乐等，在材料的格式、设计上也可以体现自己的特点，让学生爱上外语阅读。

2. 融入传统文化内容，推进文化教学

在应用型高校外语教学过程中，教师应当结合应用型高校外语教学的特点，基于教材知识内容，适当向学生渗透传统文化教育，使学生在熟练掌握教材知识的基础上，还能够接受传统文化教育，优化自身的学习思维。另外，传统文化教育在应用型高校外语课堂上的渗透，能够使学生更好地感知我国优秀历史文化的魅力，能够在进一步的学习与发展中对传统文化产生强烈的兴趣，从而提升自身自主学习的欲望。

（1）创设传统文化教学情境，提升学生阅读理解能力

基于应用型高校外语教学的基本目标，教师可以在阅读教学过程中合理渗透情境化教学，根据文章的核心内容，选择一些直观、形象的知识内容，结合阅读的主旨进行情境创设，引导学生借助简单的知识，进行合理迁移与应用，从而实现阅读效率的提升。教师需要提前审视文章的基本内容，寻找教材内容中学生需要理解的关键部分，通过合理转化，引导学生感受相同知识的不同理解方法，并积极地抛出问题，供学生进行自主考察与分析，从而在课堂上针对性听讲，辅助学生理解本章节的重难点内容，有效引导学生开展针对性学习与巩固。

（2）基于传统文化教育模块，突出传统文化教育意义

由于外语知识难度不断提升，学生在阅读学习中遇到的问题与困难也会逐渐增多。大学阶段，教师应该有意识地培养学生良好的阅读习惯，不断提升学生的阅读能力。传统文化教育模块的构建，既能够优化课堂教学的传统模式，又能够为学生带来全新的阅读方法，极大促进了外语阅读理解教学效率的提高。

（3）合理运用探究式教学法，有效渗透传统文化内涵

应用型高校外语教材中的知识本就比较繁杂，相对其他学科来讲，知识更加抽象化，学生更不容易理解与掌握。探究式教学法在应用型高校外语阅

读教学中的应用，能够不断提升学生的自主学习能力。教师应该积极转变传统的教学思维，教师不能够在课堂上仅带领学生进行相关知识点的学习。当前，教师应该全面把握应用型高校外语阅读教学的目标，将教材中的重点知识内容整理罗列出来，供学生进行自主学习，教师可以先让学生通过自主学习与小组间合作进行预习与探讨，然后再进行相关知识点的讲解。同时，在实际的教学过程中，教师也不能够单纯引导学生学习教材的基础知识，应该根据传统文化教育的实际目标，有效对学生开展传统文化教育，促使学生更好地感知传统文化在应用型高校外语阅读教学中的实际作用。在开展具体教学时，教师可以为学生构建传统文化交流模块内容，使得学生对我国传统的文化节日产生更加深刻的理解与认知，促使学生能够通过观看视频，基本了解传统文化节日的基本来源与内涵，从而更好地落实新时代的基本教学目标。

（4）基于中华传统文化传承，有效渗透传统文化教育内容

近年来，随着我国综合国力的不断提升，外语在我国的应用范围也逐渐增加，国家对外语方面人才的需求也逐渐增加。所以，随着新课程理念的不断推行，外语学科在各个教育阶段都产生了更高的目标与要求。中国作为四大文明古国之一，有着上下五千多年悠久的历史，教师在现阶段应用型高校外语教学过程中，应当基于文化传承，有效在课堂教学中渗透传统文化的魅力与内涵。

（5）树立弘扬传统文化思想，优化传统文化教育观念

近年来，随着我国素质教育理念的不断推行，传统文化教育已经成为各个教育阶段的重要组成。教师应当树立正确的传统文化思想，努力优化传统教育观念，能够根据应用型高校外语教学的特点，有效选择传统文化内容，向学生更好地展示我国传统文化的魅力与内涵。同时，教师也应当正确选择相应的载体，不能够平铺直叙地向学生开展传统文化教育，应当结合教材的具体知识，适当对传统文化进行引入。这样一来，学生便会以更高的积极性投入传统文化知识学习当中，能够更好地落实素质教育的要求。

（6）渗透传统文化内涵，激发学生学习外语的兴趣

在应用型高校外语教学过程中，教师应当有意识根据外语学科的教学特点，不断提升学生的学习兴趣，教师还应该根据学生的基本认知特点，有效

渗透传统文化的内涵。

（7）借助现代教育技术，有效开展传统文化教育

近年来，随着我国科学技术的飞速发展，现代教育技术已经成为各个教育阶段较为热门的教育手段，教师在现阶段的教学过程中，应当结合应用型高校外语教学的特点，适当选择现代教育技术，为学生创设新奇、生动的情境，使学生能够更加真切地感受教材中的知识内容。同时，教师也应当积极借助现代教育技术，有效开展传统文化教育，使学生能够感受到传统文化的魅力与内涵。

（8）基于传统文化教育，积极拓展学生知识储备

我国作为四大文明古国之一，有着上下五千多年的悠久历史，教师在现阶段应用型高校外语教学过程中，应当树立正确的教育观念，能够在具体教学过程中有效渗透我国传统文化的魅力与内涵，使学生能够感知到我国传统文化的魅力与优势，能够在进一步学习与发展中投入相关学习工作中。

二、应用型高校外语写作教学的创新策略

（一）写作技能

外语写作的学习和训练是一个系统工程，需要多方面的配合才能保质保量地完成。学生的外语基础参差不齐，按照这种实际情况，在课时的分配上应有所放宽。由于课时少，要讲授的内容多，为了完成教学任务，教师往往顾不上学生外语底子差、知识匮乏的现状，只好加快节奏，必要的训练也得不到保证，更没时间及时了解学生对知识的掌握程度，或个别指导，这样势必会影响该门课的教学质量。因而各院系在排课时应该要考虑课时分配的合理性，以保证教师能保质保量地完成教学任务，使学生学习的系统性更强，知识掌握得更牢。这是提高教学质量的有效保证。

随着形势的发展，社会对人们的外语能力的要求会越来越高，广大教师与学生应增进相互间的了解，积极投入，注意总结，加强训练。只有这样，才能把外语写作这门课教好、学好，顺利完成教学任务。

（二）数字化时代应用型高校外语写作教学创新的具体策略

1. 倡导学生运用信息技术支持英文写作

教师利用信息技术进行外语写作教学可以打破时空限制，实现写作资源的合理共享，并且充分补充外语教学资源。教师在外语写作教学中融合信息技术，可以让学生在网上搜索相关写作内容，并且对所搜索的内容进行整理与分析，把得出的结论最终应用到自己的写作内容中，顺利完成写作任务。

现代应用型高校大学生都熟悉网络，每天都利用手机上网，对此，教师可以利用网络资源为学生增加写作的机会，充分激发学生对外语写作的兴趣，并在学生进行写作的过程中给予充分指导，形成一种和谐、融洽的交流氛围。

2. 融入中华文化，丰富学生的文化体验

（1）转变教学思想，提高教师的传统文化素养

在应用型高校外语科目教学中，教师习惯于根据外语教材内容展开课堂活动，基于外语语言文化背景开展的协作活动，极易让学生进入学习认知误区，认为学习外语只是为了了解外语国家的文化，而没有认识到外语作为一种语言，能提高自身的跨文化交流能力。因此，外语教师要从转变自身教学思想开始，向学生传达学习外语的真正意义，积极挖掘传统优秀文化中具有代表性和教育意义的内容，一方面提升自身的优秀文化素养，丰富自身的传统文化知识储备，另一方面则将其有效渗透到写作教学中，对教材内容进行深入挖掘，使外语充分发挥跨文化交流的作用，通过向学生阐述中西方文化的差异，让学生了解中外语言表达方式的不同，从深层了解传统文化的意义，以此调动学生的学习兴趣。

（2）开发教学内容，充实教材的传统文化内容

在应用型高校外语教材中，介绍西方文化的内容占据很大部分，在传统外语写作教学中，教师会为了赶进度，会选择"就事论事"，对教材内容中的单词、语法展开分析讲解，缺少对教材内容中隐藏的传统文化的拓展，在一定程度上阻碍了优秀传统文化在外语写作教学中的渗透。基于此，教师在开展外语写作教学时，可以对教材内容进行深入开发，对教材内容中隐藏的优秀传统文化进行进一步拓展，在充实课堂内容的同时，提升学生对传统文化的吸收。当然，在这一过程中，为了使渗透效果最大化，教师可以借助现代

化教学设备，将互联网教学资源融入其中，在增强课堂趣味性的同时，拓宽学生对传统文化的认知范围，进一步充实教材的传统文化内容。

（3）增加课程实践，丰富学生的传统文化体验

在应用型高校外语写作教学中，为了避免学生在写作时笔下无物，就要在日常教学过程中有计划地增加学生的课程实践活动，帮助学生加强对外语的口头表达能力，使学生在提升听、说能力的前提下，不断夯实外语写作基础，逐步提升外语写作能力。当然，在课程实践过程中，教师有充足的时间和机会向学生渗透优秀传统文化。

第一，教师可以将外语写作教学内容从课内延伸到课外。外语作为一门语言，倘若缺乏练习的机会和表达的氛围，很难让学生在学习中形成固定的"语感"，不利于学生的外语水平的提高。因此，教师可以在课外设计外语角，让学生在课外也能获得丰富的语言体验，促进学生对所学内容进行进一步巩固和掌握。当然，教师在设计外语角时，要充分考虑学生当前的认知水平，要结合对传统文化的渗透理念。比如，教师可以引导学生围绕我国的传统节日或者我国的传统美食等内容去准备资料，鼓励学生通过借阅图书馆相关书籍或者查阅网络相关内容等方式搜集具有生活气息的内容，使其既能贴近生活，加深学生对优秀传统文化的理解，还能吸引学生的关注度，使学生能熟练掌握外语的表达技巧。

第二，教师可以将外语写作教学内容从校内延伸到校外。比如，教师可以在征得校方同意的前提下组织学生去文化博物馆参观，在这一过程中，教师可以用外语向学生介绍有关我国优秀传统文化的内容，也可以引导学生自主表达，以此锻炼学生的口语表达能力，加深学生对参观内容的印象。待活动结束后，教师可以安排学生就这次参观活动进行写作训练，引导学生用英文写出自己参观博物馆后的感受和博物馆相关文物背后的历史故事，进一步提升学生对优秀传统文化的理解，提高学生的英文表达水平。

（4）拓展阅读范围，促进学生的传统文化写作

在应用型高校外语写作教学中渗透优秀传统文化，一方面能丰富学生的英文写作素材，另一方面能提升学生的文字表达能力，但要注意的是，教师进行文化渗透，不仅可以在课堂教学过程中进行，还可以通过拓展学生的阅读范围，进一步提高学生的传统文化写作能力。当然，教师在鼓励学生进行

课外阅读时，可以帮助学生筛选一些符合学生当前学习特点的，含有优秀传统文化内容的英文书籍。

另外，教师还可以鼓励学生在课外看一些英文版的介绍我国传统文化的报刊资料，如《中国日报》《北京周报》等，或者可以鼓励学生在课后观看介绍中国传统文化的节目，如《朗读者》《中国诗词大会》等，让学生在观看过程中，对我国的优秀传统文化获得更深入的了解，使学生在优秀传统文化的感染下，逐渐生出对民族文化的认同感和自豪感，通过扩大学生的阅读范围，进一步丰富学生的英文写作内容，提升学生的英文写作深度。

（5）巧设写作题材，加强学生的传统文化训练

对学生而言，学习外语的目的不仅是为了在外语考试中取得高分，还为了在未来的学习中能够有效进行中外文化交流，使这门语言真正发挥其价值。当然，对应用型高校外语教师来说，在课程标准的不断落实下，提升学生的外语核心素养成为新的教学目标，"教书"和"育人"要双管齐下，方能促进学生全方位发展。可以说，在应用型高校外语写作教学中渗透优秀传统文化，既是时代发展的必然要求，又是教师"教书""育人"的任务使然。因此，教师在外语写作教学中，要勇于打破传统，在借鉴历年来写作题材类型的同时，对传统文化进行创新渗透，如可以设定以下题目："假如你是李明，你的英国网友 Jenny 想要了解中国春节的相关内容，请你根据自己的理解给对方写一封回信。"让学生在写作中加强对优秀传统文化的认识，训练外语写作能力。

综上所述，应用型高校学生良好思想品格的形成离不开教师的悉心引导，因此应用型高校外语教师可以通过转变教学思想，提高自身的传统文化素养，开发教学内容，充实教材的传统文化内容，增加课程实践，丰富学生的传统文化体验，拓展阅读范围，促进学生的传统文化写作，巧设写作题材，加强对学生的传统文化认知训练等方式，将优秀的传统文化如春风化雨般渗透到每堂写作课程中，在充实学生的写作储备素材库的同时，让学生对我国优秀的传统文化更深入的理解和认识，让学生在优秀传统文化的引导下，逐步建立健全良好的人格，并最终成长为全方位发展的有用人才。

三、应用型高校外语翻译教学的创新策略

（一）翻译知识

1. 翻译的界定

任何一种翻译活动，无论从内容方面（政治、社会、科技、艺术等）还是从形式方面（口译、笔译、同声传译）都具有鲜明的符号转换和文化传播的属性。作为文化和语言的转换活动，翻译的目的是沟通思想、交换信息，进而实现人类文明成果的共享。没有翻译作为媒介，文化、传统、科技的推广就无从谈起，所以翻译是人类社会共同进步的加速器。

从文化的角度来说，文化具有动态的特点，由于经济的发展、科技的进步，文化也随之发生改变。例如，互联网和电子媒体技术的发展，带来了网络文化的繁荣，才有了今天的各式各样网络语言和网络文化的产生。对于翻译活动的参与者而言，随时掌握文化的动态，既要了解世界文化，又要及时跟进掌握母语文化是从事这一行业的基本要求。所以，所有翻译从业人员应该对政治、科技、经济、社会和时事等保持足够的兴趣，随时了解最新信息，才能在翻译实践中做到游刃有余。

翻译的标准有很多，但基本的共识是要达到"信、达、雅"这三个标准。"信"即对原文的忠实，翻译是不可以随意发挥和篡改原作者的语义和情感的。"达"是指翻译的内容要使读者或听者充分准确地理解，令人迷惑不解的译文是不合格的。"雅"是指语言的优美，能让人产生美感。当然"雅"应该是建立在"信"和"达"的基础之上的，没有对原文含义的"信"和表达的通顺，"雅"就没有任何意义了。

翻译中的口译具有即时性的特点，译者往往没有充足的时间做准备，要根据现场情况及时、准确地理解和传达，因此译者需具有更加强大的心理素质，和更加广博的知识存储。另外，也有一些对译员的心理和生理条件的要求，比如比较胆怯的性格特点，或者有先天性语病的（口吃、发音障碍等）就不适合担当口译工作。笔译的从业者则要从不同的方面来考虑。

首先笔译要求翻译内容更加准确和优美，为此，译员应该做好充分的准

备，包括对原文作者的了解，对材料背景和相关专业知识的学习和准备。只有做足了功课，才能确保对原文语义的精确理解。表达是笔译的第二步，当然表达的准确程度依赖对原文的理解程度。最后还要对翻译的内容进行校对，确保没有笔误，不遗失信息。

其次，翻译的方法可以简单分成意译和直译。意译指的是译者只忠实于原文的语义，而不拘泥于原文的表现形式。因为中外文化的巨大差异，很多词语和表达法在另一种语言中完全不存在，或部分存在，这样就要求译者对原文语义有更加全局性的把握，从而在不改变基本语义的情况下，对表达方式做出适当的调整。而直译法则既能保持原文的语义又能保持原文的形式，包括原文的修辞手段和基本结构，从而既表达了语义，又保留一定的原汁原味儿的异国情调。在具体翻译实践中，不能僵硬地保持意译或直译的风格，采用哪种方式一定是视情况而定的，取决于原文的特点。在绝大多数情况下，需要两种翻译方式的结合，才能创作出理想的译文。

最后，翻译者应注重基本素质的修炼。首先当然是译者要有较高的外语水平，只有这样才能从理解和表达的角度做到准确无误。其次译者还要有扎实的汉语基础，这和要有雄厚的外语基础是同样的道理。除此以外，译者还应该具有广博的知识储备，丰富的翻译经验和认真的工作态度。只有具备了上述条件，才能成为一名优秀的翻译工作者。

2. 翻译技巧

（1）长定语的翻译

外语的长定语包括从句、独立结构等，较之汉语的定语有位置、使用方式、使用频率方面的不同，所以长定语的翻译一直是我们外语学习中的难点。整个高三外语语法大都围绕定语从句和长定语展开。我们学习外语，不可避免地会以母语作为参照，因此外语学习的过程就是摆脱母语干扰的过程。在翻译比较复杂的语言文字时，大脑需在两个语言频道间频繁转换，由于对母语本就自然依赖，此时大脑更容易受母语影响，而长定语翻译的困难之处正在于此。

在翻译实践中，根据原句的特点和句子长短，可尝试运用两种翻译技巧：

① 原句较短，可译成标准的汉语定语句式。例如：

Besides coffee industry, there are many other fields in which Uganda and

China can cooperate.

除咖啡产业外，乌中之间在很多其他领域都可开展合作。

② 原句较长，可将定语从句拆开单译。例如：

After years of economic reform, this country has achieved macro-economic stability characterized by low inflation, stable exchange rates and consistently high economic growth.

经过数年经济改革，这个国家实现了宏观经济的稳定，其特点为低通胀、汇率稳定和持续高速的经济增长。

因为在即时口译翻译中，时间有限，若译成较长的句子，容易产生口误或错误，导致听者理解困难。汉译英时更要注意长定语的翻译，毕竟我们外语的使用不如汉语熟练，如果在长句翻译中稍有语法错误就会影响翻译质量。英文母语使用者第一追求是意思的清晰明了，而不是句式和用词的复杂华丽。

（2）无主句的翻译

无主句是汉语使用中常出现的情况。例如：

医院将提升学术水平作为重中之重，实施科研精品战略，以立足长远、收缩战线、调整布局、突出重点、加强协作、结合医疗为方针，加强学科建设、重点实验室和科研队伍建设，先后培养出 5 个国家重点学科，18 个省重点学科，8 个卫生部重点实验室，为获取重大科研课题和重大科研成果奠定了基础。

在这样一个长句中只有开头一个主语。翻译中如果也这样设计句子结构，就会产生非常混乱的感觉。建议具体翻译方案如下：

添加主语：The hospital prioritizes the upgrading of academic capacity and establishment of key disciplines. It practices the "Strategy of Premium Research". It holds on to the Long-term based, concentrated，restructured and concerted guideline which combines with medical service.

被动语态：Key disciplines and key labs are emphasized in the process which resulted in the establishment of 5 national level disciplines, 18 provincial ones and 8 labs of ministerial importance.

在书面和非常正式的场合可用从句：That premium research is practiced as a strategy, that the guideline of long-term, concentrated, prioritized development are emphasized.

（3）替代词的使用

在我们阅读翻译作品时，常感文字表述不顺，很重要的一个原因是，英文替代词的使用要远多于汉语。其中包括代词、名词、助动词、系动词等。此时，我们应该注意依照目标语言的使用习惯进行转译。例如：

沈阳是个以制造业为经济基础的城市……，<u>沈阳</u>还是个有着上千年历史的古城。

Shenyang is a manufacturing based industrial city..., <u>it</u> is also a thousand years old ancient city.

I prefer cars made in Germany to <u>those</u> made in Japan.

译文：相比日本<u>汽车</u>，我更喜欢德国车。

另一种替代是用可表示其特点的名词替代。例如：

Both China and the United States are great countries in the world and their partnership will be contributive to world peace and development. <u>The greatest development country and the greatest developing country</u> will certainly play leverage in world affairs.

中美两个大国及其伙伴关系会对世界和平和发展做出巨大贡献，<u>两国</u>在世界事务中将起到举足轻重的作用。

注：英文表述中分别用表示各自特点的名词 the greatest developed country 和 the greatest developing country 替代各自的名称。这样的情况在英文中比比皆是。如提及中国时可用 the fastest growing economy；the most populous country in the world；the ancient oriental civilization 等。提到美国时可用 the most advance economy；the only superpower 等。

（4）三段式翻译

中文表述中常出现多谓语情况。例如：

大连地处辽东半岛南端，风光美丽宜人，是东北乃至东北亚地区重要的海港城市。

这种情况下，建议将次要谓语译为独立结构，另两个谓语译为双谓语句子。翻译如下：

Situated on the south tip of Liaodong Peninsula，Dalian is a city of pleasantry and a harbor city of regional importance in Northeast China, even in Northeast Asia.

（5）插入语

英文会使用很多插入语，跟汉语相比这是较为独特的现象，在翻译中应该注意句子成分位置的变化，以达到更加地道的语言表达效果。例如：

Another impediment to archeological research, <u>one of worldwide concern</u>, was the increasing resistance to excavation of the remains of indigenous inhabitants.

<u>令世界关注的</u>另一个对考古研究的阻碍是人们对当地居民遗产的发掘的抵制。

Zookeepers know, <u>to their despair</u>, that many species of animals will not bread with just any other animal of their species.

<u>令他们失望的是</u>，动物饲养员知道很多动物并不随意与同类交配。

（6）句子成分转换

一些经验不足的译者往往进行字对字的翻译，经常费力不讨好，且译出的语言文字显得不伦不类，有时甚至令人费解。实际上翻译是一个思想传递的过程，而非一味追求语言的绝对忠实。例如：

装备制造业是国家工业化、现代化的标志。也是国民经济的基础，是一个国家竞争力的体现。

Capacity of Equipment manufacturing indicates industrialization and modernization, underlies national economy and backs up national competitiveness.

上例中，将原文的宾语译成了谓语。

（7）填词、省略法

在翻译过程中，原则上不能随意加词，但为更好地表达，以便读者或听者更好地理解，翻译时也可添加词，前提是虽原文中未提及，但明显隐含其意。例如：

Without your help, my trip to China wouldn't have been such a pleasant one.

<u>如果</u>没有你的帮助，我的中国之行不会如此愉快。

有添，就有略，两者都是由文化差异、语言习惯造成的。如果不进行必要的处理，自然无法达到最佳翻译效果。例如：

会议讨论了环保问题。

译文：Meeting discussed environmental protection.

上例中省略了"问题"。

（二）数字化时代应用型高校外语翻译教学创新的具体策略

1. 利用多媒体展开翻译课堂教学，增加外语习得

在翻译教学中，教师可以利用与教材配套的多媒体光盘辅助教学，不过，由于各个学校的多媒体设备资源配置不同，而且教材所配套的光盘往往在内容上缺乏系统性，所以教师需要酌情使用。对此，最好的方法就是教师可以根据教材内容自己动手制作课件，然后利用多媒体播放。多媒体课件的制作过程相对烦琐，需要依据具体的教学过程、教学内容、教学目标、教学媒体等，只有将这众多条件融合在一起，并体现互动性原则，方能制作出优良的多媒体课件。当然，这样的课件对于学生翻译能力的提升也是大有裨益的，可以促进不同层次的学生其自身的翻译能力都能得到不同程度的提升。

为此，在进行翻译教学活动之前，教师可以利用声音、图片、动画等教学辅助手段来刺激学生的学习兴趣，使学生在学习过程中始终保持较好的兴趣，将枯燥的翻译理论变得生动、有趣。针对具体的教学过程，教师在其中不仅要教授学生英汉互译的技巧，而且还需要补充中西方文化背景知识，让学生对翻译理论形成一定的系统。虽然教师在翻译教学过程中所使用的教学模式相对陈旧，但在内容与形式上与传统的翻译教学已经大不相同。这种不同主要体现在如下方面。

（1）形式上不再是单调的板书形式，而是以媒体形式呈现，节约了大量时间。

（2）内容上是针对不同层次的学生展开的，在课堂上由教师指导和学生自主选择，这有利于改善课堂教学的氛围。

2. 注重文化对比分析

语言的语意和语境会因为地区的历史文化不同、地域文化差别而发生变化，如果对相关的文化背景不了解，在理解单词或者语段含义上就容易出现错误。历史文化是民族或者国家经历长期的历史发展而形成，民族和国家的发展经历不同，文明境遇存在差异，这也会导致语言背后积累的文化存在差

异。例如，在歌曲 Viva La Vida 中，One minute I held the key 一句中的 key 一般是指"钥匙"，而词组 hold the key 有"掌握关键"的含义，结合歌曲的创作目的是描述和展现法国国王路易十六的一生，这句歌词通常被翻译为"我曾经手握大权"，但考虑到历史上的路易十六本身是一名喜欢将制作锁具当作爱好的国君，此处的 key 显然就是指"钥匙"这一本意，是对路易十六爱好的描述，而非对"政权"或者"权柄"的暗喻。这种翻译的失误就是因为历史文化的差异，让翻译者对词句的理解出错，最终造成了翻译错误。不同的国家与民族都有自己的特殊历史环境，这些特殊历史环境又催生了独具特色的文化现象和历史典故，如果不能正确理解这些典故，那么翻译就无法诠释语言背后的历史含义，甚至可能造成对词义本身的错误理解。

另一种地域文化是基于地域环境和自然条件所形成的文化见解，因为生活环境和经历的自然生态差异，即使在相同事物上，各民族或者国家的群众也会有不同的见解，这种见解上的差异便是由地域文化造成的文化差异。例如，我国一般将"东风"理解为"春日之风"，在中文语境下"东风"一般象征着万物的复苏和生机的焕发，如"江南二月春，东风转绿苹""东风驱冻去，万品破阳辉"，这些诗句中的东风象征着新生。而在英国等外语国家，由于地域和气候环境的不同，在这些国家的语境中"东风"一般指代冰冷的风，在作品中象征着肃杀和凄凉，如狄更斯的作品就写过 How many winter days have I seen him standing blue-nosed in the snow and east wind，此处的 east wind 显然并非和中文语境中一样，象征希望和新生，而是对冬日凄冷环境的描绘和映衬。不同的历史和地域造成了不同语言的文化差异，在外语翻译中，翻译者必须理解和重视这层差异，才能准确传达出语句的含义，完成文化上的交流。

跨文化交际背景下，外语翻译存在一些主要问题。

（1）语用失误

语用失误是指翻译时忽略了两种语言的表达习惯或功能差异而造成的失误。具体表现在两方面：一是要去掉或精简原文中的信息。例如，在描述某支纪律严明、协调性高的队伍时，中文一般会用"阵容整齐的团队"来描述，但如果翻译成 Array of the team，那么原句中对团队的赞美和形容就无法体现，表现不出整齐雄伟的意境，因此可以翻译为 A team with a neat lineup 来完成对团队的修饰，体现团队的纪律性。二是没有对素材中独有文化现象进行专门的翻译。语言交流中蕴含了诸多历史元素，关系到很多地名、人名以及历史事件。在进行翻译之后，部分在某一国家或者民族中家喻户晓的历史事件对于外国人而言存在很大程度上的理解困难。例如，"八项条件"一词在中文中特指"国共和谈八项条件"这一历史事件的特指，但如果直接翻译成eight terms，那么受者只能从字面含义粗浅理解为"八个条件"，使其理解出现偏差，所以学生在翻译实践过程中必须要充分考虑到历史事件的影响，避免将其单纯地按照字词理解来翻译，要结合语言涉及的历史背景和文化背景进行针对性的语言转化，才能保证语意的准确传达。

（2）语言失误

语言失误一般来说归结于文化性翻译偏差，属于译文中违背语言规范的问题。对于这一问题来说，首先是语言表达方式存在错误，比如长江的翻译Yangtze...River，如果前面使用冠词，并不明确是使用a还是the，因此常常出现冠词使用不统一的情况。其次是拼写以及语法出现漏洞，由于中英文的语用习惯和语言逻辑不同，很多在中文语境下成立的语言在外语中却容易出现拼写及语法偏差。例如，"吃饭了吗？"这句话作为问句在中文语境中不需要给出主语就能让被问者明白其询问对象，但是在外语中，询问对方是否吃饭必须要有明确的指代对象，因此该句要翻译成"Have you had dinner？"如果没有"you"，那么这句话就属于语法翻译错误。因为文化背景和思维逻辑的不同，学生在翻译实践中必须要站在翻译语种的角度考虑，如果不注重翻译语种的用语逻辑，就会导致语序不通。再如，如果将"军人使用过的手枪"翻译为Soldier pistol used则明显存在错误，原文实际属于短语，手枪属于核心词，同时手枪属于可数名词，往往无法独立使用，需要在之前加a或the，准确的翻译是The pistol used by the soldier，这样的用词才算合理，若学生没有深入准确了解英文公示语的特征，在翻译过程中很容易存在用词不合理的问题。

（3）文化失误

中西方发展历史的不同造成了人文思维以及思想方式的不同，若学生无法清楚了解这一问题，在进行翻译时必然会导致很多文化偏差。文化翻译失误属于功能性翻译失误，是学生必须要克服的问题。例如，关于农民起义的翻译，有人会将农民翻译成peasant，但peasant这个词具有阶级属性，代表了一种社会阶级，更加强调人的出身及等级。对于英文的日常用语而言，这样的翻译表现出一定的歧义，是一种缺少礼貌或教养的说法。而"起义"在中文语境中本身是对农民反抗行为的肯定，尤其在我国的革命文化中，农民阶级属于红色文化的重要组成部分，属于无产阶级的核心力量，对我国革命最终取得的胜利意义重大，具有非常强烈的褒义色彩。因此，上文中选择peasant 一词就与中国文化背景中对农民起义的情感认同出现严重偏差，导致情感上的重大失误，很容易给受者带来错误引导，让受者误以为在中文语境下对农民起义行为的态度偏中立甚至贬义。

针对这些问题，应用型高校外语教师应该努力培养学生跨文化交际能力，具体来说，可以采用如下两个策略。

（1）文化比较和剖析

跨文化交际能力的培养是为了在全球化背景下帮助学生更好地进行文化交流和输出，教师可以借助工作之便与其他学科的教职工进行跨学科合作，如和历史、音乐等学科专业的教师沟通交流，了解在中国历史和文化事业的发展中有哪些本土文化辐射国外，并影响到国外人文形态的例子，并将其引入课程。例如，在教学 *Bill Gates in.His boyhood* 一课时，教师除围绕 Bill Gates 的童年经历向学生进行讲述和讲解外，也可以适当加入一些我国近当代史上知名度较高的名人故事，让学生在解读国外名人传记的同时，也能了解到中国近当代人物的著名事迹，并通过对比国外名人和国内名人的成长差异及最终成就，挖掘出东西方文化的观念差异所在。同时，教师可以挑选一些典型的案例，如"天堂寨风景区"，国内翻译成 Tian Tang Zhai 或者 Tian Tang Zhai Scenic Fort，并未按照词汇逐句翻译成 Heaven Village，这样做是为了有效规避东西方宗教文化的差异，从而防止外国人觉得景点属于带有宗教性质的地方。又如中国龙，在外语中翻译成 loong，而非 dragon，这是因为在西方奇幻文化和中国奇幻文化中，"龙"的象征意义不同，中国龙在中国神话中一般指代神灵和各种祥瑞，代表了美好的意蕴，而西方神话中，龙是强大、邪恶的生物，其本身的生物性也要大于神性，因此另创词汇有助于受者区分。

（2）文化输出方式的授予

传统教学中，教师大多关注如何引导学生在外语环境下使用外语语种开展信息交流和分享行为，但是随着新时期我国对文化事业的建设力度加强，对提升国家软实力的要求增高，在打造文化自信的教育大背景下，外语被赋予了更多的意义，教师的教学内容也要做出相应的改变。文化输出是扩大文化影响力的关键，要让中国的本土文化扩散到国外，扩散到全世界，让全球民众走近中国文化，认识中国文化，这就需要利用好外语这一国际语言，将其转变为输出中国本土文化的载体，通过外语交流，将中国的特色文化传播到世界各地，让中国的国际地位和影响力更上一层楼。有鉴于此，教师在应用型高校外语课堂中就不能只关注培育学生的外语思维，更要关注帮助学生掌握应用外语进行文化输出的技巧和方法。语言作为文化交流工具，其应用形态的差异决定了文化传递的差异，学生在学习外语的过程中，要结合外语和汉语的区别，重点把握外语的特点，了解外语对各种文化概念的阐述和解读方式，然后通过合理的语言思维转换，正确将中国文化以外语形式展现出来，为自身的文化输出践行做好铺垫。教师可以为学生布置相应的作业，如安排学生尝试用外语撰写中华五千年历史的简介，并对一些汉语的专用词汇，如"天命""法统""偏安"等进行仔细的思辨，用网络检索学术文献或者同学之间互相讨论的形式敲定汉语专用名词在外语语境下的替代方式，以此来锤炼学生的多重文化语境转换能力，培育和加强学生借助外语输出本土文化的能力。教师还可以让学生就日常语境下的汉英用语加以对比，分析在汉语环境和外语环境中人们进行信息交流的趋同点和差异，从中抓住文化元素输出到不同文明体系时文化符号形态变化的关键点，让学生自己对如何借助外语输出本土文化，如何通过外语知识的丰富强化自身的文化输出能力积攒丰富的经验，强化大学生利用外语向国际输出本土文化输出的能力。

第四节　应用型高校外语文化教学的策略

一、文化知识

"文化"（culture）这一词语意味着什么呢？它有多种意义。例如，人们认为那些能读会写的人，那些懂得艺术、音乐和文学的人是"文化人"。不同人对文化的理解有不同方式，每一种方式都或多或少有助于我们理解某个过程、事件或关系。遇到陌生人时，第一个被问的问题通常是，"你来自哪里？"这主要是想了解这个人长大的地方或者是想知道这个人之前住在什么地方。我们下意识地认为在同一地方长大或生活的人说同样的语言，有很多相同的价值观，用相似的方式交流，换句话说，他们被认为具有相同的文化。有时我们甚至会认为文化是商品或产品，如玩具、食品、电影、视频和音乐，并且可以在国际上自由进出口。这些对"文化"印象式的理解不一而足。

（一）文化的概念

自从进入近代研究视野，"文化"这一概念在中外学术界不同学科领域曾出现上百种甚至更多的定义。美国描写语言学家爱德华·萨丕尔（Edward Sapir，1921）定义文化为一个社会的行为和思想。理查德·本尼迪克特（Richard Benedict，1930）认为真正把人们凝聚在一起的是他们的文化、共同的思想和标准。此外，正柯恩（R.Kohls，1979）认为文化是指特定人群的总体生活方式。它包括一群人想的、说的、做的和制造的一切。文化学家罗伯逊（I.Robertson，1981）的观点是每个社会的文化都是独特的，包含了其他社会所没有的规范和价值观的组合。荷兰学者吉尔特·霍夫斯塔德（G.Hofstede）在2001年提到"我认为文化是将一个群体或一类人与另一个群体或一类人区分开来的思想上的集体程序。'思想'代表了头、心和手——也就是说，它代表了思考、感觉和行动，以及对信念、态度和技能的影响。"

文化定义的多元化说明文化确实是一个庞大且不易把握的概念，虽然各有侧重，这些解读和界定都解释了文化的一个或几个层面。

（二）文化的分类

由于文化的多样性和复杂性，很难给文化下一个明确清晰的定义，对文化的分类也是众说纷纭、不尽相同。我们从一个侧面来看文化的分类，文化也可以理解为满足人类需求的一种特殊方式。所有人都有一定的基本需求，比如每个人都需要吃饭和交朋友等等。心理学家亚伯拉罕·马斯洛（Abraham Maslow，1908—1970）认为，人有以下五种基本需求。

第一，生理需求，这是我们赖以生存的基本需求，包括食物、水、空气、休息、衣服、住所以及一切维持生命所必需的东西，这些需求是第一位的。我们必须满足这些需求，否则我们就会死掉。

第二，安全需求，首先，我们得活下去，然后我们得保证安全。安全需求有两种，身体安全的需求和心理安全的需求，这就是为什么现在各种保险项目越来越受欢迎。

第三，归属感需求，一旦我们活着并且安全了，我们就会尝试去满足我们的社交需求。与他人在一起并被他人接受的需求，以及属于一个或多个群体的需求，例如，对陪伴的需要和对爱和情感的需要是普遍的。

第四，尊重需求，这些是对认可、尊重和声誉的需求，包括自尊，以及对他人的尊重。努力实现、完成和掌握人和事务，往往是为了获得他人对自己的尊重和关注。

第五，自我实现的需求，人的最高需要是实现自我，充分发挥自己的潜力，成为自己可能成为的人。很少有人能完全满足这种需求，部分原因是我们太忙于满足较低层次的需求。

根据马斯洛的理论，人们按上述的顺序满足这些需求。如果把这些需求从低到高比作金字塔的话，人们在攀登金字塔时总是先翻过第一层才能爬上第二层，通过第二层才能到达第三层，以此类推。尽管人类的基本需求是相同的，但世界各地的人们满足这些需求的方式各不相同。每种文化都为其人群提供了许多满足人类特定需求的选择。

人类需求的这五个层次，文化的分类在一定程度上也契合这几个层次。另一个形象的类比将文化比为冰山，认为每种不同的文化就像一个独立的巨大冰山，可以分为两部分：水平面以上的文化和水平面以下的文化。水平面以上的文化仅占整体文化的小部分，约十分之一，但它更可见，有形且易于随时间变化，因此更容易被人们注意到。水平面以下的文化是无形的，并且难以随时间变化。它占了整个文化的大部分，约十分之九，但要吸引人们的注意力并不容易。水平面以上的文化部分主要是实物及人们的显现行为，如食物、衣着、节日、面部表情等诸如此类人们的说话习惯和生活方式，也包含文学作品、音乐、舞蹈等艺术的外在表现形式。水平面以下的文化包含信念、价值观、思维模式、规范与态度等，是构成人的行为的主体。尽管看不到水平面以下的部分，但它完全支撑了水线以上的部分，并影响了整个人类的各个方面。

二、应用型高校外语文化教学的意义

（一）体现外语课堂育人功能

在课堂思政的大背景下，语言学习也更加需要承担育人的功能。学生不仅仅是在课堂上学习语言知识和技能，而是能够学习语言背后的文化内涵。外语学习既可以使学生接触到西方的文化，也可以更加了解中国优秀文化。而在中西方文化的交流中，学生可以提升自己的思辨能力，鉴别能力，从而不断地完善学生的人文品质，具有良好的人文素养，成为具有优秀的中华优秀传统文化传播者。而在学习文化知识，提升人文素养的过程中，外语课堂可以塑造学生的价值观、人生观，实现育人功能。

（二）体现外语教学"立德树人"的学科价值

新课标将"立德树人"确立为课程的根本任务。中学阶段是青少年人生观、世界观、价值观形成的重要时期，教师应当在这个时期，对他们加强中国传统文化教育，使他们既具有国际视野和国际交流能力，又能成为文化自信、具有家国情怀的社会主义接班人。而外语学科的教学价值更强调了"品格塑造、立德树人"的首要任务。因此，教师对中国传统文化教育要引起重视并转变思维方式和价值取向，推动其融入外语教学。

（三）提升学生文化归属感

外语课程在实际教学的过程当中，会让学生对于外语的基础性知识和相关语法有一定程度的掌握，培养学生英文的积累和文字理解能力，与此同时，在其中加入中国元素可以让学生充分提升文化归属感。在外国的文字系统当中学生可以感受我国文化所带来的独特魅力以及他国文献对于中华文化的描述，对于我国的人文风貌以及具体的文化内容有更加客观的理解和认知，帮助学生树立正确的价值观念，拥有良好的民族自豪感与文化归属感，让学生能够对于自身国家与民族的优势有更为明确清晰的认知，并将为之弘扬而努力奋斗。

处于职业教育阶段的学生除了专业知识，能力的学习之外，对于人生的发展方向以及价值观的树立和确定而言也是十分关键的阶段，通过中国元素融入外语课程内容，可以帮助学生明确学习中心，将文化精神铭记于心，帮助学生在实际发展的过程当中，能够将民族特色和中国文化以更符合时代表现需求的形式彰显于世界之林。

（四）利于学生全面发展

随着时代逐渐发展和进步，各行业的发展体系逐渐完善，彼此之间的业务交流往来也更为密切，对专业型人才的能力全面性也有了更高的要求，因此对学生在学习阶段真正实现全面发展有着极强的必要性。将中国元素融入外语课程，可以让学生在外语课程学习过程当中不仅仅只停留于外语专业知识的学习中，更可以让学生对于我国文化的多种诠释有相应的了解，也可以帮助学生将不同学科联系起来，通过价值观的塑造和整体知识形态构建，为未来的全面发展奠定良好基础。

全面发展的要求不仅是让学生在德智体美劳五方面有长足的发展和突破，更是需要让学生形成良好的世界观、价值观与人生观，让学生对于自我有更为明确的认知，根据自身的天赋与潜能选择合适的发展方向，从而根据实际需要进行相应的专业技能培养。通过中国元素融入外语课程的教学，可以让学生更加辩证地对知识内容进行理解，根据自己的学习需要进行课程重点的把握，为全面发展和综合能力提升助力。

（五）促进教学内容优化

中国元素融入外语课程的教学，可以探索出更多种的形式。首先可以根据当前院校所使用的规划类教材的主题，进行符合主题意义的中国元素内容融入使得教师的教学内容更加丰富也更加优化。此外，还可以把我国的优秀传统文化融入学校课程建设之中，尝试制定更符合本校或者本专业学生需求的校本教材。通过中国元素融入外语课程的教学，可以让学生对课程所讲授的知识内容进行了解，同时教师和学生还可以根据中国文化与西方文化的差异进行研讨分析，使教学内容更加优化。

就目前教学的综合情况而言，教学内容优化手段还在进一步地拓宽，使用互联网等形式进行教学也逐渐在教育中得到普及和应用，外语课程也不例外。此外，中国元素的逐步融入可以利用这些全新的传播和发展形式，帮助学生将中国文化气息和传统文化的相关内容及理念带入到日常生活与行为习惯中，让中华文化的核心精神和巨大魅力在新一代中得以充分渲染并彰显。

（六）帮助强化外语学习拓展

外语学科的内容学习不仅仅停留在外语单词的记忆以及相关语法运用能力的培养之上，对于他国文化和外语的实际发展历程也需要有一定程度的理解，通过大量的外语内容学习培养语感，也可以让学生的能力和相关文学素养得到充分提升。而与此同时，中国元素的融入也可以让学生对于全球化发展有自我的认知与理解，让学生在外语学习的过程当中可以对于其他元素有更高的接纳度，让学生对学英文内容与中国文化和相关精神等内容的表述有更加正确清晰的认知，让学生在外语学习的过程当中，对于英文的词组常见搭配理解方向以及常见用法的不同含义等有更为清晰具体的认知，让学生通过更为熟悉的内容理念来进行外语学科的学习，真正做到外语学习过程当中的事半功倍。

中国元素与外语课程中的融合是培养学生民族精神的重要步骤，也是让学生运用传统文化内容来进行外语学习拓展和能力提升的重要步骤，以传统文化中的经典理念和核心内容作为指导思想进行各科目的学习，实现真正的文化赋能。

三、应用型高校外语文化教学的现状

（一）课程内容结合不紧密

中国元素与外语课程具体实施和践行的过程当中，课程内容的紧密结合有着极强的必要性。而目前外语课程虽然已开始逐渐融入相应的中国元素，在进行课程讲解的素材选择时也会涉及一些与中国文化有关的具体内容，但是很多时候与实际的课程内容结合并不紧密，在进行中国文化与他国文化的内容对比时，很难具体落实到点，并进行鲜明有力的例证，让学生能够清晰明确中华文化和其他国家文化的异同之处，对于我国文化的优秀之处彰显不够明确，这会使得学生没有办法对于我国文化的核心内容有充分的理解，也会导致学生在外语课程学习的过程当中出现知识点混淆或相关知识体系构建不够清晰的情况出现。

（二）学生课堂参与度不足

学生在课堂当中的实际表现对于整体的课堂质量也将造成一定程度的影响。外语课程传统的教育模式可以从一定程度上强制带动学生进行学习参与，而在中国元素实际引入的过程，当中学生在学习过程当中所产生的很难理解教学内容而出现精力不集中等情况，都将十分严重地影响整体课堂氛围，学生的课堂参与度会稍显不足，更多的时候教师在进行课堂环节设计时，由于缺乏相关的教学经验和教学探索，很多时候没有办法十分契合地让学生参与到课堂中来，学生没有办法和老师形成频次较高，更为有效的互动，整体的课堂教学质量也很难达到相应的预期水平。

（三）教学设计缺乏合理性

全新的教学要求和理念在外语课程当中得以践行与实施，需要一段时间的探索与尝试，中国元素与外语课程进行融入，在很早就已经有过了相关尝试，更多是采用阅读素材选择和文化比对来进行相关内容的讲解，而在实际教学过程当中，难免会出现学科知识交叉的情况，而教师在此时应当合理把控教学的学科交叉程度，避免在教学过程当中游离主题，而很多教师在进行教学设计时，整体的内容缺乏合理性，学生会花太多篇幅去掌握核心知识内容之外的相关概念，而忽略了本身知识体系的构建，导致学生在对部分内容有所明确和了解的同时，忽略了外语本身知识技能的相关培养，而对于我国传统文化核心精神及思想品德等相关内容的学习也容易造成一定程度的影响，在整体的教学设计上，合理的引导以及教学时间的合理分配是目前外语课程中国元素融入过程当中所需要改善的。

（四）教学经验交流缺乏媒介

很多教师在中国元素融入外语课程实施的过程当中进行了自我尝试与探索，在课堂当中受到了学生的相关反馈和意见，学生的具体学习情况也可以得到一定程度的量化体现。但是不同教师的教学风格会有一定程度的区别，在进行课堂构建以及师生互动的过程当中也有着一定程度差距，彼此之间都有着相应的独到之处，因此需要通过合理的途径来进行沟通交流，促进教学水平的提升，目前很多应用型高校组织的关于中国元素与外语教学研究相关的专题会议及讨论相对较少，在教研会和其他研究讨论的过程当中，相关内容也少有涉及，这就使得外语教学的教学手段拓展和中国元素融入受到一定程度的阻滞。

四、应用型高校外语文化教学的策略

（一）设计文化主题活动，引导学生在文化熏陶中探究思考

在新的形势下，教师应该勇于尝试新的教学模式，真正落实"以学生为中心"，发挥学生的主观能动性。外语教师应该挣脱教材的束缚，善于借助各种线上资源与线下教学相结合，突破时空的限制，根据学生的年龄与特点巧妙地运用各种教学方式丰富学习环境，大力探索与开展各种文化主题活动，创设真实的文化交际活动，使学生沉浸式地在模拟的教学情境中感受与探索。

例如，在教授译林版普通必修二册第三单元"节日与习俗"时，教师可以采取合作学习法。在课前让学生通过上网查阅关于西方节日的资料，同时查阅每一个西方节日有无对应的中国节日，比如西方的情人节对应中国的七夕情人节，在课堂中教师可以邀请同学利用五六分钟的时间来进行角色扮演，七夕情人节可以组织学生在班级里用外语准确地来表演牛郎织女的美妙故事，并配有生动的表情和动作，让学生在表演过程中感受七夕的节日文化。

（二）第一课堂与第二课堂有机结合，积极开展文化实践活动

应用型高校外语教学的课堂是第一课堂，是学生接收语言知识，训练语

言技能的基础，也是教师培养学生跨文化意识和交际能力，传授中华优秀传统文化的主要阵地。而各种文化实践活动、特色选修课、慕课平台则为第二外语课堂，可以进一步加深学生对中华优秀传统文化的理解，拓宽学生的视野。在第一课堂中，教师应积极准备授课内容，加强文化知识与语言知识的结合，而不是单纯地输入文化内容。另外，教师可以积极引导学生进行中西方文化的对比，培养学生的辩证思维，尊重文化的差异。例如：教师可以设置教学情境，让学生从字词句、对话、语篇中发现文化差异现象，学生也可以分析、讨论、辩论文化差异。鼓励学生积极开展交流活动，自己收集相关资料，深入讨论文化内涵，辩证看待文化差异，既可以加深对本国文化的理解，也可以学习优秀的外国文化。应用型高校的外语课堂不仅要在课上积极融入文化元素，课后可以积极开展各种实践活动、选修课等第二课堂。将第一课堂与第二课堂相结合，可以尝试改变传统的教学模式，增加学生的学习兴趣。例如：笔者所在地区衢州有着丰富的文化旅游资源，是南孔圣地，围棋发源地，有着神秘的地下建筑龙游石窟和 5A 级景区江郎山。学校可以组织学生到孔庙或者烂柯山等地进行实践活动，开展用外语介绍孔庙，介绍围棋等内容，把学生在第一课堂学习到的语言及文化知识，进行输出性训练，学生也可以积极参加各类志愿活动，向外国游客友人介绍本地文化。

（三）提升教师自身文化素养，师生共同进步

外语教师在外语课堂上扮演着重要的角色，它既是语言教学的组织者，又是文化传播的引导者。所以说，教师自身的文化素养水平对于传统文化的融入具有重要的影响。教师自身具有丰富的传统文化知识储备，并且具备较强的专业能力，就会采取有效的方式把传统文化合理地融入外语教学之中，进而加深学生的文化知识，提高他们的文化素养。

但是，就目前外语教师文化素养的现状来看，部分教师的传统文化素养比较低，他们对传统文化知识了解很少，也缺乏传统文化教育的意识，从而也就不能够高效地开展外语教学活动。因此，外语教师要转变教育思想，给予传统文化在外语课堂的融入以必要的重视，在不断地提升学生专业素养的基础上，不断地提升自身的传统文化素养。具体提升措施如下。

首先，教师要树立起传统文化的教育观念，提升自身的传统文化意识，

以便能够在以后的教学中有意识地把传统文化融入教学之中。

其次，教师要积极地利用课余时间进行传统文化的学习，利用网络或者相关的书籍收集中西文化的相关资料，通过不断的学习和内化，有效地提升滋生的文化底蕴。

最后，教师也要积极地观摩优秀外语教师的传统文化教育活动，学习他们的教学经验，并结合自身教学的实际，有效地提升传统文化在外语教学中融入的效率。

教师不仅仅是在课堂上传授基础的语言知识，更是发挥着课堂育人功能的执行者，是提高学生文化素养的培育者。教师自身的文化素养水平会直接影响到学生的学习情况，也直接影响着学生对文化知识的理解。所以教师要做到以下几点。

首先，保持终身学习的良好习惯，努力拓宽自己的知识水平，无论是对语言知识的学习，还是对文化素养的提升，都应不断学习，努力提升自己的文化素养。

其次，既了解本民族、本国的传统文化、历史文化、新时代科技文化等文化知识，深刻理解母语文化的魅力，也能够通过语言学习了解到国外的文化知识，能够虚心学习对方的优秀文化。

再次，具有批判性思维和国际视野，通过对两种不同文化的对比，加深彼此的理解，并且能够润物细无声地将中华优秀传统文化融入课堂中，而不是仅仅以学习目的语文化为授课目标。

最后，教师要端正自己的价值观，注意自己的言行，向学生输出正向优秀的文化知识，能够组织筛选出丰富的素材，并且用恰当的方式来传授给学生，培养学生的跨文化交际能力以及批判性思维能力。

在课堂学习过程中，学生也不被动接受知识的学习者，而是应该成为和教师共同进步的思考者。教师可以组织学生进行各种情境的模拟，教学的课堂可以是采访会、座谈会、辩论会，学生也可以带入各种角色来加深对文化知识的理解。而在此过程中，教师也可以从学生的视角来体验更多的文化内涵，通过反思和学习来提升自己的文化素养。师生携手共进，充分了解文化知识，坚定文化自信，努力传播中华优秀传统文化，互相鼓励共同进步。

第六章 数字化时代下应用型高校外语教学评价的创新

教学评价作为应用型高校外语教学的一部分，需要不断改进评价手段，以适应社会发展的需求。当前，应用型高校外语教学存在的突出问题之一就是教学评价手段不完善，因此应用型高校外语教学应该完善教学评价体系，使教学评价更为多元化。本章主要分析数字化时代下应用型高校外语教学评价的创新。

第一节　应用型高校外语教学评价简述

一、区分评价、评估与测试

对于评价，很多人会联想到测试、评估，认为三者是同一概念。但是仔细分析，三者是存在一定的区别的。简单来说，测试为评价、评估提供依据，评估为评价提供依据，评价是对教学效果的综合评估。三者的关系如图 6-1 所示。

从图 6-1 中可知，评价与测试、评估关系非常密切，但是也不乏区别的存在。具体来说，可以从如下几个方面理解。

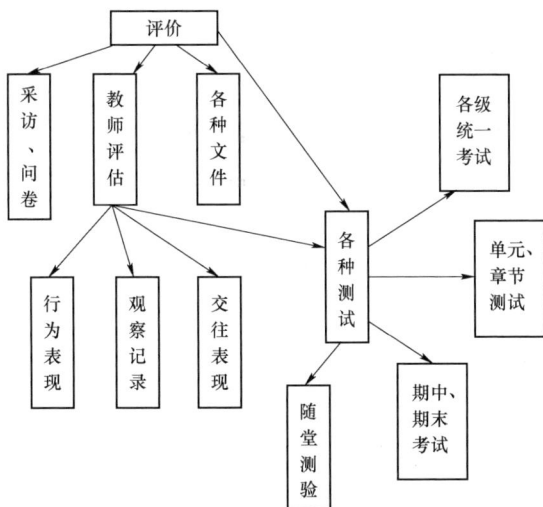

图 6-1　评价、评估与测试的关系

（资料来源：黎茂昌，潘景丽. 新课程小学英语教学理论与实践［M］. 成都：四川大学出版社，2011.）

就目标而言，测试主要是为了满足教师、家长的需要，便于他们弄清楚自己学生/孩子的成绩。当今社会仍旧以测试为主，并且测试也为家长、教师、学生提供了很多信息。评估主要是为教师与学生提供依据，如学生在学习中遇到什么问题、学生学习的效果如何等，便于教师提升自身的教学质量，也便于学生提升自身的学习效果。评价有助于行政部门对教学进行合理配置。显然，三者有着不同的作用。

二、应用型高校外语教学评价的指标要素

（一）三定二中心

所谓"三定"，指的是教师从教学材料的特点、内容出发，对本次课的达标层次位置进行设定，然后分析各个目标层次可能需要用到的时间，然后考虑课堂评价的内容，对课堂展开定性的评价与分析。

所谓"二中心"，指的是课堂要以学生的活动为主体，同时教学任务主要是培养学生的能力。显然，这一原则是为了真正地适应学习，并且也为学生的学习提供了时间与空间。

（二）知识再现

受当前考试题型的影响，当前的外语教学训练主要是选择题的形式。这样做导致仅仅给学生提供对正确答案进行辨认的过程，是处于智慧技能的初级阶段，对比现代的外语教学来说，是相对比较远的。因此，在课堂训练中，一定要避免这种形式，从多种活动出发考虑，体现出学生以往所学的知识，并能够在具体的实践中运用。因此，在大学外语教学中，教师尽量少用或者在日常训练中不要用选择题，否则学生的训练只能获得较低的水平。

（三）优化配置各类活动

大学外语的课堂有很多的活动，但是当前的课堂活动出现了多而乱的情况，一些本身梯度不够或者不同梯度的活动顺序出现了颠倒的情况，这就明显需要对课堂活动进行优化配置。要想对其进行合理的配置，需要做到如下几点。

第一，活动层次梯度应该明显。

第二，梯度要与学生的认知规律相符。

第三，让全体同学都能够参与其中。

第四，要设置多种多样的活动形式。

第五，对活动的时间进行合理的调整与反馈。

三、应用型高校外语教学评价现状分析

（一）以书面评价为主要评价内容

在应用型高校内部开设外语课程，其主要目标在于培养学生们实际运用外语语言的能力，以及运用职业外语的能力，保证学生们能够在学习、工作和生活中对外语进行有效运用。课程评价应将语言实际应用能力和职业外语能力作为基础，多维角度考核应用型高校学生们的外语知识掌握程度，以及学生们运用外语语言交际的能力和创新运用外语的能力，还需要关注学生们的价值观以及情感态度，给出更为全面的评价。但是我国部分应用型高校在评价外语教学的时候，往往只关注书面知识，其考核评价内容为外语词汇量、运用语法的能力、阅读理解能力以及翻译能力。由于单纯地将书面知识作为主要评价内容，因此学生们不会关注除了书本以外的外语学习板块，学生的学习成绩看似较高，实际上学生们无法有效运用外语。

（二）照抄照搬本科院校的教学评价方式

如今，我国有为数不少的应用型高校，在评价外语教学的过程中，往往对本科院校的教学评价方式进行照抄照搬，尤其是习惯于只评价结果，以此衡量外语课程的教师教学效果，以及学生们学习外语的效果。高职院校的评价方式也通常为量化的试卷考试，评价导向为期末考试、非专业的外语四六级考试等，只对学生们的应试能力进行考查，学生们学习外语的过程和态度无人问津，而且这种评价方式对于应用型高校学生的实际外语水平，提出了较高的要求。但是应用型高校忽略了一点，那就是进入应用型高校学习的学生，与本科院校的学生相比，其外语基础更为薄弱，在以往的学习阶段就没有打好外语学习的基础，甚至有个别应用型高校的学生，对于学习外语完全没有兴趣，往往在外语课程之中得过且过，应用型高校如果将评价标准定得过高，会导致评价标准严重脱离实际，学生们难以达到标准，久而久之会产生强烈的挫败感，丧失参与外语课程的积极性。由此可见，照抄照搬对于应用型高校公共外语教学的评价是十分不利的，且没有建设应用型高校应有的特色评价体系。

（三）教师是唯一的评价主体

在我国应用型高校内部，外语教学评价体系之中的重要对象，往往为外语教师，外语教师不仅是评价主体，同时也是被评价的对象，在学生与应用型高校之间起到了桥梁作用，直接影响评价体系的作用发挥，在评价体系内部的地位也十分重要。应用型高校内部的外语教学评价，往往为教师评价，很少甚至从不开展学生自评、学生间互评的活动，由于教学评价主体单一化，因此外语教师容易给出主观色彩浓烈的评价，评价结果失去应有的客观性。应用型高校的学生必须参与到教学评价之中，以此构建出完整的教学评价体系，同时彰显应用型高校学生在教学过程中的主体地位。

（四）只关注对结果的评价而忽视对过程的评价

部分应用型高校在开展外语相关教学评价活动的时候，往往只关注结果评价，没有对过程评价给予应有的关注，外语教师只凭借期末考试的成绩，判定自身的外语教学情况，以及学生们的学习情况，这样做严重忽视了学生们的学习过程以及学习态度，同时也从侧面打击了那些对外语抱有强烈学习兴趣的学生，甚至导致更多应用型高校的学生产生"理论至上"思想，无法在后续学习过程中提升自身综合运用外语的能力。

（五）缺乏具备激励性质的教学评价内容

应用型高校内部的外语教师，往往需要完成大量教学任务，外语教学只是其工作内容中的一部分，因此外语教师为了让学生们在短时间内掌握外语知识，会选择在课堂内部长篇大论地讲解，然后草草进行评价。这样做忽视了学生们的情感态度，而且个别外语教师没有在教学与评价过程中，将更多的鼓励给予学生们，导致学生们在进入外语课堂之后缺乏应有的成就感以及学习积极性。

（六）缺乏对于听力等其他学习板块的评价

为数不少的应用型高校在评价外语相关教学的时候更多地关注书面内容，虽然期末考试同时包括听力和笔试两部分，但是听力题目占据分数较少，而且仅凭期末考试的听力题答题结果对学生的外语能力进行判断，显得十分片面。还有部分应用型高校并未考查学生"说"外语的能力，外语课堂内部的口语交际板块，通常为"走马观花"，即使外语教师在课堂内部给出评价，也缺乏实际的评价作用。

四、推动应用型高校外语教学评价体系改革的策略

（一）应用型高校应当及时转变外语教学评价理念

应用型高校积极响应政府出台的职业教育改革要求，对外语课程教学进

行初步改革，但是在建设教学评价体系方面，仍旧沿用精品课程相关评价体系，这种评价体系往往用于"工学结合、职业性和实践教学"的评价，对基础性质较强的外语课程缺乏适用性。外语是高职院校内部的基础性课程，不仅具备工具性，也具备强烈的人文性，因此在评价过程中，必须先转变相关教学工作者对于教学评价的认知，同时转变课程评价理念。

外语教学相关评价体系的建设，必须遵循以学生为本的建设要求，重视对学生们综合外语能力的评价。学生运用外语的能力，就是评估教学评价体系是否科学的标准，学生在整个外语相关教学评价体系建设当中居于核心地位，而且外语教师在开展教学工作的时候，必须将学生放在中心位置，并且将该理念运用于评价活动之中，保证教学评价体系能够完善地建设。

除此之外，外语相关教学评价的内容也需要及时改革，外语教师必须突破传统的教学评价模式，开展综合评价活动，需要对学生的知识、态度、能力、情感、价值观等进行全面评价。在职业教育改革不断深化的今天，需要将学生运用外语知识解决职业问题的能力加入评价内容，保证外语教学评价具备正确的方向。在科学合理地设计评价内容之后，外语教师能够有效推动外语教学以及评价体系的改革，为我国社会培养更多的职业化人才，同时解决以往外语教学评价片面化的问题。

（二）应用型高校应当建设专门的外语教学评价模型

应用型高校内部的外语课程具备明显的综合性以及复杂性，因此不仅要有序开展教学评价工作，同时还需要革新建设相关评价模型。在构建外语教学评价模型的时候，外语教师应当注重评价阶段、维度、问题的系统设计。应用型高校外语教学的评价模型分为三个阶段，分别为准备、过程以及效果。为了使评价模型具备更强的科学性，需要考虑不同阶段面临的问题，从而使评价模型与教学评价工作紧密结合。

其一，准备阶段，需要准备好评价活动所需的资料，以及评价工作需要运用的信息，然后进行归纳与整合，同时总结以往教学评价体系之中存在的问题，从而在改革过程中解决该问题。其二，过程阶段，应用型高校需要将号召评价主体与客体的全面参与作为重中之重，其原因是教学评价工作并非某一个人或者一个专业内部的教师参与带来的结果，而是所有人共同参与后得到的结果，因此要做好过程控制与严格把关。其三，效果阶段，总结已经得到的评价结果，然后将已经获取的评价结果作为依据，对公共外语教学的方法进行调整，指导学生们运用更科学的外语学习方法，发挥出评价体系的诊断、整改、督促等良性作用。

（三）应用型高校应当合理制定外语教学评价指标

应用型高校外语教学评价体系的改革，应当适当地借鉴发达国家的外语教学评价标准，同时对我国高职院校的实际教学情况进行分析，兼顾其他类型的评价标准，以及国家精品课程评价指标体系中外语教学实际情况，制定科学合理的、能够切实发挥优势的教学评价体系，为评价具体指标奠定良好的基础。不仅如此，在评价指标的建设过程中，必须对教学评价相关的指标构成要素进行分析，分别就学生、教师、内容、背景四个层面进行评价，重点关注教学管理工作相关评价活动。需要注意一点，那就是评价体系的建设必须做到以人为本、内容多元、促进发展，评价指标必须具备多个维度，而不是运用单一维度。例如，在教学评价指标建设的准备阶段，外语教学评价应当重点分析教学资源以及教学内容等，同时考量教学的理念、意向以及策略，更需要考量教师和学生的个性特征、学生们已经掌握的外语知识、学生所运用的学习方式等。在正式开展外语课程教学之后，应当评价教师的教学策略、学生的学习方法、课堂内部是否具备学习氛围、教学内容是否丰富合理等。而在教学效果阶段，应当评价教师的教学工作是否达标、学生的发展情况等。所有指标权重必须得到合理设计，量化评价所有的指标。

（四）应用型高校应当深化应用外语教学评价结果

在改革教学评价体系的过程中，外语课程的教学评价，必须结合现有的评价结果，深入开展教学改革，从而使教学评价体系得到持续建设和完善。在获取教学评价结果的时候，不仅要进行定量计算，还需要对评价结果进行定性分析，坚持综合性的评价原则，不得单纯地为了获得教学评价结果，而将所有内容简单叠加。在安排教学评价权重的时候，必须考虑到关联程度以及知情程度，从而获得更为客观的评价结果。不仅如此，还要将评价结果进行公示，接受应用型高校全体师生的监督，避免评价结果的内容失真。

评价结果在获取以后，必须在实际外语教学工作中得到运用，同时融合外语教师的评奖评优、薪酬绩效、职称评定、学生综合评估等内容，使评价体系发挥出导向作用。首先，在实施外语教学活动方面，外语教师必须及时更新自身的教学理念，更多地在教学过程中培养学生们运用外语的能力，还需要尊重学生群体存在的个性差异，在设计教学方法的过程中，将学生放在核心位置，实现因材施教的教学目标。其次，在管理教学活动方面，应用型高校应当关注先进的信息技术，对现有的教学资源进行丰富，同时建设信息化的教学评价平台，保证外语相关教学评价体系的建设能够适应现阶段改革发展的要求。

综上所述，外语课程教学在我国应用型高校内部占据着重要的地位，但是在对外语的教学活动进行评价的过程中存在一系列问题，需要通过改革加以解决。应用型高校应当不断推动教学评价体系的改革工作，以此完善外语教学的评价体系，从而提升自身人才培养的质量。

（五）应用型高校应当强化外语形成性评价

1. 教师评价过程中存在的问题

在教育过程中，部分教师对考核内容、考核过程、考核题目的理解存在细微偏差，存在以下问题。

（1）评价内容单一

学习外语应该关注学习过程，而不仅仅是学习成果，要让学生学会合作、倾听和思考。过去，教师以考试成绩作为评价目标，单一的评价内容无法客观评价学生的学习。

（2）评价过程单一

在现有的评价模型中，往往以分数论英雄，通过单元检查、期末考试等总结性评价，在第一阶段评价学生的学习表现，忽视了学生的学习过程。

（3）评价主体唯一

在评价过程中，教师是评价的主体，学生的表现完全由教师决定，学生是非常被动的。

2. 形成性评价在大学外语教学中的运用策略

（1）建立学生个人学习记录档案

建立学生个人学习记录档案，对于指导学生正确运用自我价值评价系统非常重要。个人的学习记录档案一般是教师在日常学习评价过程中逐渐建立起来的、有助于评价一个学生平时自我学习活动方式、行为和表现的一种积累。个人学习档案中的主要内容是对学生的成长评价，有利于奠定学生思想基础，进一步激发其学习动力和积极性，促进学生的全面发展。教师充分利用个人学习档案中的评价内容，不仅可以随时让所有同学看到、了解自己的成长路径，还可以帮助学生了解自己的进步和不足，以及思考自己接下来的目标和计划，有利于激发和促进学生发展。

（2）追求评价的公平性

兴趣是学习的先导。例如，在教学时，如果学生能准确地回答问题，教师的赞美将是一种极大的鼓励，会激励他们更加努力地学习。在评价过程中，教师应鼓励学生以多种方式表达自己，增加他们的自信心。学生的作业、行为模式和学习情绪等应该通过积极有效的自我比较、自我反思、自我动机等进行评价。学生接受和喜欢的评价，本质上是学生对老师的最大认可。

在整个评价教育的环节中，教师要力求科学、准确地将最终评价考核结果直接反馈给学生，让所有学生及时认清自己真正的长处和短处，从而更全面、更理性、更客观公正地提升自己，追求人生更进一步的持续发展。学生平时的课堂学习时间可以尽量通过多种组织方式灵活调整，例如，团队成员之间进行自主对话讨论，让学生学会认真回顾、反思、评价课堂学习活动过程，调整学习和积极改进学习计划，学习能力很快就能得到有效提高。

（3）完善形成性评价体系

在形成性评价系统中使用反馈可以有效改善学习效果，但仅靠反馈并不那么有效，因为反馈就相当于将深度学习的责任和进一步改进转移给学生。形成性评价包括三个阶段：前馈—反馈—再反馈。前馈帮助学生了解他们的学习目标并知道如何评价自己，换句话说，就是它告诉你"去哪里"；反馈让学生了解自己的优点、弱点以及他们的表现；再反馈进一步指导学生如何在此基础上进行构建和改进，以便清楚了解下一步该往哪里走。

只有这三个部分在形成性评价体系中并存，才能有效促进学生学习。

进行前馈。作为形成性评价系统的重要组成部分，前馈要回答"去哪里"这个问题。它主要包括三个部分：明确的目的、动机和目标设定。学生必须首先了解每节课的目的以及为什么这些知识、目标、信息是重要和适当的。当目标一致并且学生受到激励时，形成性评价系统就会起作用。

进行反馈。越来越多的例子表明，反馈越快越好。反馈与学生的表现密切相关时，反馈会更有效。反馈应该是具体的，通过反馈指出学生做得好的地方和需要改进的地方，学生便可以做出有效的调整。反馈应该是可以理解的，只有当学生理解反馈内容时，反馈才有效。反馈的意义在于学生可以通过反馈的内容进行自我调整，缩小与目标的差距，这样教师提供的反馈才具有实际意义。

在形成性评价系统中，学生可以通过反馈了解他们当前的知识状态。然而，仅靠反馈是不足以促进理解的，需要教师进一步地指导。没有额外指导的反馈有助于激励学生，但会削弱他们的学习热情。反馈是个性化的，是根据学生的需求量身定制的，这一点非常重要。

教学过程的一个重要部分是检查学生的理解程度，检查理解应该与指令同时进行，而不是在给出指令之后。一旦目标达成一致并开始上课，教师必须不断确保学生理解目标并帮助他们朝着目标前进。这种反馈策略尤为重要，在设计教学活动时，教师应考虑如何将学生的理解形象化，以便为下一阶段的教学提供有力的证据。反馈本身不是很重要，教师应在反馈后提供指导和建议，但教师不应直接说出答案，应引导学生循序渐进地思考，并以提问的方式引导学生走向正确的方向，并在需要时给予鼓励。形成性评价体系中的每个环节对教学目标的实现都起着重要作用，教学目标也是形成性评价体系的重要组成部分。

进行再反馈。反馈分为四个层次，每个层次都针对特定的内容，但反馈的层次应该与有效的教育目标保持一致。第一级反馈是对学习作业的反馈或纠正性反馈，这是教师最常用的反馈类型，对纠正错误最有用；第二级反馈是对学生认知过程的反馈；第三级反馈是与学生自我评价和自我管理相关的自我调节反馈；第四级反馈是关于个人的自我评价，并关注学生本人。

（4）使用多样化的形成性评价方法

教师应根据自己课堂上的学生反馈和作业本上表现出来的情况，及时调整教案。教师在讲课前要做到时刻坚持"把课堂还给学生"的课堂教育原则，让学生自己去完成，并成为整个课堂的实际参与者。教师还要教会学生善于自我解决及综合分析，使每位学生最终能够从中学会将自身所学专业知识应用于思考和解决一些现实生活问题，对自己一生的职业生涯进行负责，成为另一种自主专业知识学习者和评价者。

使用自我评价。自我评价的方法其实有很多，可以用于激励学生主动完成学习进度，激发他们自己去独立思考，激励他们深入了解当前需要完成的具体学习目标情况和需要继续改进的地方。自我评价可以迅速改善学生积极的生活情感态度，引导学生产生学习动机，激发出学生强大的个体自信心，是实现终身教育价值的重要前提。

使用同学评价。同学评价法作为形成性评价系统的主要关系评价方法之一，具有十分重要且深远的学术意义。形成性学习评价体系中的同学资源评价体系是指关于学生支持同学学习，同时允许其他学生进行相互学习活动的评价资源。在同伴资源评价中，学生通过发现自己的弱点，相互帮助，评价同伴的长处和短处。但是，教师在同伴评价中的作用不容小觑，他们应该在评价者的表现中发挥领导作用，并及时提供反馈。

使用教师评价。教师评价在传统评价中占据绝对主导地位，但在形成性评价中，每一步都需渗透到师生互动中。学生自身的自我评价过程和社会相互评价同样离不开教师的综合评价，教师评价的作用在于促进学生主动学习，但一般不应完全采用单一的教师评价方式，而应注意与每个学生一起提供支持、协作。教师可以直接通过在作业上的解答情况、课堂上的提问情况和建立学生学习成绩档案来进行评价。

（5）保护学生的自尊心，树立其学习信心

如果教师经常指责学生，学生表面上可能不会表现出什么，但实际上教师可能已经扼杀了学生的自尊心和学习能力。在课堂上，学生不一定能很好地表达自己，如果教师在这个时候对学生进行形成性评价，鼓励他，那么即使他犯了错误也会带着希望的微笑积极回应教师。相信教师这种鼓励学生学习外语、容忍错误、默默评价的思想，不仅会激发学生学习外语的兴趣，还会对学生的自尊心起到保护作用。

（6）构建逐步释放责任的教育框架

逐步释放责任的教育框架包括五个部分：目标设定、教师示范、监督培训、有效的小组合作和独立学习。

进行目标设定。教师在备课时都会设定教学目标，但并非所有学生都知道这一点。笔者认为，在课程开始时告知学生学习目标是非常有必要的。

开展教师示范。在学校，学生不仅要学习知识，还要学习如何思考、提问和反思。学生需要教师为他们的思维过程建模，以便自己可以逐步开展自主学习。教师示范的重要性在于思想是无形的，让学生一步一步地了解教师是如何解决问题的。教师还要教会学生善于自我解决及综合分析，使每位学生最终能够从中学会将其自身所学专业知识应用于思考和解决一些现实生活中的问题。

设置监督培训（顾问机制）。督导从询问、鼓励、解决三个方面进行。作用是用来检查学生的理解情况，当学生理解得不正确时，要鼓励学生思考。当鼓励不起作用时，教师应提供一些线索，学生利用给定的线索来解决问题。

开展高效的小组合作。小组合作学习是必不可少的，小组合作可以更好地整合和应用所学知识。此外，小组合作中最重要的是让每个小组成员承担责任，并通过小组成员之间的相互合作进一步加深对目标语言和技术的理解。

引导学生进行独立学习。教育的最终目标是培养能够独立思考的终身学习者，因此，每节课都应该为学生提供独立应用所学知识的机会。一项有效的独立任务应具有及时性，当教师给学生一个独立的任务时，他们必须在一定程度上成功地完成给定的学习内容，并具备独立完成任务的能力。

打造高效课堂是每一位教师的目标，持续地研究、教学和学习也是每一位教师的使命。形成性评价对课堂教学具有广泛的意义，值得所有教师深入研究。研究和开发有效的评价模型是所有教师的职责和责任。

第二节　应用型高校外语教学评价的意义

应用型高校是我国高等教育的重要组成部分，应用型高校培养人才的定位，是以就业为导向，在培养人才的过程中也需要遵循该目标，培养能够与我国市场需求相适应的、技能型的高水平高素质人才。因此，应用型高校在培养人才的时候，必须同时培养学生在职业、沟通、服务、团队协作等方面的能力，开设外语课程能够与上述要求相契合，而且应用型高校需要在明确外语教学课程的基础上，建设专门的教学评价体系。外语课程的性质属于基础课程，之所以开设该课程，是因为应用型高校培养的人才，必须符合我国社会经济发展的趋势，同时结合就业形势，培养具备外语听、说、读、写四种能力的应用型技能人才。

现代化的教育评价理论认为，课程教学之中的重要环节不仅有教学活动，同时还有教学评价，教师可以通过教学评价，改善自身的教学活动，获得反馈信息，进而提升自身的教学质量；学生们可以通过教学评价，及时调整自身的学习策略，优化学习方法，从而保证自身真正掌握所学知识。形成性评价又被称为过程性评价，就是评价学生在教育活动中形成知识技能以及学习态度的过程，然后获得相应的反馈信息，帮助教师合理调整自身的工作内容。在我国，课程评价的相关研究最早出现于 20 世纪 80 年代末或者 90 年代初，构成外语相关教学评价理论的基础主要为多元智力理论、建构主义理论、后现代主义理论、外语交际能力的多维性。就应用型高校当前运用的外语教学评价体系而言，同时存在形成性评价以及终结性评价两种方式，在教学评价实践过程中均得到运用，且需要通过改革进行完善。

在数字化时代下，科学有效的评估对于大学生的外语学习非常重要。对于教师来说，有助于改善教学环境，促进教师对自己的教学过程有清晰的了解，改进自身的教学手段和方法，搭建师生和谐的互动平台。

一、提升学生学习的积极性

对于学生来说，外语学习兴趣是最好的老师，如果能够帮助学生建构外语学习的兴趣，那么就能够提升外语教学的效果。传统的应用型高校外语评价模式很难调动学生学习的积极性，学生往往是被动地接受知识，持有的也是一种"完成任务式"的心态，因此很难获得较好的外语教学效果。

相比之下，数字化时代背景下的应用型高校外语教学的评价模式能够将学生的学习潜力挖掘出来，实现学生高质量的学习。实际上，学生的学习能力本身相差不大，如果采用科学的教学手段，那么就可以将不同学生的学习潜力激发出来。同时，数字化时代背景下的应用型高校外语教学的评价模式还可以实现师生之间的和谐互动，教师改变了以往"高高在上"的局面，与学生展开互动交流，从而将学生的外语学习积极性激发出来。

二、培养学生的学习信心

很多学生不愿意花费大量时间在应用型高校外语学习上，而是热衷于学习自身的专业课，这主要是因为他们存在厌学情绪，而以往传统的应用型高校外语教学评价模式也恰好能够将这一厌学情绪放大，导致学生更不愿意学习外语，甚至放弃外语学习。

数字化时代下的应用型高校外语教学的评价克服了传统应用型高校外语教学评价模式的弊端，帮助学生获取外语学习的信心。学生通过对外语学习阶段的了解，可以建构自己对外语学习的信心。实际上，学生的外语学习信心与教师有着密切的关系，如果学校建立了数字化时代下的应用型高校外语教学的评价模式，那么教师的整体水平就会提升，从而有助于学校、教师、学生之间实现和谐。

第三节　应用型高校外语教学评价的原则

当前，应用型高校外语教学的主流精神在于以学生为本，即以学生作为主体，通过将学生的学习积极性调动起来，促进学生的主动学习，进而推进学生的和谐全面发展。具体而言，应用型高校外语教学评价需要注意如下几个层面。

一、主体性原则

应用型高校外语教学长期存在"费时低效"的情况，其根本原因在于应用型高校外语教学过分重视教授，而忽视了学习，对于标准化与一体化教学过分看重，未重视学生的个体化差异。

在新时代，应用型高校外语教学需要考虑学生的情感与认知因素，允许学生对自己的学习内容进行自行选择，可能全部承担或者部分承担自身学习的前期准备、实际学习以及学习效果监控与评价等责任，让学生在学习与评价过程中形成一种监控意识。

二、交互性原则

每一名学生都是一个完整的整体，教师与学生的工作目标是不同的，但是彼此之间也不是孤立的状态。教师和学生都是社会互动中的一部分，并且只有融入整个社会体系之中，才能将各自的效能发挥出来。应用型高校外语学习本身属于一种社会性活动，对应用型高校外语教学模式的探索必然与教师与学生相关，并且师生之间的互动也是应用型高校外语课程的核心。师生互动对教学活动的质量起着决定性的作用，并且师生之间的交互模式也对他们各自的角色起着决定性的作用。在这期间，学生从被动的听课角色变成学习活动的计划者、对自己学习过程的调控者、对自己学习结果的评价者的身份。教师的角色也发生了改变，从之前的知识的播种者转变成课堂活动的组织者、教学活动的研究者、学生学习的指导者的身份。

三、情感性原则

外语学习不仅是一个语言认知的过程，还是一个情感交流的过程。当师生围绕着教材展开教学活动的时候，教师、教材与学生之间不仅是在传递信息，还是在交流情感。应用型高校外语教学在高等院校中，被视作传承异域文化的价值观念、实践成果等的中介。

在应用型高校外语课程发展中，培养积极的情感是非常重要的。在新时代的应用型高校外语教学改革中，情感、态度、价值观需要引起教师与其他学者的关注。学生对外语学习的情感不仅能够激发学生学习的兴趣，还能够感受到外语学习的快乐，是一种丰富的内心体验过程。

第四节　应用型高校外语教学评价的多元化手段

一、自主评价

（一）反思内容的设计

反思内容最好以表格形式呈现，并且要结合具体的任务来设计。可采用自我反思表的形式，如表 6-1 所示。

表 6-1　关于听力的自我反思表①

学生姓名_____
填表日期_____

本人认真回顾了从_____月_____日到_____月_____日早自习时间我的听力情况，我共听听力_____次，我收获很多。
1. 在听力习惯和能力上，我的进步体现在：_____。
2. 我觉得取得听力进步的原因在于：_____。
3. 在听力过程中，我还需要改进一些问题（听力习惯、语音、语调、句型、非智力因素等）：_____。
4. 教师、同学、家长的意见：_____。
5. 我想说：_____。

（二）给自己打分

在教与学的过程中，学生不仅是被评价的对象，而且是评价的参与者。自我客观评价可以提高学生学习的主动性和积极性，促进学生对自己学习进行反思，并帮助学生掌握评价技术，增加教师的评价信息。这一点是确信无疑的。难的是教师在教学实践中如何实施学生的自我评价。有效地让学生进行自我评价，实际上完善了教师的评价工作。而完善的内容比起让教师来做，能更加有效地促进学生的学业发展。

_____

① 王哲. 互联网环境时代背景下的外语教育形态［M］. 哈尔滨：黑龙江教育出版社，2013.

二、成长记录评价

（一）成长记录的建立

成长记录作为一种典型的质性评价方式，主要用于教师的课堂评价实践。外语学科的成长记录可以按照听、说、读、写分门别类，根据教学需要来设计。具体来说，可以从如下几点着手。[①]

（1）指导学生在档案袋中做好学习记录。

听：

能否听懂教师的教学指令：_____

能否听懂同伴的交流语：_____

听音练习时间：_____分/天

听音材料所涉及的话题：_____

完成听音指令的比率：_____

说：

上课的发言次数：_____

教师的评语：_____

同学们的反应：_____

完成课堂活动情况：_____

在与同学完成任务中承担的角色、所起的作用：_____

你学习的话题：_____

你能用这些话题完成的任务：_____

读：

阅读量：_____字/天

阅读速度：_____字/分

阅读的准确率：_____

能否概括出段意：_____

---

① 王哲. 互联网环境时代背景下的外语教育形态 [M]. 哈尔滨：黑龙江教育出版社，2013.

生词积累数：＿＿＿＿＿＿

写：

自拟题写作情况（题目、词数、关键词）：＿＿＿＿＿＿

阶段反思：＿＿＿＿＿＿

（2）指导学生选择放入档案袋中的作品

听：

你最喜欢的听音材料：＿＿＿＿＿＿

你最骄傲的听音结果：＿＿＿＿＿＿

说：

你最骄傲的课堂表现记录：＿＿＿＿＿＿

你得到的嘉奖证明：＿＿＿＿＿＿

读：

你最喜欢的作品：＿＿＿＿＿＿

你最感兴趣的作品：＿＿＿＿＿＿

你最骄傲的作品：＿＿＿＿＿＿

写：

修改前的作品：＿＿＿＿＿＿

修改后的作品：＿＿＿＿＿＿

最骄傲的作品：＿＿＿＿＿＿

最不满意的作品：＿＿＿＿＿＿

其他：＿＿＿＿＿＿

学生档案袋中记录的学生学习情况能帮助教师了解学生学习的整体概况，从而做出教育决策。

（二）成长记录的运用

建立学生成长记录需要师生双方长期的不懈坚持和努力，尤其是起始阶段，需要教师的引导和督促。也就是说，教师需要有意识地提醒学生明确搜集材料的目的，定期进行成长记录的更新，展开学生之间的交流，甚至争取家长的支持，以便相互借鉴、共同提高。相信随着时间的推移，成长记录会成为教与学的珍贵的第一手资料。

三、动态评价

（一）动态评价的理论框架

动态评价，简称 DA，源自社会文化理论，主要对学习者的最近发展区予以关注，强调通过对学生学习方面的变化情况进行观察和记录，对学习者认知能力的变化过程进行了解。

一般认为，评价者通过与学生展开互动，对学习者的认知过程与变化情况加以了解，从而探究学习者潜在的能力，提供给学习者恰当的干预手段，促进学习者的全面进步与发展。因此，有人将动态评价又称为"学习潜能评价"。

与传统的评价手段相比，动态评价不仅可以将学习者的外语语言实际水平反映出来，而且在评价中，教师可以发现学习者学习中存在的问题，对这些问题进行干预，保证教师的外语教学效率与学生的外语学习水平。

不同学者对动态评价研究的视角不同，得出了不同的评价模式，归结起来，主要有如下两种：一种是干预式，即对量化指标非常侧重，教师提供的帮助是预先设计好的。另一种是互动式，即对定性指标非常侧重，教师提供的帮助是师生之间展开互动。只有将两种评价手段结合起来，才能使得动态评价发挥出应有的作用。

（二）从动态评价的角度改善学生的外语学习情况

情感、师生作用、环境等因素都会导致学生的外语学习问题，下面就从动态评价的角度对大学生外语学习情况进行改善。

很多大学生因为语言交际中本身存在的焦虑状态以及领会能力欠缺等问题，导致应用型高校外语学习问题，但是通过干预式与互动式可以对其进行缓解。

语言交际的焦虑恐慌可以通过与他人交互进行缓解，交互式评价强调师生之间展开面对面的交谈。例如，教师可以将个体的口语评价划分为两大阶段。在第一阶段，主要是选择学生熟悉的话题展开交谈，对谈话内容展开静态评价，这样便于了解学生在口语学习中存在的不足之处。在第二阶段，从静态评价转向动态评价，应该采用干预式评价手段，对学习者在第一阶段存在的问题进行干预，并提供建议与帮助，这样就有助于缓解学生在口语交际中的焦虑恐慌。

在互动式动态评价中，教师可以对现阶段学生的学习动机、学习需求等差异有清楚的了解，对下一阶段学生外语学习中存在的问题进行预估，及时为学生提供干预手段。师生在交流互动中，教师对学习者有清楚的了解，学生也会感到教师是关心他们的，从而产生满足感，愿意投身于外语学习中。这样由于师生关系引发的外语学习问题也可得到改善。

数字化时代下的应用型高校外语教学的动态评价强调学生在学习了一段时间的外语后，与前段时间的外语学习进行比较，关注如何改进自己的外语学习方法，获取理想的外语学习结果。其对学习者本身的发展非常关注，教师也从学生的动态互动中，对学生外语学习中的问题进行发现，从而改进自身的外语教学问题，对这些问题进行适当的干预，真正实现因材施教。

四、多元智能理论与多元评价的应用

多元智力理论是哈佛大学教授加德纳在他的著作《智力的结构》一书中所提出的，加德纳认为智力并非只有一种单一的类型，而是多种智力类型的有机统一，人们在学习生活中所呈现出来的智力类型是多元化的。

人的智力具有个体差异性，这种差异不仅体现在个体之间，也体现在个体内部。同时，人的智力也并不是固定不变的，而是处于不断发展变化的过程中。多元智力理论自传入中国之后，便引起了教育界的广泛关注，探索该理论与各学科融合发展的研究层出不穷。多元智力理论对于外语教学评价的优化有着重要的参考价值，因此，有必要对其展开深入的探讨。

（一）多元智力理论与多元评价

加德纳的多元智力理论被提出之前，学校通常只注重学生"读"和"写"这两方面能力的培养，但这两种能力显然无法体现出人类全部的智能，因此，加德纳的多元智力理论是一种全新的智力结构理论，并且对以往的智力评价模式产生了严重的冲击。

在多元智力理论中，加德纳认为如果只是将人类的智力局限于逻辑与语言这两点是十分片面的，难以将一个人真正的智力水平展示出来。相反，人类的智力构成应该是多元化和综合性的。多元智力理论认为，人的智力主要包括八种基本智能，它们之间彼此独立，又相互统一。同时，多元化智力理论主要强调以下几点：

一是每个人都具备这八种智能，但它们在每个人身上的组合类型、呈现方式各不相同，这也使每个人的智力类型都是独一无二的。

二是虽然每个人都有这八种智能，但由于各种因素的相互作用使得发展方向和程度千差万别。

三是多元智力是以语言和逻辑能力为基础的综合能力。

四是多元智力是以相对独立的形式呈现出来的，而并非以整合的形式呈现出来的，同时，多元智力理论也是多元化评价模式的理论基础。

加德纳认为，一个人智力的发展不仅受个体内在因素的影响，还会受外部环境的影响。只有兼顾内外各种因素对人类智力的影响，才可以完全理解多元智力理论。所以，加德纳对以往的智力理论提出了质疑，并主张改变传统狭隘的智力评价模式，转而采用多元化的评价模式。

学生的能力是各不相同的，每个学生都有自己的优点和缺点，学生在学习过程中所表现出来的智力类型并非单一维度的，而是多元化的综合体现。因此，在评价时要坚持多元化的评价方式。多元化评价强调对学生评价时应该从多个角度，采用多种方法，通过全面与发展的眼光去评价他们的智力。这样对学生智力的评价才会更加客观全面，才能够更好地促进学生的个性化发展。

（二）多元智力理论下外语教学评价的必要性

1. 使每个学生得到全面评价

多元智力理论下外语教学评价是一种立体化的教学评价模式，通过这种评价，每个学生都可以在自身智力水平上得到更好的发展，都能在学习中有所成长。

在多元智力理论下外语教学评价中，每个学生智力构成中的特点和优势都将会得到相应的评价。例如，有些学生擅长外语听力，有些学生擅长外语写作，有些学生擅长外语口语交际，无论是哪种智力类型，都可以得到客观的评价，这相对于以往单一评价标准的评价模式更加客观全面。

需要强调的是，在当前应试教育背景下，尤其不能单纯以成绩好坏去评价学生的优劣，而要对学生的各个方面进行综合评价，这样才能保证评价的真实、客观性。

2. 帮助学生树立自信心

多元智力理论下外语教学评价与以往单一化的评价模式有着本质区别，它能够帮助不同层次的学生树立自信心。教师可以结合学生的具体情况去制定差异化的评价方案和标准，对于不同类型和层次的学生采用差异化的评价标准。例如，在评价外语基础较差的学生时，教师可以着重评价他们相较于以往取得的进步，让他们看到自己努力的结果，从而帮助他们建立自信心。对于那些外语成绩优秀的学生，教师在评价时可以着重评价他们个性化方面的发展，这样可以帮助他们巩固和提高学习外语的自信心。

再如，对于那些虽然成绩不是特别优秀，但是有自己特长的学生，如擅长外语口语、外语写作、外语交际、外语阅读等，这些闪光点在以往以成绩为中心的评价模式中是经常被忽视的，而在多元智力理论下外语教学评价中，教师可以有针对性地结合他们的闪光点进行评价，这样可以让学生意识到以往他们身上被忽视的优点，从而逐渐建立起学习外语的自信心。

3. 契合人性化的教育理念

学生的智力千差万别，再加之后天外部环境的影响，这种差异性就显得尤为突出，因此，单一的评价模式难以满足学生的发展需求。同时，学生的个体差异性会使学生对外语学科的理解和认知产生重要影响，教师在评价外语教学时应该意识到这一点，确保外语评价兼顾人性化与理性化的特征，坚决杜绝"一法评千人"的评价模式。

多元智力理论下外语教学评价要求教师不仅要关注学生的差异性，还要兼顾其他方面，为不同水平的学生提供更为广阔的发展空间。面对当下外语教学中存在的问题，教育理念的革新是十分必要的，需要在多元智力理论下去探讨问题的解决之道。基于多元智力理论的外语教学评价模式能够激发学生学习外语的热情，让学生从被动学习转变为主动探究，并帮助学生树立强大的自信心，进而促进他们的全面发展，彰显人性化的教育理念。

（三）多元智力理论下外语教学评价优化策略

多元智力理论与教育的结合推动了教育个性化的发展，这种教育个性化的发展更加突出各种教学方式的开发，其目的就是为了使各种智力类型的学生都可以得到相应的发展。

在外语教学中，基于多元智力理论的教学评价有其独特的优势，即教师在认识到学生智力差异的基础上，帮助他们形成符合各自智力类型的学习风格、策略等，尽可能地发掘他们智力类型中的强项，激发潜能，从而让他们在外语学习过程中取得相应的发展。在多元智力理论下外语教学评价中，我们应该从以下几点去优化完善。

1. 评价理念多元化

多元智力理论强调智力是多元化的，任何一种智力类型都具有自身独特的价值，不能简单地认为某一种智力类型就一定比另一种更好。同时，多元智力理论也强调每一个学生的智力构成都是独一无二的，每一个学生的智力构成都有强弱项，因此，教师应该树立多元化的评价理念。

构建多元智力理论下外语教学评价体系是为了激发学生各方面的潜能，并让他们认识到自己的强项弱项，这样可以使他们更加客观地认识自我，从而更好地发展自我。同时，教师还可以通过多元评价积极鼓励学生去发展自己的智力强项，并将智力强项中所展现出来的品质与特点迁移到智力弱项中，以强项带动弱项，从而使学生各方面的智力得到均衡发展，这样才能促进学生的全面发展。

总之，多元化的评价理念应该以学生的全面发展为中心，突出教学评价的整体性，将教学评价和学生外语各方面素养的提升联系在一起，从而更好地促进学生外语综合素养的提升。

2. 评价内容多元化

可以通过让学生写外语日记来评价学生的观察记忆能力以及自我反省能力；或者组织学生制作外语黑板报、外语口语交流活动来评价学生的绘画能力、交际能力以及情绪表达能力等。基于多元智力理论的外语教学评价不应该只注重对学生听、说、读、写等智力因素的评价，更应该注重对他们学习态度、毅力、交际能力等非智力因素的评价。

外语智力因素的评价并非教学评价的唯一评价内容，教师在评价过程中应该设定多元化的评价内容，通过多方面的考察评价，给予学生展示自我的机会，鼓励他们扬长避短，这样才能更好地促进外语综合素养的提升。

3. 评价主体多元化

多元智力理论下的外语教学评价主体不但强调教师的评价，而且强调学生以及家长的评价，倡导评价主体的多元化，鼓励各评价主体之间相互沟通合作。这样既能够使学生由被动的评价对象转变为主动的评价主体，也能够使教师从评价的权威转变为评价的组织者与辅助者，使家长从评价的旁观者转变为评价的参与者。因此，应该积极采用多元化评价主体的评价模式。具体而言，评价主体的多元化主要体现为以下几种形式。

一是学生自评。通过学生自评可以提升学生的自我反思能力，还可以让他们养成勤于思考的好习惯，并逐步使学生成为一个善于自省、能够自主学习的人，为他们的终身学习奠定基础。不仅如此，通过学生自评，教师可以发现学生在学习中的需求与态度，这样有利于教师在以后的工作中更好地优化完善外语课堂教学。

二是学生互评。学生互评不仅可以使学生参与到评价活动中，还能够提升他们的沟通与协调能力。同时，在学生互评过程中，学生之间还可以学会相互尊重和相互欣赏，懂得在相互协作过程中去学习对方的优点，这对于培养学生的自我学习能力大有裨益。

三是家长参与评价。家长参与到评价的过程中可以使评价的价值得到极大的提升。

4. 评价方式多元化

教师可以利用问卷调查的评价方式。在问卷调查过程中，学生可以将一些不便在老师面前讲的事情写下来，这种评价方式会发挥出意想不到的作用。另外，还可以采用学习档案袋的评价方式，教师通过查阅学生的学习档案袋，可以对他们的学习情况有一个整体的了解，这样能够从更加宏观的角度去评价他们，评价的效果才能够达到最大化。

5. 评价标准多元化

多元智力理论下的外语教学评价应该打破传统评价中"一刀切"的做法，

采用更为多样化的评价标准，用不同的标准去评价学生。素质教育所倡导的全面发展并不是平均发展，每个学生的资质各不相同，单一的评价标准难以满足现代教育的发展要求，不利于学生多元化发展。因此，多元智力理论下外语教学评价应该采用多元化的评价标准。例如：

在面对那些学习成绩优异的学生时，教师可以采用"常规参照评价"，通过这种评价标准，让学生找到自身的不足，并向着更高的目标迈进；对于那些成绩处于中间层的学生而言，可以采用"目标参照评价"，通过这种方式让他们意识到自己和目标之间的差距，然后向着参照目标努力；

对于那些学困生，可以采用"自我参照评价"，当这些学生相较于之前的自己有进步时，教师就应该给予及时的鼓励，激励他们在以后的外语学习中再接再厉。因此，在外语教学中，教师应该结合学生的具体情况，设置多元化的评价标准，使每个学生都可以得到不同程度的提升。

综上所述，基于多元智力理论下的外语教学评价模式不仅可以使学生的能力素养得到综合评价，还能够促进他们外语综合素养的全面提升。在这一过程中，教师也能够获得有关外语教学方面的各种信息，这对于教师总结反思自己的外语教学工作大有裨益，有利于教师专业素养的不断提升。此外，基于多元智力理论下的教学评价模式也可以使学校了解到自身管理方面的不足，能够帮助学校更好地完善各项教学管理工作。

总之，多元智力理论下的外语教学评价对于学生的学习成长、教师能力的提升以及学校教学管理工作的完善都具有积极的影响，因此，在以后的教育教学过程中应该积极推广和倡导。

第七章　数字化时代下应用型高校外语教师的专业发展

教师专业发展的意义是重大的。在社会的改革与发展过程中，教师的作用不容忽视。只有教师自身的专业水平得到提升，才能培育好社会所需要的各方面人才。教师专业水平的提升离不开教师专业发展的实践。本章主要分析数字化时代下应用型高校外语教师的专业发展。

第一节　高校外语教师专业发展的内涵

一、教师专业发展的概念

应用型高校的外语教师和其他专业教师一样都需要专业发展。如欲获得教师专业发展的本质认识，还需要厘清教师专业发展与教师专业化、教师专业素养的结构，教师专业发展的主动性等基础性问题。

第一，教师专业发展与教师专业化。教师作为一门古老的社会职业，但职业不能等同于专业，因教师职业的特殊性等因素的影响，其专业性地位在长时受到多方质疑或争议。由此，20 世纪 60 年代开始，在要求大力提升教师素养的背景下，欧美国家兴起了争取教师专业地位及相应权力和教师专业能力的教师专业化运动，但在运动中由于片面追求教师群体的专业地位及权力却忽视了教师个体关键的教育实践能力的发展，从而导致活动到 20 世纪 80 年代前，并未取得实质性进展。20 世纪 80 年代后，各国在加强教育改革中，充分认识到教师在改革中的关键作用，从而对以前忽视教师个体专业发展的做法进行批评和反思，促使教师专业化的目标重心从专业地位与权力的诉求转移到教师专业发展之上，成为教师专业化的方向和主题。随着促进教师专业发展的各种活动的开展，人们越来越认识到，提升教师专业地位的有效途径是加强教师教育，促进教师专业发展，只有不断提高教师的专业水平，才能使教师成为一种受人尊敬和社会较高地位的专业。总之，教师专业发展来自争取教师职业专业地位运动的经验总结，并成为人们所认可的实现教师职业专业地位的有效途径。由此，在研究中需要注意不能忽视教师专业化这个大前提，来片面强调教师个体的发展。

第二，教师专业素养结构。教师专业发展应朝向哪些内容和目标？如何评价教师专业发展的效果？如要解决这些问题，必须清楚教师专业素养的结构问题。关于教师的专业素养内容，众多学者对其进行了研究，比较具有代表性的有：叶澜的专业理念、知识结构、能力结构；[1]林瑞钦的所教学科的知识（能教）、教育专业知能（会教）、教育专业精神（愿教）；[2]曾荣光的专业知识、服务理想；[3]申继亮、辛涛的职业理想、知识水平、教育观念、自我监控能力、教学行为与策略[4]等等。总之，从以上的研究表明：作为一名优秀的教师应具备多方面的专业素养，概括起来主要包括三个方面：专业知识、专业技能和专业情意。

第三，教师专业发展的主动性。从已有研究中关于教师专业发展的概念中，都忽视了教师发展意愿的问题，几乎一致把教师会主动发展作为预设前提。但现实中教师的存在方式是多元化的，主要有"生存型""享受型""发展型"。其中，生存型的教师面对生活的各种压力，是否有强烈的意愿关注自身的专业发展呢？由此，在涉及教师专业发展的概念界定时，需要特别注意教师现实的生存方式与生活环境的前置条件，调动发展的主动性。

---

① 叶澜. 新世纪教师专业素养初探 [J]. 教育研究与实验, 1998（1）: 41-46.

② 林瑞钦. 师范生任教职志之理论与实证研究 [M]. 高雄: 复文图书出版社, 1990.

③ 曾荣光. 教学专业与教师专业化: 一个社会学的阐释 [J]. 香港中文大学教育学报, 1984（1）: 23-41.

④ 申继亮, 辛涛. 教师素质论纲 [M]. 北京: 华艺出版社, 1999: 30.

二、教师专业发展的特点

（一）专业自律：共同发展，专业分享

教师这一职业在专业发展上更容易陷入单打独斗的境地。而青年教师如果缺乏融入专业集体的自律态度，就易于造成其专业发展中缺少互动对话、分享以及反思，其专业发展中经常充斥着无力感、无意义感。教师专业共同体的建设是促进教师专业自律的有效途径，进而在促进其专业发展中发挥作用。

1. 自觉寻求专业发展中的资源共享

教师这一职业的专业发展比其他任何职业更明显地需要对话和分享。每位教师作为一个独立、独特的个体，都在其独有的学习和工作经历中形成了具有鲜明特色的知识及经验结构。同一门课程的教师，同一个专业研究方向的不同教师，其在教学内容处置、教学方式方法，以及科研思路等方面的表现也不尽相同。多样性和差异性本身就是教师专业共同体中一种宝贵的——即使是执教同一学科的教师在教学内容的处理、教学方法的选择、教学情境的创设等许多方面也可以说尽显个人风采。可以说，教师专业共同体中成员的多样性和差异性本身就是一种重要的学习资源。专业共同体系中的资源互补，有利于青年教师完善其专业能力，促进专业反思。一种互信、互相开放式的交互主体性，促进教师之间的交流互助。这对于青年教师来说是宝贵的成长资源。专业共同体的深入发展会为青年教师的专业发展提供良好的资源平台，也会对青年教师的专业发展产生足够的吸引力，进而促进其自觉寻求更多的资源以满足其自身发展需求。

2. 专业知识结构深化和完善

受到建构主义理论的知识观和学习观影响，对话、协商和分享在个体知识学习和经验成长中扮演着极其重要的角色。青年教师能够通过互助式的伙伴关系自觉进行寻求支持与引导，深化和完善自己的专业知识结构。

3. 专业知识与经验分享

在教师专业共同体中，青年教师获得了与经验教师和专家型教师进行互

动的机会。多种通道和互动方式促进了彼此分享各自的想法、观点和信念进而丰富了青年教师的知识经验体系。教师专业共同体的建立会让青年教师在这种互惠互利的氛围中坚定其专业发展决心。

4. 促进教师进行专业反思

教师专业共同体可以通过对话让各种想法和观点进行自由交流。对话可以让教师以更全面的视角来审视问题。通过对话，青年教师还可以对自己的观点进行反思，完善理解。教师专业共同体中丰富的对话使教师有机会对个人观点、信念和假设进行反思和修正，在持续的自我更新中形成一种自觉反思式的专业发展。

（二）道德自律：自我反思

教师工作是一种特殊的专业劳动，赫尔巴特很早就指出了教育教学活动中的教育性。没有任何一项社会活动能像教学这样和人的道德活动紧密相关。教师的道德自律是指教师能够严格按照职业道德要求，对自身职业形成良好的自我调控，并能自觉履行相应职责。教师的道德自律发起于具有他律特征的各项学校规章制度和社会诉求，形成于自身不断的教学生活中，完善于深入理解教育之后。道德自律一旦形成，就会成为教师自我行为的一种指导原则，影响着教师的教育教学活动和自我道德成长。在专业共同体的建设中应该注意给青年教师提供自我学习、自我锻炼的机会，使青年教师有机会通过与有经验同伴进行经验分享，不断自我反思进而将外在规约内化为自主诉求，构建道德自律。青年教师道德自律的形成有赖于青年教师能否正确地认识自我，以及自我与环境之间的关系；有赖于对自我责任，义务的正确认识；有赖于对自我优缺点，自我修养的正确认识。在专业共同体的框架下，青年教师通过不断的自我反思，以及直接经验和间接经验的获得逐步正确评价、发展自我，形成正确的道德自律。

三、高校外语教师专业发展的理论依据

（一）合作反思理论

反思性实践者（reflective practitioner）这一理论研究传统也为教师教育

导师制提供了理论源泉。反思性实践（reflective practice）在教师教育中被认为越来越重要，研究者们一致认为教师通过不断反思自己的教学经验，从经验中学习。例如师范生（外语教师原来是师范生）在教学实习期间学会教学的各种授课活动，更多的就是通过反复探索、反复尝试、反复训练获得各种教学经验。

杜威是第一个认识到将反思与教师教育联系起来具有重要意义的教育学家（Dewey，1933）。在杜威基础上，舍恩（Schon，1983）提出了"反思性实践"这一术语，并将这一方法应用于教师教育。他认为，有两种反思对塑造教师的思维和实践起重要作用：对行动反思（即事后反思）与在行动中反思（即事中反思）。哈顿和史密斯总结了四种不同形式的反思：技术性反思、描述性反思、对话性反思和批判性反思。

理想情况下，师范生会使用上述一种或多种反思，导师在与师范生的各种互动过程中，也会使用各种指导策略，如对话、观察、讨论、备课或协作工作等来启发师范生反思。可见，在教师教育导师制中，知识构建的一个重要渠道便是导生一起合作，一起反思。与社会建构主义理论一脉相承，这种合作反思理论也是教师教育导师制的一个重要理论基础。

（二）榜样学习理论

观察学习在教师教育领域同样重要，是教师教育必不可少的组成部分，是传承教师技能、师德伦理和社会主义核心价值观的重要方法。例如，最美教师、教书育人楷模、师德标兵等各级教师荣誉体系的建立，都是在鼓励职前和职后教师将这些优秀教师视为榜样。

此外，在师范生教育实习环节，或通过对优秀教师现场观课见习，或通过名师微课等多种多样的形式，师范生也在不断观察学习和行为模仿。甚至自己身边优秀的同学，都可以成为观察学习对象，这也是同伴导师制的理论基础。

（三）五因素指导模型

澳大利亚教师教育研究者彼得·哈德森（Peter Hudson）于2010年开发了教师教育导师制的一个新模型——五因素指导模型（five factor mentoring model），并在近期逐步完善为指导有效教学项目（mentoring for affective teaching program）。该模型原是专门针对中小学合作导师而开发，但它既是师范生教学实习期间导师制的实施实践模型，也是一个理论分析框架。

该理论认为，为对师范生进行有效指导，导师，尤其是中小学合作导师需具备和重点关注五大因素：个人属性（personal attribute）、体制要求（system requirements）、教育学知识（pedagogical knowledge）、榜样示范（modeling）以及反馈（feedback）。根据这五大因素，还进一步编制了相关问卷工具，广泛用于教师教育导师制的现状调查，方便了解导师制实施现状、导师制存在的问题与不足以及导师指导质量情况，可为教师教育政策制定者提供参考建议，以采取进一步的行动来改善导师指导质量。

个人属性指导师应向师范生展示恰当的、适切的人际交往技能；体制要求指导师应表现出对国家教育政策、教育体制及教育要求的充分理解；教育学知识指导师应从他们的教育学资源库中灵活应用有效知识和策略，帮助师范生授课；榜样示范指导师应示范他们的想法和理念，并与师范生讨论共享，给予师范生足够的机会去实践；反馈指的是导师进行观课后，应对师范生提供建设性的和积极的评判。

这五大因素对于师范生的教学实习具有重要意义，显著影响实习期间师范生的成长和发展。哈德森认为，若将导师的角色细分到相应的五大因素中，便有可能加强导师指导过程，保障教师教育导师制的有效运行。

具体而言，首先，当导师指导涉及个人属性时，导师在指导师范生时表现出出色的人际交往技能，如专注、鼓励、热情、负责、支持和自愿，这明显使导生双方关系更融洽，加强导生友好关系，导生都可以舒服地扮演彼此角色，从而促进导师制指导过程；体制要求有助于师范生更清楚地了解教育体制是如何运作的，当导师向师范生告知国家和学校的教育政策和教育体制时，师范生会理解学校如何运作，并能够全程遵守这些政策和制度。

其次，教育学知识使师范生能够有效地授课，随着教育学知识被传授给师范生，便能扩大师范生的教育学知识储备，从而开展有效的课程和教学；除了这些教育学知识之外，榜样示范有助于师范生培养积极和专业的教师态度，导师可以作为榜样和模范来示范良好行为和做法，师范生观察习得这些行为和做法，并将此融入课堂教学。

最后，反馈有助于进一步提高师范生在学校进行教学实习工作的表现，在师范生授课后，导师的反馈能使师范生对自己的教学实践更有信心，会更加积极参与反思性教学，以提高现有教学水平。

（四）整合指导理论

有研究者在梳理前人大量实证研究的基础上，总结出了职前教师教育导师制的 4 种指导取向（表 7-1），进而集 4 种指导取向之长，提出了自己的整合指导理论，该理论模型如图 7-1 所示。该理论认为教师指导在实践中不能完全局限于其中任何一种。相反，它需要借鉴来自不同方法的指导实践，因此应整合 4 种指导取向的优点。

表 7-1　职前教师教育导师制的 4 种指导取向在指导

	个人成长取向	情境学习取向	核心实践取向	批判性变革取向
指导活动的关注点	帮助师范生发现并解决他们的个人问题	导师依靠自己的经验和专长，使师范生融入学校文化和实践中	要求师范生参与观课、模仿和复现核心教学实践	致力于帮助师范生学会不走寻常路来教学
	支持师范生尝试他们的教学理念，而非强加导师自己的教学专长	要求师范生参与观课，并在导师授课后，要求师范生模仿并复现这堂课	支持师范生分解核心教学实践，以了解其每一个组成部分是如何工作的	与师范生共同思考，帮助师范生提出自己与他人在教学上的问题
	与师范生建立关系，并关心他们的个人问题和需求	当导师与师范生互动时，导师指导及评价的关注点聚焦在教学的技术方面及流程方面	通过聚焦核心教学实践的基本原理，导师与师范生共同教学，支持师范生在不同环境下进行教学实践	让师范生接触不同的教学理念，并支持师范生为了社会工作的目的，来描述、解释和实施这些理念

职前教师教育导师制的 4 种指导取向分别为个人成长取向、情境学习取向、核心实践取向、批判性变革取向，4 种指导取向在指导的假设、关注点、实证证据以及挑战等方面均不相同。

（五）整体指导理论模型

除了传统的一对一导师制这种二元指导模式（dyad mentoring model），研究者还考察了超越了传统的一对一导师制的其他创新形式的导师制，比如：

一名合作导师带两名师范生的一对二导师制这种三元指导模式（triad mentoring model），包括三个角色的相互作用，即一对一传统导师制+同伴导师制。研究者尝试使用整体指导模型（holistic mentoring model）来解释这种三元指导模式。

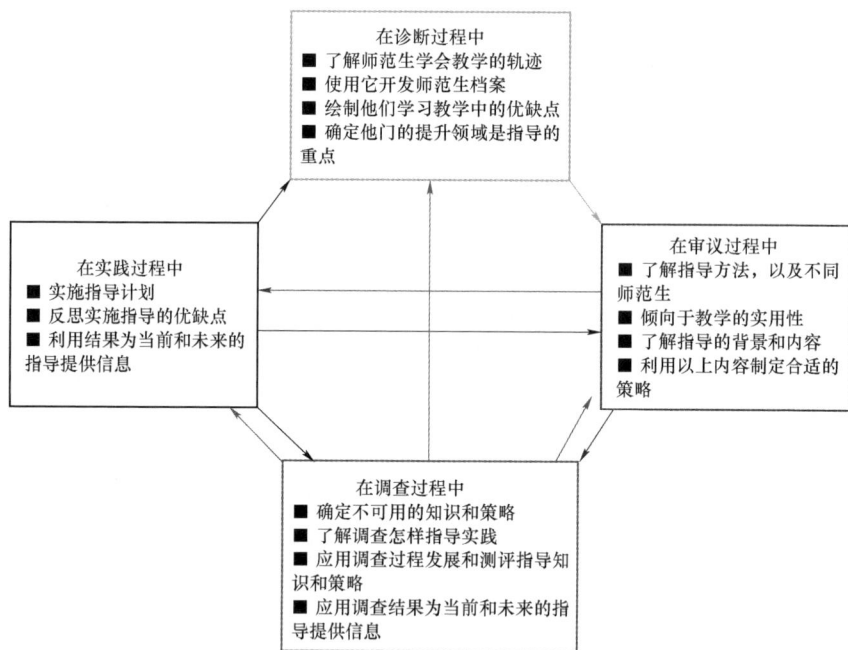

图 7-1　职前教师导师制的整合理论

教育情境下的导师指导过程比较复杂，包括三大要素：关系性成分、发展性成分和情境性成分。这三个成分既相互独立，又嵌套在一起，构成一个整体，如图 7-2 所示。

图 7-2 可见，关系性成分是导师指导的核心，导生之间建立起来的关系会直接影响导师制指导目标的达成。在职前教师教育中，导生之间建立起关系，这种关系是带有专业发展性质的，且在这之前导生彼此之间从未互动过。而且教师教育中的导生关系还依赖于实习时间和实习要求。

导生关系建立起来是为了专业发展或个人成长的，所以导师指导过程的发展性成分旨在帮助学徒实现他们的发展目标。因此，学徒的能力和需求会塑造师徒关系以及增强师徒互动。职前教师教育非常强调发展性成分，因为在实习期间学会教学是整个实习的核心任务。因此，教师教育导师制中的发展性成分常常关注师范生的需求以及必须完成的任务。

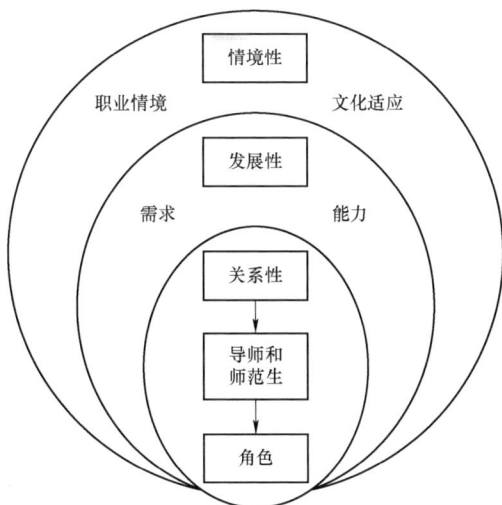

图 7-2　教师教育中的整体指导模型

　　情境性成分将导师指导关系置于专业或职业情境之下。在职前教师教育中，学校、课堂及师范生所在年级等情境性因素都会影响导师指导关系。职前教师教育中的情境性因素聚焦在对学校文化环境的适应、对教师工作行为的融入，以及在教室内的具体要求。

　　整体指导模型中的这三大成分是什么关系？如图 7-2 所示，关系性成分是导师指导过程的核心，关系性成分中的导生角色会影响发展性成分和情境性成分。在职前教师教育中，导师和师范生的角色是为了完成专业实习安置的要求。在这种情况下，导师和师范生的角色都可以预料得到。但也要明白，导师和师范生的角色也是多种多样的，这些角色相互联系，但又随着时间、导生互动以及关系本身的变化而变化。

（六）职前职后指导连续体理论

　　本章上述所有理论均为针对职前教师提出的理论框架。但随着职前与职后教师教育一体化趋势越来越明显，导师制的影响应该贯穿从职前到职后更广泛的阶段，师范生应该意识到不只是在职前有导师指导是必要的，职后有导师指导更是职业发展生涯中的一大幸事。

基于这一理念，伊丽莎白·威尔金斯（Elizabeth A.Wilkins）和珍妮·奥克拉辛斯基（Jeanne E.Okrasinski）围绕从职前准备到在职教学的连续体展开研究，并于 2015 年提出了职前职后指导连续体理论（induction continuum theory），如图 7-3 所示。

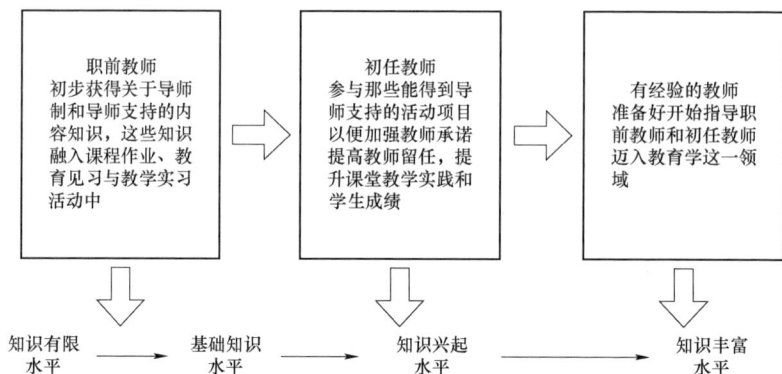

图 7-3　职前职后指导连续体理论

该理论根据教师对导师指导和导师制的理解水平、娴熟程度和经验层次，分为四个水平：知识有限水平、基础知识水平、知识兴起水平和知识丰富水平。这四个水平可以测出教师对导师指导表现出的知识量，因此，可作为教师职业发展不同阶段的标志。

知识有限水平：职前教师对导师指导（induction/mentoring）这一概念缺乏认识，没有相关学术知识或学术语言。职前教师可能知道他们能获得或多或少的支持，但他们不知道这种支持叫"导师指导"。

基础知识水平：职前教师知道导师指导这一概念，并且有了一定的学术知识或学术语言。这些职前教师会寻求关于导师指导的更多信息，特别是他们寻找能获得的不同支持并找到加以利用的方式，从而将其作为他们教师教育项目的一部分。

知识兴趣水平：初任在职教师通过准确使用关于导师指导的相关学术知识或学术语言，来实现他们对概念的理解。这些初任教师重视导师指导和支持，在他们从职前教师过渡到入职阶段时，会利用并反思这些导师指导和支持。这些初任教师会有意识地关注增强教师承诺、提高教师留任率、加强课堂教学实践以及提升学生成绩等情况。

知识丰富水平：有经验的在职教师能够为职前教师和初任教师提供导师指导和支持，因此他们可根据自身已有经验来支持那些刚进入教师行业的新手的专业发展。

总之，在教师教育项目的早期阶段，我们尚不能期望师范生对导师指导都能充分理解，但是随着专业训练和教学实习工作开展得越来越深入，他们对导师指导的理解水平日益提高，具备了导师指导的知识和经验，并且能分析出哪些导师的支持可能对他们在教学领域的进步最有利而且这种分析能力也会逐步提高。当这些师范生过渡到他们的第一份教职时，就会向给他们指定的导师和教研员寻求帮助，同时也顺利完成职业生涯规划。最后，在经过大约五年的课堂教学后，一名经验丰富的在职教师便诞生了，他们对导师指导有着丰富的知识和经验，并能够向到他们学校实习的师范生及刚入职的初任教师提供建议，由此便完成了导师指导的连续体，保障了职前职后教师发展一体化。

第二节　应用型高校外语教师的专业素质与能力

一、应用型高校外语教师的专业素质

（一）专业道德素质

1. 专业精神

高校外语教师在教育教学活动中的价值取向和追求即为其专业精神。高校外语教师的专业精神直接影响着自身的行为及其结果。为此，它要求高校外语教师具备高度的教育责任感，将教育作为自己神圣的职责；精益求精的工作态度；甘为人梯的服务精神；清晰有效的反思意识，不断实现自我超越；

拥有坚定不移的专业信念。

2. 专业自律

高校外语教师要表现出一定的"角色敬畏"。高校外语教师的角色意味着其所承担的道德责任和义务，而通过"角色敬畏"，使高校外语教师在教育教学活动中"有所为有所不为"，体现道德责任感和道德使命感。高校外语教师的专业自律还要求其体现一定的"教育良心"，使高校外语教师对自己的教育教学行为进行自主控制与调节。

（二）专业知识素质

高校外语教师的专业知识发展内容包括扎实的政治理论知识。另外。高校外语教师应该不断积累自身的实践性知识，重视教育经验反思，培养教育情境敏感性，倡导教育叙事研究，关切教育情感体验。只有这样，高校外语教师才能全身心地投入到教育教学中，不断实现自身的发展和提高。

（三）专业能力素质

高校外语教师需要重视以下几个方面的能力素质提升。

第一，具备敏锐细致的观察力。通过观察更好地把握学生的心态。对学生做出更加客观的判断。从而能够进行有针对性的教学。

第二，准确清晰的记忆力。不仅对有关教育教学的知识有良好的记忆。对全班学生的各种情况也要有准确的记忆。

第三，具备一定的自我调控能力。使自身保持良好的情绪心理状态，用理智支配自己的情感，做到语言、行为合情理、有分寸。

第四，具备较强的创造能力。高校外语教师在借鉴前人发展先进经验的基础上，大胆进行工作方法改进，从中发现新的规律、新的观点和具有创造性的教育教学方法。

（四）专业心理素质

高校外语教师需要重视以下几个方面的专业心理素质提升。

第一，发展自身的人格心理素质，包括端正自身的需要与动机，培养良好的性格，提高自我调控能力等。

第二，发展自身的文化心理素质，要善于运用一定的方法和策略学习新知识和新技能，通过学习提高自身的实践创新能力。高校外语教师还要努力提高自身的文化素质，完善自身的个性和人格心理品质。

第三，发展自身的社会心理素质，认识到自身角色的多样性，建立良好的人际关系，具备良好的交往心理素质。

（五）专业人格素质

一个人的人格能够很客观地反映出其整体心理面貌。高校外语教师的人格形象能够体现出高校外语教师在教育教学活动中的整体心理面貌和心理特征。具体来说，高校外语教师的专业人格包括高校外语教师对学生的态度以及高校外语教师自身的气质、兴趣等方面。高校外语教师要实现其自身的专业发展，就应该形成高校外语教师的专业人格，为专业的发展奠定良好的心理基础。

19世纪的俄国教育家乌申斯基认为，在教育事业中，教学工作应该以高校外语教师的人格为根据，任何规章制度、任何机构设施，无论其设计和安排如何完善，都不可能代替高校外语教师人格形象。只有通过高校外语教师的专业人格才能获得教育的力量源泉。

苏联著名教育家苏霍姆林斯基认为，从本质上来说，教育教学过程就是师生之间在心智和情感方面的沟通和交流过程。教育是人与人心灵上最微妙的相互接触。学生会因为高校外语教师的人格形象来对高校外语教师进行判断。

高校外语教师在长期的教育实践中，通过对教育、对学生、对自我的深切感悟理解，对职业道德和教育理想自觉追求的内化，可以使自身的高校外语教师专业人格逐步达到成熟。

（六）专业思想素质

从客观角度来说，专业思想是判定一个人是否属于一个专业人员的重要依据，也是现代高校外语教师与以往高校外语教师相区别的显著标志。所谓高校外语教师的专业思想，就是指高校外语教师在理解教育相关知识的基础上所形成的教育教学思想。高校外语教师在教育教学工作中，要做到以专业思想作为行动的世界观与方法论。高校外语教师的专业思想为其专业发展提供了理性支点和精神内核，对于高校外语教师成长为一个教育教学专业工作者有着重要的影响。

客观来说，教育专业思想是动态发展的，是不断演变的。因此，每一位高校外语教师都必须不断地总结教育教学实践，以此形成符合自身发展特点的、体现个人风格的教育专业理念、专业思想。在不断发展变化的现代社会中，高校外语教师应该树立终身学习的观念，促进自身专业思想与时代的发展要求相接轨。

二、应用型高校外语教师的专业能力

（一）专业决策能力

由于我国的科学教育教学理念和行为相较于西方发展形成较晚，因此长期以来对于具体教育教学活动的教学方式、方法和策略基本上处于向西方学习的状态，特别是受到国外教学理论的影响较大。以专业研究方向：外语学科教学论为例。一般认为英国的语言教学研究者，由于需要对其早期殖民地的人进行外语教育因此被认为倾向于外语教学；另外美国由于是移民输入大国，因此其外语教学倾向于使用二语习得的理论。在我国对于这两种研究的理论倾向并无太大区分，在一段时间里缺乏对外来语言教学方式、方法和策略进行有效的本土化改良，开始以我国的外语学习实际情况为出发点，来对中国人外语学习特点进行研究。随着我国外语教学研究的不断发展，很多研究开始将研究转向对教学的方式、方法和策略背后的理念。

高校外语教师的个人教学逻辑是高校外语教师个人的认知、情感的个性化实践，这是高校外语教师个性化教学实践的根本来源。高校外语教师从个人经验出发对教学目的、内容、教学对象、教学本身、自我、课程和情境的个性化理解。因此高校外语教师的教学方式、方法和具体策略是一个建立在高校外语教师对其教学实践活动经验不断反思认知的基础上而产生一种个人化的教学逻辑，是教学方法理论与具体教学情境的结合。高校外语教师的教学逻辑是具有明显的个性化和主观能动性的体现，因此有研究者认为高校外语教师的教学方法是一种具有个人教学逻辑的理性展现，是高校外语教师对教学活动的内在逻辑的认知和把握，是高校外语教师通过一定的教学工具或者手段，来实现对预期教学价值的逻辑思维方式。教学理性的发展水平对高校外语教师教学实施的水平和内在品质有着重要的影响，也有助于高校外语教师主动性教学习惯和教学实践能力。

教学方式、方法和策略的具体实施都不可能忽视外在的客观条件对于其有效性的影响。师生空间关系、人际关系、课堂管理等方面都需要做出相应的教学对策，因此课堂组织管理方式和网络多媒体的使用也被纳入教学研究的范畴内。这对于高校外语教师的教学设计和差异化教学能力提出了更高的要求。面对水平参差不齐的学生，高校外语教师需要合理的教学理念和教学逻辑进行应对，因此各种教学模式和教学策略不断涌现。新的教学理念开始从实践的层面对传统的教学实践方式产生冲击。以学生学习为主的教学理念在科学技术的支撑下慢慢从理念层面走入具体的实践活动中。在提升学生学习参与度、改变高校外语教师角色、提高教学活动有效性等方面发挥优势，并能够在一定程度上解决教学和学生水平差异的问题。

随着时代和科技的发展，越来越多的学生开始不满足于以基础知识为主的课堂教学，并对脱离其专业学习的教学内容提出了质疑。拿大学外语教学来说，学生专业的多样性也是对具体教学实践产生影响的一个不容忽视的方面。大学外语个性化教学就提倡以外语作为语言工具，在履行通识教育职责的过程中也不能忽视不同专业学生的专业发展需求。

外语教学和其他学科专业相结合的大学外语教学模式对于提升学生的跨文化交际能力、本专业素养、获得更多的专业学习机会都有裨益。然而这一教学模式在具体实施上会很大程度上受制于师资水平，这并不是说高校外语教师的专业能力和教学水平，而是指高校外语教师的专业结构。在我国，绝大多数的高校外语教师都具有语言类专业背景，而相对来说大多数其他专业高校外语教师的外语水平又不能达到外语授课基本要求。即便是外语专业出身的高校外语教师在教学中也面临着一些两难情境。

大学外语教学既然是以语言交际能力作为教学目标，那么在教学方式和策略上理应以外语为主要教学语言，但是实际情况却比理论上要复杂得多。有研究者通过实证研究发现高校外语教师的母语使用量比较高。由于课堂教学时间的有限性，因此母语使用量的增加意味着外语使用量的减少。由于母语量的增加和外语使用量的减少对学生外语学习效果是一个双倍的影响。而高校外语教师母语使用频率的高低与高校外语教师所受到的教学理论学习时间和教龄没有相关性。研究发现师生对于高校外语课堂汉语的使用有两种表现，一方面支持外语的高频率使用，另一方面又由于学生水平差异、课时限制、课程类别特征（如抽象知识较多的阅读、写作等课程）等原因造成在具体教学方式和策略上的汉语依赖。对于高校外语教师具体教学活动的研究，集中于高校外语教师对于具体教学方法、原则等方面的使用以及宏观客观条件的限制，对于高校外语教师依据具体教学情境对各种语言教学方法的个性化使用关注度较低。

（二）教学反思能力

高校外语教师专业发展一直是教学研究中的关注点，但是从相关的研究具体内容来看，研究的侧重点基本上都在探讨高校外语教师某种教学素养和能力的养成。高校外语教师的自我反思是高校外语教师作为专业教学人员所应该具备的一项重要能力。高校外语教师通过对从不同教学情境中所获得的经验进行反思，可以有效地促进高校外语教师的自我发展。有效的专业反思需要高校外语教师深入理解反思性教学的实际内涵，对于语言高校外语教师来说，反思应该是由一系列的批判性思维活动所构成的循环，并不断地通过反思来指导教学实践，这样有助于高校外语教师成为自身教学活动的评估者。与高校外语教师的反思性教学能力发展息息相关的，就涉及高校外语教师对于教学现场的实践经验的学习以及对各种资源的利用能力发展。行动学习是指高校外语教师在教学行动中通过对教学现场的理解并结合自身经验而进行决策的能力，与高校外语教师专业能力发展息息相关。行动学习作为高校外语教师现场式学习的一种有效途径，可以有效促进高校外语教师的多维专业能力发展，提高高校外语教师的批判性教学反思能力。

高校外语教师的教学事件无论是其实际的教学决策还是反思能力，都与高校外语教师对于与教学相关的资源进行利用有关。高校外语教师与各种教学相关资源之间的关系，被很多研究者认为是一种互动式的关系方式，高校外语教师既利用已有资源进行教学，同时也是教学资源的创造者。这种互动式的高校外语教师与资源之间的联系方式对高校外语教师在教学实践中的能力发展，特别是教学设计能力有重要的影响。从概念表面上看，这种理念与吉登斯的结构化理论有了呼应，但似乎还是有将资源作为独立于高校外语教师之外的某种客观性的存在，并特别关注高校外语教师与这种客观资源之间的互动关系模式。也有研究者将高校外语教师自身作为资源来对高校外语教师与教学资源之间的关系进行深入理解，并在更加注重高校外语教师教学能动性的角度来对高校外语教师专业发展进行研究。随着外语作为重要的国际信息载体，已成为各个外语为非母语国家的教育战略重点。

以自身为资源体现了高校外语教师注重自主专业意识、教学、科研、实践等方面的自主反思、自我规划、自我评估的专业发展模式。

对于沟通行动在教学活动中的作用，有学者认为交往行动有助于多元共生教学思维模式的形成，并促进新型外语教学方式。也有研究者认为权力的赋予有助于加强对高校外语教师个体层面的关注，有助于高校外语教师在教学行动中生成专业认同，形成专业共同体，促进教学行动和高校外语教师专业发展。

在教学活动中，行动者并非只有高校外语教师，但是教学活动中高校外语教师的主导作用及其教学权力决定了高校外语教师是教学行动中的行动者。以高校外语教师作为出发点来对教学行动及其相关要素之间的关系进行实证研究，并尝试理解高校外语教师的教学行动，对于教学研究有重要的实践意义。

从社会属性来看，课堂教学中的社会行为可分为控制与服从、对抗与磋商、竞争与合作三个大类。有效的教学行动策略对于教学活动的有效性起到重要的作用，虽然我国外语课程改革在教学上已经取得了一定的成就，但是高校外语教师的教学习性对于教学行动策略有着重要的影响，教学习性是高校外语教师在理解课改，并生成教学时间行动的内在依据。在我国外语教学改革的不断推进过程中，仅仅注重形式上的教学行动改革是远远不够的，要改变高校外语教师的已有教学习性，并使高校外语教师的教学主体自觉性不断发展，需要我们对高校外语教师的教学观念和价值观进行深入的研究和探索。

教育教学改革的成败关键在于高校外语教师的教育教学理念，因此高校外语教师的专业发展应该注重从教育教学理念的形成和发展的角度进行探讨。高校外语教师教学理念的形成，在很多研究者看来与其知识有一定关系，但是却和工作中的同事，同伴的影响关系更加密切。因此有研究者认为除了注重对高校外语教师自身的反思性教学能力以外，从高校外语教师团体的角度来对高校外语教师在与同事协作过程中的专业发展进行研究，也具有一定的实践意义。作为高校外语教师队伍中特点鲜明，规模庞大的群体，同伴互助更有利于这个高校外语教师群体间的协作与反思。由于多方面的原因，高校外语教师中女性高校外语教师的数量比例一直较高。女性高校外语教师数量较多在教学工作中是一个较为普遍的现象。

这个现象的形成原因较为复杂，因此我们更应该将研究关注点投入到对这一特殊群体在现实情境中的专业发展上，而不是仅仅去讨论其形成原因。女性高校外语教师的多重社会角色需要我们对其职业生涯发展的影响因素进行进一步的人类学、社会心理学方面的探讨，有助于我们深入了解女性高校外语教师群体的专业发展和职业规划特点，并对其职业处境投入人文关怀。女性高校外语教师的多重社会角色决定其职业规划和个人应对在其专业发展中所产生的重要影响，客观公正的高校外语教师专业发展管理和政策制定有赖于对这部分群体的深入研究。

除了高校外语教师群体中的性别因素外，高校外语教师专业发展方面的研究也对新手高校外语教师这一群体的研究投入了较多的关注。新手高校外语教师作为教学一线的新生力量，带着新时代的教学观、教学价值观等新观念进入到高校外语教师群体中，在很大程度上对高校外语教师的专业发展、提高教学质量、推进教学改革起着相对重要的影响。

第三节　应用型高校外语教师专业发展方向

一、应用型高校外语教师专业面临的挑战

从独立院校外语专业设置来看：为解决大学生就业和企业招聘问题，外

语专业教学模式日益向应用型专业型靠拢，院校之间的竞争将回归到办学特色和办学实力上，高校改革办学方向朝应用型专业型道路发展刻不容缓。外语专业课程，特别是应用型高校应用型大学外语专业课程也面临相当大的挑战。由于当代学生课业繁重，课时学分被压缩，外语专业没有受到足够重视，因此专业教师向心力及教学动力不足。此外，学校不能为学生提供相应的实践机会，学生只能在教室里接受教师所授知识，不能真正扎根岗位，充分运用专业知识，导致本专业学生毕业以后只有理论知识，缺乏实践能力，造成只能写不能说的尴尬局面。

从应用型高校外语专业师资队伍来看：外语专业师资力量薄弱，教师年龄结构略显失衡，青年教师占比过大，且流动性太强，"传帮带"教师成长体系不完善，学生刚适应一位教师，就出现教师离职换新教师的情况；教师队伍的年龄、知识、职称等结构不够合理，助教过多，讲师与副教授过少；在扩招任务和提高教学质量的双重压力下，应用型高校自有教师队伍的年龄结构呈现出"两头大、中间小"的哑铃状分布，年龄结构欠合理。此外，应用型高校（三本院校）和公办二本院校已经统一被称为本科二批院校，但是应用型高校院校生源与教师水平及教师待遇与公办院校依然存在较大的差异，有很大的提升空间。要想彻底转型，应用型高校院校还有很长的路要走。

从时代发展与教师成长来看：教师多采用传统教学方式，而学生又处于快速发展、创新多变的时代，许多教师对于当下的数字化教学缺乏经验与创新；教师除教学之外，工作量较大，打磨课件、研究课堂设计、增加课堂趣味性的精力分配不足，线下线上融合度与创新力亟待提升；通过大数据和人工智能，学生学习和教师引导中存在的问题和堵点更容易被发现，数字技术手段能够帮助教师及时改进教学，为教师提供更丰富的教学资源。在安心进行学术研究、提升科研能力的同时，如何紧随时代变化，在以大数据、人工智能为代表的数字化背景下及时更新升级知识体系及信息化素养、精进教学能力和创新能力，成为应用型高校教师面临的一大挑战。

应用型高校外语专业教师在转型发展与能力提升方面也面临诸多问题，如教师自身能力提升意识不强、应用型高校培养培训机制不完善、转型空间和渠道受限、经济水平影响较大等。对教师个体而言，如何高效结合疫情期间线上教学经验，创新教学方法，实现专业实践能力和教学能力双提升，成为符合应用型高校转型需求的双师双能型教师，是在新时代新常态下值得思考的问题。教师坚持与时俱进显得尤为重要。

通过分析数字化背景下应用型高校外语专业教师转型过程中遇到的问题，提出有效的途径和应对策略，旨在促进教师教育可持续发展。

二、应用型高校外语教师专业发展方向的把握

（一）从社会出发

近年来，社会把中小学教育及知名高校作为教育主流，国家及社会高度重视中小学生及知名高校大学生的全面发展，从而忽略了应用型高校学生的学习状态及发展趋势。应用型高校学生由于缺乏自控能力及对本专业的认知能力，在就业过程中毫无优势，导致新生对自身学历及能力产生怀疑，最终形成恶性循环。

对社会而言，应投入更多精力在应用型高校学生的身心发展及专业认知能力提升上。为应用型高校学校开展职业技能实训课程体验，让学生在校期间了解工作中可能遇到的挑战，比如为学生开办讲座和专业相关比赛，设置奖项，让学生意识到专业证书在就业过程中的重要性；加大补贴力度，比如持学生证、教师资格证、证省内每月免费游玩一次。

（二）从学校出发

近年来，各应用型高校大力开展特色选修课和公共课，外语专业课也开始为其他选修课和公共课让步。教师为了完成课业，只能压缩课时，导致课堂趣味性不足，学生上课状态不佳，开始敷衍完成任务，对外语专业重视度降低，导致教师上课状态也受到影响，增加了教师的工作压力。因此，在凸显办学特色的基础上，重视本专业外语课、增加课时、增加趣味性尤为重要。外语专业实训课是不错的选择，既能满足教师上课学时要求，又能增强学生对外语专业的信心及兴趣，教师和学生都能走出教室，边学边实践。

由于应用型高校教师待遇比较低，因此大多数教师并没有把应用型高校

工作作为终身事业，只是作为暂时的就业方向。多数教师每周需要完成教学任务 20 多课时，参加会议 2～4 次，另外还需要完成教案、教学材料、听课等教学任务，没有精力和时间把重心放在关爱学生、增加课堂趣味性、提高教学质量上。因此，学校应从教师的利益出发，给足教师安全感，提高教师待遇。例如：增加课时费，减少基础课时，适当在教师节等节假日给予礼品奖励，让教师充满斗志，拥有提高质量的动力，对教学事业充满信心；或者适当为教师提供兼职机会，让教师带领学生走出课堂，走近生活与自然。总之，只有立足于根本，立足于教师和学生，转型才能又快又稳。

（三）从教师出发

教师应丰富自身的专业知识，在教学中不断学习新知识。教师也应该多了解高科技教学手段，熟练运用各种线上线下教学软件。新时期，学校设备及电子教学设施日益更新，很多教师不能与时俱进，仍保持传统的教学方式，因不熟悉教学设备而耽误了教学进度。而运用腾讯会议、钉钉直播、多媒体一白板一体化屏幕、腾讯课堂等，教师的角色由原来课堂的主导者转变为学生学习的引导者、组织者、参与者和帮助者。

教师在教学过程中应将理论与实践结合，除了讲授课堂知识外，也应提升学生的专业能力。例如，关于口语的学习，除了讲授语言技巧外，更应注重学生的实践，安排相应的口语大赛、辩论赛、演讲比赛；利用口语练习软件，布置口语作业，如 FIF 口语训练系统、流利说等。实践发现，学生对此类教学软件并不抗拒。

教师应提升自身的心理素质，调整自身的心态，以更温和的态度面对学生。应用型高校学校学生，特别是外语专业学生，专业知识并不牢固，自控能力较差，课堂纪律需要教师不停维护，这会浪费大量的课堂时间。此外，学生词汇量不足，导致课堂进行不顺利，大量时间用于解释单词、记忆单词上，课堂效率大打折扣。例如，在讲解以下文本的过程中，学生的词汇量存在差异："Leeds（利兹），the capital of West Yorkshire，is the third largest city and the second largest financial and legal center in Britain.It is located between London and Edinburgh.Now Liz is regarded as an important economic and cultural center in the central part of the United Kingdom."（利兹是西约克郡的首府，是英国第三大城市和第二大金融和法律中心。位于伦敦和爱丁堡之间。利兹现在被认为是英国中部重要的经济和文化中心。）这段话中的词，很多学生几乎都不认识，如"capital（首都）""financial（财政的，金融的）""legal（合法的，法律的）""economic（经济的）"这些比较基础的单词，他们都需要查询，进度较慢；有的学生几乎可以边读边译，进度较快，而教师需要顾及水平较差的学生，这就意味着学习较好的学生此段时间内要自学其他内容。所以教师课前预留预习内容就非常重要。

此外，采用翻转课堂的方法可以为外语课程带来更多创新。这种方法强调录制教学视频，鼓励学生积极参与，并且可以让他们在交流中分享自己的学习成果，从而不断积累教学经验，进一步提升教学质量。翻转课堂在充分发挥学生主观能动性的前提下，使学生从被动接受知识转变为主动探索知识。这是一种有效的课堂教学模式。同样，如果没有教师的必要指导，翻转课堂也会变成自学，失去集体教学的优越性。

以 The Dragon Boat Festival 为例，教师通过视频、图片为学生展示要学习的原文本："The tradition of the Dragon Boat Festival varies in different areas of the country，but most of the families would share some customs，such as eating Zongzi，drinking realgar wine，carrying sachet and watching dragon boat regatta."（端午节的传统在全国不同的地区有所差异，但大多数家庭都会有一些类似的习俗，如吃粽子、喝雄黄酒、携带香囊和看龙舟赛。）学生不仅可以将文字与视频、图片结合起来，对端午节、粽子有更深入的理解，还能单独将此段话作为语言素材的积累，在四、六级考试时、导游实训课期间或其他场合直接利用，更有利于实践场合的表达。

经济全球化让外语专业焕发新机，社会越来越需要实践型、应用型人才，因此应更加重视应用型高校的发展与转型，更加重视学生的专业技能培养与实践能力提升。应用型高校需要立足于学生教育，立足于教师水平与教师待遇，立足于应用型高校进行创新改革。教师在完成教学任务的同时需要兼顾本专业特别是外语专业学生在就业中所需的实践能力，让学生能更好地将理论与实践相结合，同时调整自身与学生的心理。

第四节 应用型高校外语教师专业发展的路径

一、提升教学能力

教育的问题首先考虑的是教师的问题，当然外语教学也不例外。高校外语教师在教学中起着指导者的作用，教师要引导学生认识学习、认识社会，教师也需要对自己进行严格的要求，逐渐使自己成为学生学习的榜样。

（一）提升自己的人格魅力

在教学中，教师的人格对教学情绪、学习效果产生直接的影响，那么教师该如何提升自身的人格魅力呢，主要在于坚持"三心"。

1. 敬业之心

第一，教师要对自己从事的职业有清晰的认识，即认识自己职业的意义，认识到教师需要付出自己的努力，无私奉献自己。第二，教师需要对自己的职业忠诚。随着科技不断发展，知识更新换代快，教师应该树立终身学习的观念，不断提升自身的能力和水平。教师需要用自己的智慧吸引学生，让学生悦纳自己，以高度负责的姿态，真正起到表率的作用。

2. 健康之心

当前的社会节奏非常快，人际关系也非常复杂，这对于教师来说也给他们带来了极大的影响。尤其是现在很多家长对教师的期待很高，因此教师的压力也非常大。除了这些压力，教师还会面对自身工作、生活的压力，如教师待遇、教师工作性质等。

在学校中，学生与教师接触的时间比较长，教师的行为对于学生来说有直接的影响，是学生最为权威的榜样，教师的心理是否健康、能否承受住压力对于学生来说也至关重要。对于高校学生的外语学习来说，本身比较困难，因为他们将更多的精力放在了专业课的学习上，但是一旦步入社会，外语又是不可或缺的一部分，因此面对这样的压力，很多学生心理上容易存在压力，这时教师需要从积极的方向引导学生，这就要求教师首先具有一个积极健康的心理，自身保持积极的心态面对自己的工作，让学生看到榜样的力量，学会自我调节，从而也能树立健康的身心。

3. 进取之心

时代不断发展，社会不断进步，教师需要具备一颗进取心。如果一名高校外语教师仅仅有专业知识，显然不能满足当前外语教学的需要，因为高校学生步入社会之后运用到的外语知识，往往和专业密切相关，属于专业外语，因此教师除了要具备渊博的外语知识外，还需要涉猎其他各个方面的知识，这样才能提升外语教学的质量和水平。

（二）扩展自己的外语学识

高校外语教师是外语知识的传播者。当今社会，知识不断更新，教师需要不断拓展自己的视野，对自己的知识结构加以完善，提升教学的质量，树立终身学习的理念。这是提升高校外语教师素质的基本要求。

1. 广博的知识

作为一名高校外语教师，他/她首先需要具备渊博的外语知识。如果教师不扩展自身的知识，在课堂上往往会表现得捉襟见肘，课堂也显得平淡无奇，无法吸引学生的兴趣。随着教学改革不断深化，科技不断进步，高校外语教师需要扩展自己的综合知识，注重知识的应用。教师只有对广博的外语知识掌握清楚，能够做到融会贯通，才能学会积极思考，发现问题并解决问题。

2. 先进的理念

高校外语教师具备广博的知识是他们开展教学行为的前提和基础。先进的外语教学理念是展开外语教学的灵魂。只有基于先进外语教学理念的指导，教师才能不断更新教学观念，提升外语教学的境界，为外语教学指明新的方向。在教学模式下，基于先进教学理念的指导，外语教学才能从"授业"转向"授业+传道"，提升学生的外语素质，促进学生的综合发展。

随着社会不断发展，出现了很多先进的外语教学理念，这就需要教师提升自己的敏感性，能够真正地做到与时俱进。教师需要从学生实际、专业实际出发，在教材内容的基础上融入当前的时事，这样不仅能够传授给学生基本的外语知识，还能吸引学生学习的兴趣和积极性，从而获得成功。

3. 双师的素质

高校外语教学的特色在于提升学生的外语技能。当前，作为一名高校外语教师，需要具备双师素质，即教师不仅掌握渊博的外语理论知识，还能够运用理论知识指导实践；不仅可以从事理论教学，还可以对学生的外语学习实践进行指导。也就是说，高校外语教师只有将自身的实际工作能力与外语课程整合起来，才能将理论知识讲活，为学生的专业课学习打下基础。

为了提升教师自身的实践能力，广大教师应该参与到具体的实践中或者利用假期参与培训学习，从而提升自身的实践水平，以便更好地指导自己的学生。同时，在学生的实际训练中，教师能够娴熟地展开讲解，从而吸引学生的兴趣，使学生真正地获取外语知识与技能。

4. 科研的能力

高校外语教师还需要具备一定的科研能力。教学中如果没有科研作为底蕴，教育就如同没有灵魂一般。科研工作对于高校外语教师来说，无疑是在拓展自身的专业知识、对自己的学科结构加以丰富、提升自身的教学能力和水平。教师开展科研工作，可以让自己更加主动、自觉地思考教学中存在的问题，从而获取新知识，寻求解决问题的方式和方法。

作为高校外语教师，需要认识到科研的作用，不断提升自身的科研能力和水平，具体来说，主要培养如下五种能力。

第一，获得信息的技能；

第二，广泛地开展思考的能力；

第三，勇敢地攻克难关的能力；

第四，勇于创新的能力；

第五，将成果进行转化的能力。

（三）提高自己的外语教学能力

学校的学习不是将知识从一个脑袋进入另外一个脑袋，而是教师与学生之间每时每刻都在进行心灵的接触。教育属于一门艺术，课堂教学是教师彰显魅力的体现，其中最为关键的魅力就是上好一堂课。高校外语教师要想让自己的课堂更有魅力，应该从师生之间的交流展开。如果高校外语课堂中没有交流，那就称不上真正的课堂教学。高校外语教师要想让自己的课堂更有魅力，应该多与学生之间展开对话与共享，一起发现问题、解决问题。当然，高校外语课堂也必须是真实有效的，拒绝花架子的课堂，其中需要融入基础知识的讲解、思维的拓展、真实的教学活动，能够用最短的时间将知识传授给学生，让学生学到好的知识与技能。具体来说，教师的外语教学能力主要表现为如下两点。

1. 个性化的教学设计

高校外语教学的能力首先体现在对外语教学的设计上。所谓教学设计能力，即教师在开展外语教学之前，从外语教学目的出发，设定外语教学程序，制定外语教学方法，选择恰当的外语教学内容。当前，很多教材都包含现成的教学课件，因此很多教师并未付出辛苦在教学设计上，而往往拿现成的课件展开教学。但是，真正的教学设计要求教师能够吃透所要教授的内容。对学生的学习状态有清楚的了解，从而确定教学目标，选择恰当的方法，设计出独特的教学思路。高校外语教师进行教学设计的过程，实际上就是创造的过程，但是在进行教学设计时，要求灵活、简洁，并且真正做到以学生为中心，并且在设计时也要体现出预见性。

2. 整合性的教学能力

所谓整合性教学，即要求在教学中将学科的各个环节与要素、不同方法有机地整合在一起，使教学更具有程序性。整合性教学要求教师拥有良好的知识结构，具有程序化的教学技能，具有丰富的教学策略，能够付出较少的努力就可以完成各项教学任务，帮助学生实现外语学习。

高校外语教学的首要任务就是激发起学生外语学习的兴趣，吸引学生的注意力。现在的高校外语课堂中存在很多低头族，并且已经成为高校中的一道靓丽风景：不管讲台上教师讲得多么用心、用力，下面的学生多数在玩手机、刷微博、看朋友圈等，他们可能忘记带教材，但是也不会忘记带手机和充电宝。面对这样的高校外语课堂，教师需要对其进行有效的组织。

另外，在语言上，教师应该确保表达的准确性与针对性，做到突出重点、清晰精练。教学技能也要不断提升和创新，要时时改变授课手段，延伸教学模式，创新考核手段。

二、塑造教师话语艺术

在我国，高校外语教学是学生进行外语知识学习的主要途径，教师的教学是影响学生学习效果的重要因素。从这个意义上说，课堂教师会话分析也与教学效果有着直接的联系。鉴于此，本章就对高校外语课堂会话分析进行研究。

（一）提问会话

课堂提问是外语教学的重要环节，需要教学者采用一定的会话技巧来调动学生的积极性。课堂提问的进行并不是随意的，而是需要教师以教学目标为原则，进行科学的教学设计，同时加之以自身的教学经验，结合学生实际进行。我国学者吴德芳和夏玉兰（2002）认为，在教师提问过程中可以使用以下几种策略。[①]

（1）问题要多样，加大高认知水平的问题。

（2）问题要少而精。

（3）教师需要适当延长问题回答的时间。

（4）科学采用非语言行为。

（5）发挥集体教育的力量。

（6）进行试探性提问。

（7）延缓对学生的评判。

（8）利用学生的观点。

1. 高校外语课堂提问的现状

在外语教学过程中，进行课堂提问通常存在以下几个问题。对这些问题的分析有助于后续提问会话序列的研究。

（1）问题类型缺乏吸引力。我国外语教学通常为大班教学，教师在教学进度等的压力下，将课堂大部分时间进行知识教学，对学生的语言训练所留的时间较少。为了带动课堂气氛，教师会通过提问引起学生注意。但是这些

[①]吴德芳，夏玉兰. 教师提问的八大策略［J］. 教学与管理，2002（7）：50-51.

问题大都是单一的教师问学生答的类型，很多问题都相对简单，学生利用常识或者查找课文便可轻易答出。在这种教学环境下，学生的外语思维能力不能得到全面发展，语言使用能力和交际能力也得不到训练。

（2）提问对象不均衡。在大班教学制度下，很多外语口语教师采用随机点名的方式进行提问，或者根据学生名单进行顺序点名，再有甚者，很多教师喜欢提问上课积极的学生。这种提问对象不均衡的现象，容易拉大班级学生差异，学习不好的学生容易感到挫败感，丧失对学习的自信心。

（3）课堂提问等待时间不足。由于我国外语课时相对紧张，而教学内容却十分繁杂，因此教师在提问过程中，不能给学生留足提问思考的时间。当教师提出问题后，就要求学生快速作答。这样的提问方式，非但没有提高教学效率，还容易造成紧张气氛，加大学生对教师的依赖，不能培养学生独立思考的能力。

2. 高校外语课堂提问会话序列研究

针对上述高校外语课堂提问的问题，有必要进行课堂提问的会话序列研究，从而提高课堂提问的科学性和合理性。

（1）会话序列的不对称

上述高校外语课堂提问问题，主要是由于会话序列的不对称。这种不对称包含以下几个方面。

① 信息序列不对称

在日常的提问过程中，一般都是提问者不明白所以需要进行提问，这时提问者的信息掌握量要低于回答者。但是在高校外语课堂提问中，教师的提问是基于对学生的引导与刺激，其信息掌握量要高于学生。这种信息的不对称性构成了一种特殊的提问方式，很可能造成学生的沉默和茫然，在一定程度上影响了提问的效果。

② 权势序列不对称

在课堂提问过程中，由于信息占有量的不同，因此问答者双方的权势序列是不对称的。高校外语教学中，教师占有较多的信息量，因其是高权势，在提问过程中一般不会使用礼貌用语，而采用直接性问答的方式。这种问答方式会加重学生的低权势地位，使一些害怕出错的学生感到畏惧，或者不愿意轻易开口回答。

③ 会话结构不对称

在高校外语课堂提问中，提问双方会根据信息占有量和权势进行问题回应。当回答者的信息量或者权势都大于或者一方大于提问者时，其会选择以语言的形式进行回应。而在实际教学过程中，学生无论是信息量还是权势都低于教师，那么学生很可能通过沉默来回避教师提问，从而影响正常教学活动的展开。

（2）提问现状的启示性

通过对会话序列不对称性的分析，需要对信息与权势所演变来的教学提问现状进行更深层次的分析。学者李庆生、孙志勇指出，教学提问中信息与权势的出现有其深层次的原因——文化传统、教学现状及对互动式教学的认识①。

第一，文化传统对课堂教学提问的影响。我国受传统儒家思想的影响，注重礼仪教化，有着尊师重道的优良传统。在这种社会背景下，人们多将教师看作知识的传授者以及道义的楷模，因此会加重教师在信息量和权势两方面的权重，形成学生的心理压力。

教师在课堂提问中，学生会认为这是对自己知识和能力的挑战，从而心生畏惧。除此之外，中国人有着谦虚的品格和处世哲学，因此在教学互动过程中会有所保留。这也对教学提问的展开有所影响。

第二，应试教育对课堂提问的影响。虽然我们现在积极推进教学改革，但是还未彻底摆脱应试教育的模式。在教学比重安排上，口语比例较低，同时口语课程的开放性也未得到全面重视。这些问题也都直接影响着课堂提问的进行，有些学生甚至认为，考试中不考口语，因此在口语上付出的主动性和积极性较低。

第三，互动式教学对课堂提问的影响。在我国传统教学的影响下，很多学生在课堂上不敢主动发言，不敢挑战教师权威，致使课堂气氛沉闷，不能起到提高自身交际能力的目的。现代高校外语课堂应该是开放的、互动的，师生之间地位平等，权势平衡，不存在教师高高在上的现象。

高校外语教学是一门学问，需要考虑教师和学生的不同身份与时代特点。

---

① 李庆生，孙志勇. 课堂提问：是获取信息还是挑战？对大学外语课堂中教师提问功能的会话分析[J]. 中国外语，2011（1）：247.

对课堂提问的会话序列研究，应该在平衡信息和权势的基础上进行，从而让课堂提问在外语教学中发挥最大的作用①。

（二）反馈会话

受我国传统教学环境、社会环境的影响，我国学生在外语学习中的积极性和开放性并不是特别高。教师作为重要的教学引导者应该及时关注学生学习特点，对学生学习状态进行积极反馈，从而调整自身教学计划，最终提高教学效果。大体上说，我国教师在教学中反馈的形式主要是通过重复。重复的话语虽然能够使师生之间的教学互动得以研究，起到引起学生注意力的效果，但是却对学生语言输出的质量没有根本性的改变。经常性地重复原生的话语还会在一定程度上阻碍学生语言能力的发展，减少了学生语言输出与练习的机会。

中国教师较常使用的另一反馈策略是澄清。②通过语言澄清，教师指出学生语言中的错误之处。相对于重复来说，这种会话形式更容易使学生了解自己的语言不当之处，从而进行注意与改正。但是需要注意的是，教师要注意自己语言澄清的频率，不能逢错必纠，造成学生的心理压力。

高校外语教师反馈模式对学生语言学习的质量与效率有着重要的影响，但是在具体教学中应该避免过多使用重复的反馈形式，多鼓励学生，减轻学生口语学习上的压力，使学生能够积极参与课堂互动。

---

① 王念婷. 信息与权势：对大学外语教学中课堂提问的会话分析 [J]. 赤峰学院学报（科学教育版），2011（12）：247.

② 张奕. 中外教师言语反馈的会话分析 [J]. 郑州大学学报（哲学社会科学版），2010（2）：126.

第八章　数字化时代下应用型高校外语教学的创新趋势

在推动高等教育教学改革实践的过程之中，许多学者开始积极地将课程思政理论、生态理论、ESP（专门用途英语）理论、创新创业教育融入主题教学环节之中，不断地采取创新的教学效率和教学手段，积极推动教学资源的优化利用和配置。课程思政教学、生态教学、ESP 教学、创新创业教学符合时代发展的要求，能够提高学生的综合素养，实现人才培养目标与时代发展之间的紧密联系和互动。对此，本章以应用型高校外语教学为依据，具体分析该学科教学改革与课程思政教学、生态教学、ESP 教学、创新创业教学融合的相关策略，以期为实现我国应用型高校外语教育质量和水平的提升提供一定的借鉴。

第一节　应用型高校外语课程思政教学

一、课程思政理论与应用型高校外语教学结合的意义

长期以来，应用型高校外语教学中融入课程思政教学一直未得到应有的重视。在应用型高校外语教学中，很多教师对于语法、词汇、结构等进行过多的讲解，学生学习的目的也多是进行必要的考试，进而顺利毕业，然后期待毕业

后能找到适合自己的功能。这样的教学模式更多是教书功能的展现，而忽视了育人功能。简单来说，当前的应用型高校外语教学过分注重知识的传授，但是忽视了让学生认识世界与中国发展的大势，也忽视了让学生树立共产主义远大理想与中国特色社会主义共同理想的信念。因此，在应用型高校外语教学中，课程思政教学的融入有助于提升学生的思想素质与道德素质，有助于培养学生具备正确的价值观与人生观，使自己努力成为建设社会主义的接班人。

二、应用型高校外语课程思政教学的目标

基于经济全球化的背景，中国提出了"一带一路"的倡议，这就要求中国应该努力培育出一批外语专业能力强、能够展开跨文化交流的全方位人才。基于此，应用型高校外语课程的思政改革需要从如下几点着手。

（一）发扬中华文化精髓，培养大学生的文化自信

中华文化有着五千年的历史，到了今天，中华文化的价值理念一直为人类文明的进步提供重要启示。对中华优秀的传统文化进行研究与传承，有助于树立中华民族的文化自信。习近平总书记认为，没有高度的文化自信，没有文化的繁荣兴盛，就很难实现中华民族的伟大复兴。因此，应用型高校外语课程的思政建设需要融入文化自信，从而让学生逐渐树立中华文化的自豪感。

（二）立足国际，胸怀理想

未来世界的竞争主要体现在国际人才上，能够从全球的角度对问题进行观察、处理等，是对未来国际人才的要求。随着世界一体化的推进，学生需要具备国际视野，这也是我国人才培养的一项重要目标。

当代大学生不仅需要具备爱国主义情操，还需要具备与国际接轨的能力，让自己逐渐成为具备多元价值观的公民。

（三）助推心理健康，构建完善人格

受功利主义的影响，传统的教育主要强调成绩，只有成绩好，学生才能

树立自己的认同感，也能够得到教师、家长的认同。如果成绩不好，学生很容易产生抵触情绪，也比较容易出现挫败感。显然，自尊在学习中非常重要，有助于学生发挥主观能动性，只有具有明确的理想，才能够对自己的生活、学习安排处理得当，也能够处理好人际关系。课程思政教学就是要树立大学生的完善人格，从而帮助学生树立崇高理想，使大学生成为德才兼备的人才。

三、数字化时代背景下应用型高校外语课程思政教学的策略

（一）增强应用型高校外语教师的"思政意识"

基于互联网技术，为了可以将课程思政融入应用型高校外语教学，应该从教师的角度着眼，对教师的教学观念进行转变，让教师认识到对应用型高校学生展开思政教育的意义，不断提升教师的思想政治素养，构建一批具备高素质的外语教师团队。

作为课程思政理念的实施者，应用型高校教师本身应该具备较高的思想政治素质，并且不断提升自身的思想政治教育的专业能力，为了提升这一能力，可以从如下着眼。

第一，学校应该为教师提供这一层面的培训，让教师不断提升思政教学的观念，让教师对思想政治课的教材进行研读，充分挖掘出外语这门课程与思想政治教育课程之间的关联性。同时，将国家对应用型高校外语教师的要求传达给教师，让教师知道这一方针政策，并根据这一方针政策，制订相应的教学方案和策略。

第二，教师应该努力学习中国传统文化知识，在外语课堂引入中国传统文化，从而将外语文化与传统文化结合起来，提升学生对本土文化的自豪感。

第三，应用型高校要不断对教师的课堂教学效果进行评比，鼓励落实思想政治课堂的政策，利用激励手段，促进教师认真钻研，从而为学生提供包含德育因素在内的高效的课堂。

（二）丰富应用型高校外语教材的"思政内容"

教材是应用型高校外语课堂的一项重要资源，是教师们展开教学的一项

重要辅助手段，是学生进行外语学习的重要材料。对教材内容的编排非常重要，不仅要思考学生外语学习的效率，还需要考虑内容中渗透其他理念。为了不断提升应用型高校外语课堂的思政功能，需要对应用型高校外语教学的大纲进行调整，将思政元素融入其中，对教材内容加以丰富，将充满重要意义的思政要素与应用型高校外语教材结合起来，在教材中凸显政治文化与中国良好的形象，从而在教学中帮助学生构建良好的社会主义核心价值观。

在选择教材、安排课程的时候，教师需要将典型的政治、经济、文化元素融入其中，或者在外语练习中加入中西方文化交流的内容，通过中西方文化的对比与辨别，推进应用型高校外语教学。例如，教师在为学生讲解西方传统节日的时候，可以先用外语介绍我们国家的一些节日，在具体教学中将思想政治文化内容引入，促进学生不断对比中西方的节日，增强自身对本国节日文化的了解，增强自身的爱国主义情感。

（三）完善外语教学课程思政的教育模式

首先，教师要努力提升自身的思政水平，在自身的外语课堂中融入思想政治的理念，从而让学生不断形成对我国社会主义核心价值观的认同。

其次，应用型高校外语教师应该在实际工作中，建立学生的高尚道德素养，提高学生的人文水平，为学生传递正确的价值观。

最后，在应用型高校外语教学中，要深入分析和研究课程思政，研究出应用型高校外语课程思政的创新路径，挖掘应用型高校外语课程思政的要素，创新教学手段，掌握课程思政的融入方式，引导学生在外语学习中不断提升自身的语言水平，强化自身的爱国主义情怀，培养学生正确的价值观、人生观。

四、数字化时代背景下边疆民族地区应用型高校外语课程思政教学的实践——以广西职业技术学院为例

边疆民族地区的高校具有学生民族成份多样、民族文化影响深刻、各民族传统文化交融、民族心理差异较大、学生信教人数较多以及贫困学生人数较多等主要特征。因此，在进行外语课程思政建设中，存在着教育环境更加

复杂化、教育对象更加多元化、教育需求更加特殊化、教育任务更加艰巨化等突出问题。针对以上问题，在边疆民族地区高校开展外语课程思政建设应探索出符合区域特色的实施途径。广西职业技术学院作为典型的边疆民族地区高校，在学校外语思想政治教育工作中逐步探索出了一条有效的实施路径，切实提升了思想政治教育和人才培养的实效，对同类高校具有一定的借鉴意义。

（一）构建具有边疆民族地区特色的"十大育人"体系，打造外语课程思政平台

2017 年，中共教育部党组印发了《高校思想政治工作质量提升工程实施纲要》（以下简称《纲要》），《纲要》提出了"充分发挥课程、科研、实践、文化、网络、心理、管理、服务、资助、组织等方面工作的育人功能，挖掘育人要素，完善育人机制，优化评价激励，强化实施保障，切实构建'十大育人'体系"基本任务。《纲要》的印发为新时期高校实现立德树人根本任务提供了遵循。广西职业技术学院按照《纲要》要求，坚持育人为本、守正创新、系统推进的原则，制订"十大育人"体系综合实施方案和专项实施方案，形成育人合力，打造了"三全育人"格局。尤其在课程育人和文化育人中，融入边疆民族特色，突出少数民族文化课程教育、民族文化传承等育人内容，使育人方案更具有针对性和特色性，为外语课程思政建设搭建了平台。

广西职业技术学院通过构建"十大育人"体系，为外语课程思政建设打造了良好的平台。学校育人理念与氛围得到提升，各类课程教师牢固树立了课程育人理念，其他教职工立足各自的工作岗位树立了科研育人、实践育人、文化育人、网络育人、心理育人、管理育人、服务育人、资助育人、组织育人的理念，全员育人理念实现全覆盖。

（二）构建外语课程与思想政治理论课同向同行的协同机制

课程思政是将各类课程与思想政治理论课同向同行，形成协同效应的一种教学模式和教学方法。在外语课教学中，深入挖掘思想政治教育元素，与外语专业课紧密融合，从而达到寓思想教育于外语课程中的教学目的。广西职业技术学院经过探索和实践，实施外语课程思政积累了一定的建设

基础，构建了外语课程与思想政治理论课同向同行的协同机制。学院制订了《课程思政教学改革工作方案》，对外语课程思政建设进行顶层设计和全面布置。在顶层设计方面，以人才培养方案为载体，在专业人才培养方案中明确本专业的德育目标和总体要求，并分解到课程体系当中，绘出本专业的德育元素谱，再进一步分解到外语课程当中，形成专业—课程体系—课程三者的课程思政育人体系，确保在外语专业内部课程思政同向同行，形成合力。

（三）打造具有边疆民族地区特色的外语课程思政课外实践

开展外语课程思政离不开课堂教学和课外实践相结合的教育模式。因为学校背景、专业设置、地理区位等因素，边疆民族地区的高校具有一定的特殊性。广西职业技术学院是一所以农为特色的高等职业院校，有包括壮族、苗族、回族、瑶族、布依族等 12 个少数民族 5 400 余名少数民族学生，学校拥有茶叶类专业、产品造型设计等基础雄厚的传统优势专业。学院深入挖掘育人元素，结合茶文化、民族文化和革命文化，开展具有自身特色的外语课程思政课外实践，推动"十大育人"体系的构建和"三全育人"格局的形成，为人才培养提供浓厚的文化氛围。

广西职业技术学院通过开展具有边疆民族地区特色的外语课程思政的课外实践活动，对提升学校育人质量发挥了重要作用。

第二节　应用型高校外语生态教学

一、生态教学课堂

生态课堂是从生态学的视角出发，对生态状态下的课堂加以研究的学科，其强调教师、学生、教学信息与组织、教学环境、教学平等等环节要实现和谐统一，是对师生关系、课程结构等进行的新型建构，是一种各个环节之间彼此联系与和谐共生的教学形态。

二、应用型高校外语生态教学优化的原则

（一）简便优化原则

建设应用型高校外语生态教学不仅要追求系统性、目的性、有效性，还要追求简便易行、高效率、多功能等。因此，优化应用型高校外语生态教学必须遵循简便优化原则。简便优化原则从系统的价值标准角度反映了系统存在和发展的客观规律，这不仅揭示了教学主体对应用型高校外语生态教学系统的一般要求，而且还揭示了应用型高校外语生态教学系统优化发展的方向和趋势。

（二）主体性原则

建设应用型高校外语生态教学的过程中，要充分重视学生主体的作用，培养他们在特定环境中的自控能力，使学生学会自己管理教学环境。应用型高校外语教师和学生都是应用型高校外语生态教学的主人。应用型高校外语生态教学的建设离不开教师与学生主体的参与、支持和合作。正因如此，在优化应用型高校外语生态教学的过程中，应用型高校外语教师应充分调动学生的主动性与积极性，使应用型高校外语生态教学的创设得到最广泛的支持，长久维持优良的应用型高校外语教学环境。

三、数字化时代背景下应用型高校外语生态教学的策略

（一）加大经费投入，促进对外语教学硬件设施的维护与更新

应用型高校外语教学硬件条件的好坏对教学活动的开展和教学效果的优劣有直接的影响。学校应加大资金投入力度，改善应用型高校外语教学硬件条件，为学生提供良好的运动环境，提高学生的学习兴趣。

（二）提供各种书籍、期刊等丰富的学习资料

应用型高校外语教学书籍、期刊等资料对学生学习外语知识起到关键的

作用。为了让学生学习和了解更全面、新颖的应用型高校外语信息，学校应丰富图书馆中的外语学习资料，确保外语学习资料的种类、数量和质量能满足学生的需求，营造浓郁的学习氛围。

（三）建立和谐的人际关系

应用型高校外语教学中师生与生生之间建立和谐的人际关系对于营造良好的课堂氛围、优化教学环境及提高教学效率具有重要意义。具体来说，师生要从以下几方面努力建立、改善及维持关系。

第一，应用型高校外语教师要与学生建立和谐关系，就要先对每个学生的外语基础、外语学习兴趣等加以了解，在外语课上针对不同学生的需要进行个性化教学，并尊重学生的个体差异，重视每一位学生的主体地位，平等对待每一位学生，积极调动学生在外语课上的学习热情与自觉性，鼓励学生参与到集体的外语教学活动中来，与学生建立亦师亦友的关系。

第二，应用型高校外语教师在课堂上善于运用现代化教学手段与学生互动，如播放教学视频，与学生共同讨论视频中的外语问题，提醒学生应该注意哪些细节，并启发学生思考和提问，现场解决学生的疑问，这样不仅提升了学生的学习兴趣，也使师生互动交流的机会更多。

第三，应用型高校外语教师在应用型高校外语课堂教学中组织一些集体性的游戏或比赛，使学生以小组为单位参与活动，引导学生团结友爱，互帮互助，相互配合，培养学生的集体主义精神与合作意识，使学生在合作中建立与巩固友谊，共同学习与进步。

（四）培养应用型高校外语教师的信息化教学能力

在信息化的应用型高校外语教学中，不管是应用型高校外语教师还是学生，都能迅速便捷地获取丰富的教学信息与资源，而且师生在这方面拥有均等的机会，学生获取学习信息突破了课堂教学与教师传播这些单一的渠道，而能够自主从网络上获取更多可靠的有帮助的重要学习资源。这种教学变化形式对应用型高校外语教师的角色、作用及能力都提出了更高的要求，应用型高校外语教师要主动适应信息化教学环境，树立信息化教学理念，学习信息化教学方法和手段，将这些理念、手段充分融入教学中，加快推进应用型高校外语教学的现代化、信息化发展。这是时代的要求，也是应用型高校外语教师自我发展和实现自我价值的要求。应用型高校外语教师要参与网络课程的开发设计、分析研究、辅导领航等，角色的多样性增加了应用型高校外语教师的责任感和使命感，应用型高校外语教师必须自觉提升自己的信息化教学素养和现代化教学能力，扮演好每一个角色，为学生学习提供最优质的服务。

第三节　应用型高校外语 ESP 教学

随着国际化交流的不断发展和深入，专业技术人员在专业领域内的跨文化交流能力越来越重要。培养具有较高专业技术以及外语应用水平的"专业＋外语"的国际化复合型人才成为我国高等教育的新目标。专业外语作为工程教育专业认证对毕业要求中"沟通"能力的重要支撑课程，其教学效果对培养毕业生专业领域内的外语沟通及应用能力起着重要的作用。

ESP 是 English for Specific Purposes 的简称，中文翻译为"专门用途英语"。这一门学科起源于 20 世纪 60 年代，是建立在外语知识与专业需求基础上的应用型学科。在我国，当前很多院校兴起了应用型高校外语 ESP 教学，因为其应用性极强，因此受到了各大应用型高校的重视。

一、ESP 的定义及其分类

（一）ESP 的定义

ESP 的全称是 English for Specific Purposes，也就是"专门用途英语"，本书或泛指"专门用途外语"如商务外语、法律外语、旅游外语、广告外语等都属于这一类。随着科技的不断进步，金融、贸易等交往更为频繁，而外语作为一种通用语言，应该向各个领域靠拢，以符合社会发展对外语人才的要求。

ESP 教学具有明确的目标与针对性，并且实用性很强。其具备两大特点。

第一，ESP 的学习者主要面向成年人，或者是那些正在从事某职业的专业人才，如金融类、商业类、旅游类等，或者是在校的学生，因为他们学习也是为以后的工作服务的。

第二，ESP 学习者学习外语主要是为了将外语视作一种工具，展开专业化的学习，以满足不同学习者的需要，提升自身的专业能力。

（二）ESP 的分类

随着社会的发展，ESP 教学不断壮大，下面介绍一些学者对于 ESP 教学的划分。

1. 达德利·埃文斯和圣约翰的两分法

达德利·埃文斯和圣约翰是以职业领域为基准，将 ESP 分为两大类，如图 8-1 所示。

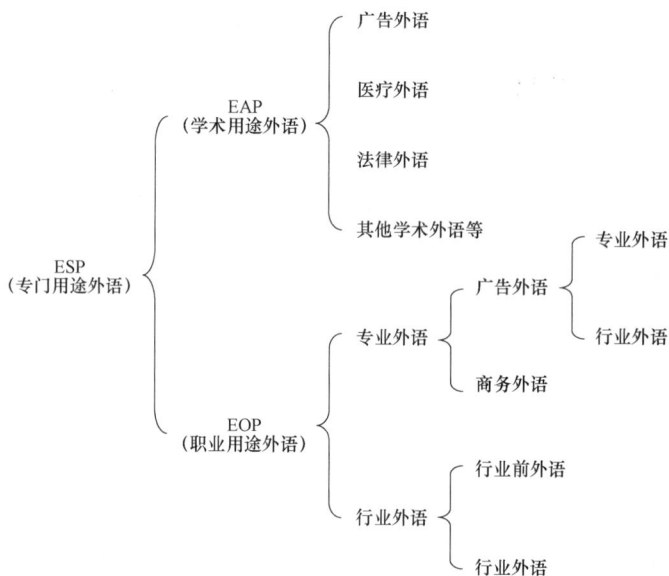

图 8-1　达德利·埃文斯和圣约翰的两分法

2. 哈钦生和沃特斯的三分法

哈钦生和沃特斯以科目类别为基准，将 ESP 分成了三类，即科技外语、商务外语以及社科外语，如图 8-2 所示（以英语为例）。

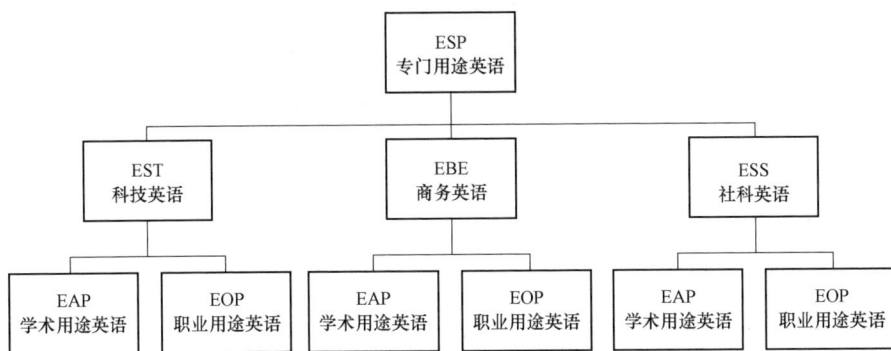

图 8-2　哈钦生和沃特斯的三分法

（资料来源：张雪红. 基于中国情境的大学 ESP 课程模式与建构［D］. 上海：上海外国语大学，2014.）

3. 乔丹的两分法

乔丹是在哈钦生和沃特斯的基础上将三分法简洁化，主要是以语言使用目的和语言环境为基准，具体分类如图 8-3 所示。

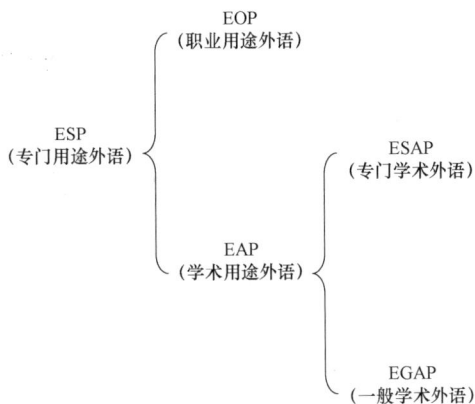

图 8-3　乔丹的两分法

4. 罗宾逊的两分法

罗宾逊主要是以学生的经历为基准进行划分，将 ESP 划分成职业外语和学术外语，如图 8-4 所示（以英语为例）。

当然，如果不将通用外语和专门用途外语加以区分，那么对专门用途外语的研究也就失去了意义。因此，我们将罗宾逊的分类方法进行修正，如图 8-5 所示。

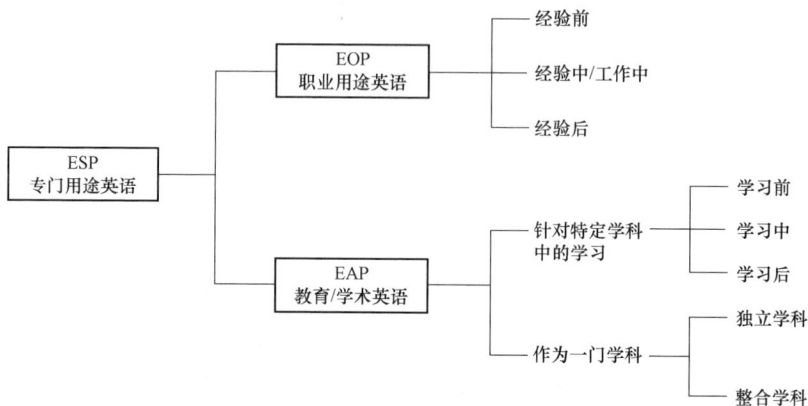

图 8-4　罗宾逊的两分法

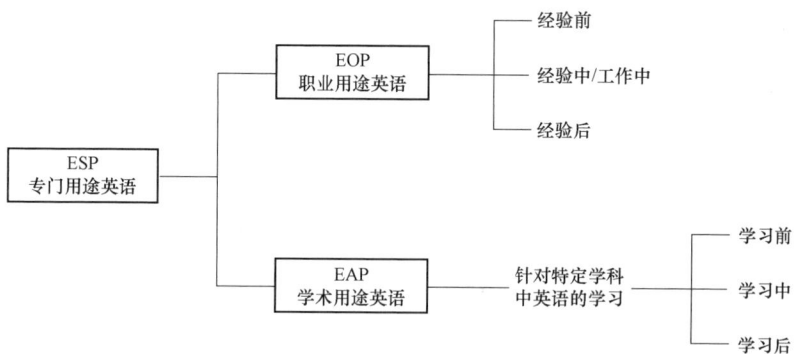

图 8-5　ESP 分类结构图

（资料来源：张雪红，2014）

二、应用型高校外语 ESP 教学的创新与优化原则

（一）教学以需求分析为基础

应用型高校外语 ESP 教学要建立在学习分析的基础上，其主要有如下两点表现。

第一，教学目标在设定时需要进行需求分析，教学目标要从社会与学生的需求出发，使培养出的学生不仅具备学术素养，还具有职业素养。

第二，教学内容的选择需要进行需求分析，在明确了目标之后，就需要对教学内容进行选择，教师要从本校的实际出发，对教材进行选择，因为教学内容主要体现在教材上。教学内容的选取需要遵循需求分析原则，应该从社会与学生需求着眼，采用恰当的手段展开目标情景分析。

（二）实现外语教学与专业教学相融合

为了推进应用型高校外语 ESP 教学，应该在课程上保证外语学习与专业学习的结合，从单一的语言教学转向多学科外语教学，从而真正将语言学习融入具体专业中。换句话说，就是实现师生的教学相长，通过彼此之间的互动，实现知识的深度融合。并且，这种互动是双向的互动，学生能够通过与教师的平等交往，对应用型高校外语 ESP 教学的内容有清楚的了解，并获得与自身相关的外语专业技能。

（三）遵循主体性原则

虽然应用型高校外语 ESP 教学受到多个因素的影响，但是以学生为主体这一原则并未得到改变。也就是说，在应用型高校外语 ESP 教学中，应该凸显学生的主体地位，对学生的不同特征有清楚的了解，将学生的内在潜能挖掘出来，调动他们学习的兴趣。

应用型高校外语 ESP 教学主要是培养学生的实际运用能力。学生在教学活动中始终占据主体的地位，教师也是为学生服务的。在具体的应用型高校外语 ESP 教学中，教学的设计、教学策略的应用等都需要从学生的主体性上考量，要能够将学生的主观能动性发挥出来，促进学生在知识、技能、情感等层面的发展。

（四）多元教学方法相整合

应用型高校外语 ESP 教学具有多元性的特点，因此要实现外语教学与专业外语的结合，不仅要对传统的教学方法予以保留，还需要选取新的教学手段，真正做到教学方法的多样化。只有这样，才能将学生的兴趣和积极性激发出来。具体来说，主要从如下几点着手。

首先，教学方法要具有针对性与多样性，丰富教学手段与形式，让学生多进行互动与反思。

其次，教师可以采用角色扮演、案例教学等多种特色的方法，注重学生参与到具体的实践之中。

最后，不同的学生，其学习需求与外语基础不同，因此教师可以采用个性教学或者分层教学。这就要求教师对学情有清楚把握，然后对学生进行合理的分层，为他们制定相符合的教学目标与内容，展开合理的教学评价。

三、数字化时代背景下外语 ESP 教学的策略

（一）创新外语 ESP 教学的目标，完善教学设计

要想推进 ESP 教学改革，首先需要对教学目标加以创新，对教学设计进行完善，对教学内容加以确定。一般来说，教学内容往往是基于教学目标建立起来的。应用型高校外语 ESP 教学是外语基本知识与专业知识的融合，因此教学内容可以划分为两部分：一部分是学术知识，另一部分是专业知识。前者指的就是外语基础理论，后者指的是学科知识，二者有着紧密的联系。并且，外语基础理论知识是学科知识的前提与基础，学科知识是基础理论知识的扩展。应用型高校外语 ESP 教学就是要实现二者的融合。具体来说，可以从学生的实际情况出发，对课程加以设计，对传统的外语教学内容加以安排，并将专业知识融入普通教学之中，满足学生的实际需求。

在具体的应用型高校外语教学中，应该采用渗透式教学与分层教学相结合的模式，有助于学生适应不同的教学模式。两种教学模式相结合就是对应用型高校四年的 ESP 教学的综合设定，即在大一、大二主要讲述基本的外语技能，同时渗透 ESP 教学的知识，到了大三可以设置 ESP 教学，并从不同的专业出发进行课程设计，这样才能符合不同学生的专业发展。

在教学活动的设计上，要注意外语语言与教学内容的融合，可以鼓励学生采用小组形式展开学习。合作学习强调对知识的建构，教师要在熟悉教学内容的层面上创设一定的情境，让学生在小组讨论中对专业内容进行积极的

建构，从而不断提升学生的语言运用能力。其中情境的创设有助于学生明确学习目的，激发他们学习的兴趣和积极性，最终提升教与学的效果。

（二）充分利用空间，建立多元交互的外语 ESP 课程体系

在应用型高校外语 ESP 教学中，要实现课程设置与教学风格的一致，这是基本的前提条件。因此，教师在应用型高校外语 ESP 课程的设计中要付出一定的辛苦和精力，具体来说要注意如下两点。

第一，要将必修课与选修课充分利用起来。例如，当学生进入学校之后，可以进行摸底测试，测试学生是否可以直接接触 ESP 课程，并从学生的个人专业、自身水平出发，选择适合他们的专业外语。另外，可以从难易程度上，对课程展开划分，简单的课程可以用作对必修课的补充，让学生在富裕的时间进行学习，难度较大的课程可以到了大三再学习，当然不同的应用型高校要根据学生的实际情况自行制订。

第二，要建构多元交互的课程体系。这一体系主要基于通用外语教学，目的是对学生的基础知识加以巩固，并将 ESP 教学作为核心，目的是脱离传统的教学模式，让学生接触专业外语，并让学生学会将专业外语用到具体的实践之中。同时，设置跨文化交际课程，拓宽课程范围，对教学内容加以丰富，并基于基础外语、专业外语等，让学生运用网络对中西文化差异有清晰的了解，以培养学生的人文素养。

（三）利用互联网，拓展外语 ESP 学习的空间

随着互联网技术的进步与发展，学生知识获取的途径变得更为丰富，一些碎片化的学习机制也不断出现，这些变化对于 ESP 教学有很大的影响。

首先，要充分发挥互联网技术的作用。应用型高校外语 ESP 教学主要是为了培养具备国际视野的专业外语人才，因此在教学中采用互联网技术，将慕课、微课等多种教学模式引入其中，有助于激发学生的学习兴趣，也便于扩充学生的学习内容。

其次，要营造学生学习的氛围，为学生拓宽学习的空间。教师可以为学生设置学习情境，让学生身临其境地感受，这样便于学生转变角色，以与专业需求相适应。

（四）注重外语 ESP 教材的多元性，开发辅助资料

无论什么学习，教材都是其重要载体，也是教学的一部分。当前，应用型高校外语 ESP 教学始终处于辅助地位的原因就在于教材的缺乏。外语基础知识与专业知识无法联系在一起，导致教师无法深入地开展 ESP 教学。因此，必须开发适合的 ESP 教材。各大应用型高校可以从教学大纲、学校宗旨等出发，选择合适的教材。当前，应用型高校可以组织教师对 ESP 教材加以编写，但在编写的过程中需要注意如下几点。

第一，教材要具有衔接性与实用性。应用型高校外语 ESP 教学是由多个模块组成的，因此在编写教材的时候，需要各个模块之间的衔接。另外，应用型高校外语 ESP 教学的性质也要求其教材的编写要更为专业与实用，要从市场与学生的需求出发。

第二，教材要具有趣味性，同时也要考虑职业性。这就是说，教材不仅要有助于学生专业知识的学习，还需要具备趣味性，这样才能激发学生的学习积极性，真正做到寓教于乐。

第三，开发利用辅助资料。如果教师仅仅依靠教材，是很难提升教学效果的，因此还需要一些配套的资料。因此，在编写 ESP 教材的时候，应该注重复制材料的开发。具体来说，可以构建基于互联网技术的 ESP 学习资料库。将相关专业的语料包含在内，扩大 ESP 学习的资料。

第四节　应用型高校外语创新创业教学发展

创新创业教育是我国建设创新型国家的一系列战略举措在教育领域中的重要组成部分。创新办学体制机制、推进全面综合改革、提高人才培养质量是全国各类应用型高校共同面对的重大课题。在中央、地方各级政府机关与主管单位的协同促进下，地方应用型高校创新创业教育已经步入正轨，出现了学生创新意识和创新能力显著提高、毕业生创业人数逐年增长、涌现出一大批学生创业典型的喜人局面。但是，对于应用型高校的外语专业而言，还存在外语专业教育与创新创业教育相互脱节、人才培养目标模糊、专业特色

不鲜明、创业实践平台建设滞后和创业指导的师资力量匮乏等问题。本节从大力推进健全创新创业教育体系的背景分析入手，探究了应用型高校如何构建外语专业与创新创业教育融合的教学模式。

一、应用型高校创新创业教育

早在 20 世纪 90 年代，创新创业教育就已经实现了一定的发展和突破，学术界站在不同的角度，针对创新教育的现实表现进行不断的实践以及理论研究，在长达 20 多年的发展过程之中，大部分的创业教育主要以应用型高校试点的形式为主体，其中大学生是主要的教育对象，各种创业讲座、创业课程和创业竞赛与大学教育实践活动时间的较为紧密的联系，学校利用各种教育教学策略和手段引导学生进行主动的创业。教育部在 2010 年提出将创业教育和创新教育相结合，明确创新创业教育的现实要求和具体标准，其中创新创业教育需要以全体学生为重要的对象，积极地结合人才培养的全过程不断地提高学生的综合实践动手能力，鼓励和引导学生在主动参与和实践时养成良好的社会责任意识，提高自身的创新能力。

（一）应用型高校创新创业教育的意义与价值

1. 创新创业活动的时代意义

如今，经济发展速度不断加快了，在这样的时代背景下，创新创业无疑成了时代主题，尤其是互联网经济的快速发展以及各类商业模式与理念的不断涌现，使得创新创业成了经济发展的重要动力。

（1）我国经济结构转型的推动力量

有效企业数量的逐渐增加，导致了中小企业数量的增加，进而影响到了中小型企业发展的转型升级，即其转变为大中型企业的数量也随之上涨了。现在的社会需求往往具有多样性和特殊性的特征，而不断增长的创新创业能够使这一需求得到满足，同时，随着创新创业的增多，产业分工得到了进一步的深化，经济衰退也得到了有效的缓解，与垄断相关的各种弊端也得以消除了。

在推动经济发展与建设的基础上，创新创业还会对经济结构和社会的运行模式产生了一定的影响，可以促使其趋向合理化且得到进一步的提高。

作为经济机体的生长机制之一，创业活动能够借助新的微观细胞的生长和发展为相应的宏观系统的结构演变奠定坚实的基础。在该活动的引领和带动下，各个中小企业可以对经济和社会机体的代谢产生一定的影响，使其处于充分竞争的适宜的环境下，这不仅有利于垄断性弊端及停滞趋势的克服，而且可以为各项问题的解决打下良好基础。这些问题包括收入差距过大、小微企业融资困难等。

（2）推动就业和社会发展的有效手段

对于世界上的发达国家而言，增加企业优势作为实现充分就业的重要渠道之一，在社会发展和经济建设中发挥着不小的作用。对相关研究进行分析可以发现，平均每位创业者带动的就业人数为 28 人。现在，受到经济结构转型的影响，原来的就业岗位已经难以适应经济社会发展的需求，在这种情况下，必须推动创业活动的开展，以此来促使企业的就业容量进一步扩大，使得新岗位不断增加，提高就业的结构水平，推动社会发展。

从 20 世纪末期开始，我国高等教育的发展速度不断加快，规模也随之扩大，由此逐渐步入了高等教育大众化的发展阶段。如今，高等教育在校人数仍在不断增长，入学率也在逐年增加。同时，城镇待就业的劳动力以及农村转移的劳动力的规模十分庞大的，再加上不断增加的毕业生人数，使我国的就业面临巨大的压力。尽管我国的经济发展态势良好，且中小型企业可以提供大部分的岗位，但是实际的就业需求依然不能得到满足。为实现政府提出的就业方面的目标，推动创业、增加企业数量将会是一个较好的措施和途径。这是因为在增加个人收入、创造就业机会方面，新企业发挥着不可替代的作用。

2. 创新创业成就大学生的美好人生

对大学生来说，创新创业不仅有助于实现他们的人生理想和个人价值观，而且可以促使其得到全面的发展，可以说意义非同一般。

（1）充分发挥自身才能

现在的大学生不仅拥有较强的学习能力和专业素质以及开阔的视野，而且具有独特的创新创造精神以及活跃的思维，这些优秀的品格和能力都为其开展创新创业活动奠定了基础。然而，在我国，大学教育依然偏重于应试教育，单纯地重视知识与科技素养而忽视实践能力与人文素养的发展，这些问题严重阻碍了大学生创新创业能力的培养与发展，使得其社会适应能力较低，难以实现知识向生产力的快速转化。在这种情况下，创新创业教育被正式提出且受到了极大的关注，我国开始重视大学生的事业心和开创能力的培养与开发，使其摆脱以往的工作羁绊，进而促使其才华与潜能得到充分发挥。

（2）为自身积累财富

一般而言，白领以及普通工薪阶层只能获取有限的工资。为了有效地避免金钱的钳制，大学生必然要开创一份事业，通过这份独属于自己的事业，创业的大学生可以获得更高的利润。根据调查可以发现，第一代创业者的数量占据了福布斯富人排行榜前 400 名中的一半以上。

（3）实现自身对"权力"的欲望

对于大学生而言，走上创业道路就意味着你可以成为自己人生的支配者，自由地掌控自己的未来，在摆脱他人约束的同时也可以更加自由地开展一系列活动，充分展现自己的人生价值，让生命更有意义。

（4）充分享受创业的过程

在我国，大学生创新创业其实是十分普遍的，每一年应用型高校都会诞生一些"创业英雄"，比如说被称为上海大学生创业第一人的傅章强。这些创业高手的成功经历极大地鼓舞了全国各地的大学生，促使其积极地投身到创新创业中。大学生要主动抓住机会，推动自身发展。

（二）应用型高校创新创业人才培养的对策研究

随着社会的发展，各行各业对创新创业人才培养也有了新的诉求，这就需要应用型高校、政府、社会和企业必须保持稳定且密切的合作，一起解决创新创业教育的改革和现实问题，引导学生逐步建立满足社会发展要求的创新型人才成长目标，强调思想政治教育在应用型高校创新创业教育中的价值导向地位，促进大学创新创业中的实践学习、合作学习和研究，采取一系列对策来提升应用型高校创新创业人才培养的针对性和有效性。

我国应用型高校的创新创业教育仍在发展的早期阶段，许多应用型高校都在不停地探索适合自身的发展方式，并且已经初具成效。应用型高校创新创业教育是一项系统工程，需要长期努力和进一步研究。

1. 全员树立创新创业教育新理念

教育理念是人们关于教育的理性认识以及在教育实践中逐步形成的价值取向与理想追求，具有明确的指导作用、相对稳定、有较强的传承性。创新创业教育是如今高等教育中的前沿教育理念，不仅包含更加多元的教育内容，而且倾向于培养学生的实践技能，使教育具有创新性。过去的实践表明，教育必须按照新的教育理念进行改革和发展。应用型高校培养创新创业人才是推进中国特色社会主义建设和发展的必要前提。在中国经济发展模式转变、产业结构调整、高新技术企业建设、现代服务业发展、创新型国家建设的新形势下，高等教育改革必须更新教育理念，转变教育观念，探索新的教育模式。

（1）转变教育理念

理念在一定程度上影响着行动，缺乏科学正确的教育理念，不仅会阻碍创新创业教育各方面的正常开展，也会使创新创业教育达不到预期。目前来看，我国不少应用型高校存在着这种现象，对创新创业教育的投入与产出相差较大，虽然在环境和资源等方面的投入较多，但创新创业教育绩效结果较差。究其原因，由于对应用型高校创新创业教育的客观认识不完善，迫切需要转变创新创业教育理念，坚持创新创业相结合的教育理念。避免只强调"创业"而忽视"创新"。

应用型高校应该树立致力于培养创新创业意识、精神和能力的创新创业教育理念，并在高等教育教学改革与发展的各阶段真正地执行该理念，在人才培养、学科建设、科学研究和社会服务中完全融入创新创业教育，重视创新创业意识和精神的培养，借助创新创业实践活动达到提高实践技能的目标，在人才培养体系中加入创新精神、专业知识、创业技能、创业人格等创业素质培养。合理利用校园资源，引入的社会资源，完善创新创业课程，拓展了创新创业教育领域，积极开展了创新创业实践活动，建立了"领导负责＋专业教育＋创新创业教育＋全体学生"的人才培养模式。由过去仅侧重理论知识教育和就业教育发展为致力于提高大学生综合素质的创新创业教育，提高创新创业素质教育和创业型人才培养目标的重要地位。我们需要在大学内部树立"以人为本"的教育理念，加强教育管理和学习单位对教育教学服务体系的思考、规划、责任和实施，改革教学方法和评价体系，加强专业建设，调整职业结构，优化人才发展模式，促进学生知识、技能和素质的全面发展、充分挖掘个人潜力和紧跟社会脚步，这三方面为应用型高校创新创业教育提升教学质量的基本目标。

应用型高校各领导应对创新创业教育有高度的责任意识，在日常应用型高校管理和服务工作中时刻不忘创新创业教育的要求。教师在教学过程中要注意帮助学生建立创业意识、培养创新精神和锻炼创业技能，增强自身的创新创业教育意识，最大程度上激发出学生的创业热情，不断开发他们的创业潜力，使大学成为培养创新人才的摇篮和创业者的"熔炉"。与素质教育一致之处在于，应用型高校进行创新创业教育的对象也是全体学生，并不是适用于少数人的"精英教育"。这里应注意，创新创业教育的核心是培养人才，旨在培养学生的创新精神、创新意识和创业能力，进一步提高学生的综合素质和技能，促进学生的自由全面发展。

（2）转变就业观念

创新创业教育的重点是改革强调理论知识、服务就业的传统教育模式，促进大学教育制度创新。应用型高校和学生应在以下方面做出改变。由注重传授理论知识转为注重养成科学思维和创新精神、创新意识；由注重机械记忆转为培养创新创业素质；由注重考试成绩、统一标准答案和以就业为导向转为创业型人才精神培养、提高创新创业能力、既可以走上工作岗位又可以创业；由充分发挥教师的主体性转为以学生为主体。

目前，我国应用型高校毕业生中不乏具有创业想法，了解创业过程的人，但实际进行创业的人则少之又少，多数人还是优先考虑就业，之后再创业，这不免会使他们缺乏对创新创业教育的重视程度和用于创业的知识储备不够，实践技能欠缺。应用型高校应更加重视培养大学生的创业技能和积极主动的创业热情，长此以往，毕业生不再只青睐于就业，而是有机会创造工作岗位。创新创业教育是有战略意义的富有系统性的工程，不能仅注重表面的要求，必须明确的是，他们的基本要求是高质量的教育和创新创业教育，鼓励教育工作者和教师发挥最大的主体性和创造性。因此，应用型高校创新创业教育的发展不仅要注重增强学生的创业意识，还要树立创新创业教育新理念，帮助学生培养自主创业的理念。我们以优质教育和普通教育为基础，创新创业教育模式，培养创新创业技能和综合素质，为国家培养真正的创新创业人才。

（3）全社会营造创业的良好氛围

目前，社会大众对创新创业教育普遍存在误解，他们把创业看作是没出息、找不到工作的出路。不同媒体、政府相关部门应积极倡导、宣传创业政策、创业模范，举办创业讲座，进行创业培训等，增长大众的见识，减少他们对创业风险的过于担心以及对创业的歧视心理和抵制情绪；大学生家长应摒弃就业一心求快的想法，对孩子合理的创业意愿予以支持，鼓励他们发挥自身的知识和才干，为自己的创业梦想努力，为社会就业贡献自己的一份力量；社会相关组织根据大学生创新创业优惠政策从资金、技术等方面来支持大学生创业。这创造了一种国家支持、学校和家庭重视教育、学生积极参与、全社会尊重企业家的社会氛围。这对于鼓励学生创新创业，减轻他们的心理和思想负担尤为重要。

2. 引导大学生树立创新型人才成长目标

引导学生更加深入、全面地理解新时代对人才的需求，正确把握新时代学生的思维动向，充分了解人才需求，促进创新创业，并在此基础上培养学生更好地指导他们发展人才目标。

（1）引导大学生明确成才目标，把握成才导向

时代不同，人才观念不同，对人才的要求也不尽相同，这就使得大学生的成长成才目标发生了改变。《国家中长期人才发展规划纲要》对人才下了明确定义——人才是指具有专业知识或技能，进行创造性劳动并对社会做出贡献的人。从中不难发现，人才的培养需要从全方位进行，不仅要提高大学生的知识储备和技能，还应培养优秀的思想和人格。引导大学生确立正确的成才目标，要在下面几点上下功夫。

第一，把握好思想政治工作的方向。借助多种方式拓宽大学生思想政治教育渠道，注重提高大学生的政治觉悟和道德品质，帮助大学生树立共产主义理想，同时注重大学生健全人格的培养。

第二，把握好知识导向。时代在发展，知识在更新，因此要力求让大学生认清当前形势，抓住时机，不断丰富自己的视野和内涵，充分掌握专业知识与最新动态，时刻了解国家的新政策、新方针，通过不断学习丰富和完善自己的专业知识。在学习理论知识的过程中重视与实际紧密结合起来，开展

综合实践，让学生利用知识解决实际问题。

为了有效地帮助大学生自身实现成才目标，需要他们提升自己在不同方面的能力。

如灵活运用知识的能力。通过三至四年的学习，大学生通常可以牢固把握专业的基础知识，不过因为实践经验不足，进入企业后不能马上开始工作，必须经过专业技术培训后才能真正地走上工作岗位。因而，作为在校的大学生要注重培养自己运用知识的能力，积极参与各类创新创业实践项目，将理论知识运用到实践项目中，不断地从中积累经验，这样才能更好地适应社会需求。

再如持续学习能力。大学生的学习现状存在知识结构不合理、不深入的问题，而近年来我国应用型高校的教育教学改革虽然不断深入，在教学形式和教学方法上也有一定的改进，但不太重视对学生自主学习能力的培养，这就使得我国大学生自主学习能力普遍较差，在以后的工作中遇到新知识，不容易理解、掌握。因此，大学生应不断提升学习能力，将理论知识与实践相结合，提升自身素质，高效地实现工作目标。信息时代要求学生不断地学习，通过更新的知识内容来丰富知识的结构。

第三，做好行为引导。引导大学生确立崇高的理想信念，培养明辨是非的能力，在复杂的社会现状下保持积极向上的正能量；加强思想道德防御，增强抵制消极思想的能力；不断提高思想道德修养，保持正确行为。在教学过程中注意对大学生日常行为规范的教育，使大学生能够以正确的行为规范来约束自己的言行，发扬良好的道德传统。

（2）引导大学生认知成才价值，自觉履行社会责任

为了引导大学生树立满足新时代发展的创新性成长目标，应强化他们对成才价值的认知，这就需要他们能够平衡全面发展与个性发展二者的关系，从本质上来说是如何处理个人利益与集体利益的关系。大学生健康成长需要正确的价值观引领，应明确分辨全面和个体，但二者其实是辩证统一、相辅相成的。当代大学生应把实现个人价值追求与实现社会价值联系起来，这二者并不是对立的，而是辩证的统一。大学生一定要明白任何个体的价值离不开社会关系和社会条件的支持，并在社会中得以实现。不难发现，一个人的成长可以体现出所处社会对人才的要求，还体现了社会性的主要特点。在成

长价值的实现过程中，一定要将个人追求与社会需要结合起来，将个人价值融入社会生活，在发展个人价值的同时心怀社会责任感，在社会公共生活中勇于承担自己的社会责任。大学生将其个体价值落实为具体行动，在社会生活中转化为现实，就是用实际行动实现了个体价值。大学生步入社会，无法避免会面临和其他人比较、竞争的情况，应对职场上类似的人际关系问题时，大学生应学会正确处理利己与利他、一致性与差异性的关系。用良好的道德规范指引自己的行为，使自己更加成熟，积极履行应尽的社会责任，活出人生的意义。随着社会经济的不断发展与进步，个人软实力越来越重要，在大学生的个人发展中，与人合作和沟通的技能是一项非常重要的软实力资源。它不仅体现了一个人的综合能力，也在企业和团队协作中发挥着重要作用。企业的工作任务一般是由一个团队或多个团队执行，这需要团队成员具有团队精神、责任心和良好的沟通能力，确保问题的妥善解决和项目的顺利推进。通过参与各种创新创业教育实践活动，使大学生在沟通能力、团队合作能力等方面得到锻炼和提高，为大学生未来的发展奠定基础。

（3）引导大学生积极参加社会实践，提高自身意志力

不同于其他理论课程教学，创新创业教育在重视理论教学的同时，更加重视实践活动，它是一门具有较强的实践性和综合性课程。基于创新创业教育课程的本质，在教学过程中不仅要使学生掌握充足的专业知识，还要重视培养创新创业精神和能力，与此同时，为了让大学生更好地将个人发展融入社会发展中，也应积极引导大学生将学到的理论知识应用到实践中。作为我国社会主义事业的建设者和接班人的大学生，是我国建设创新型国家重要的新生力量，也是人才强国战略的关键因素。目前，我国大多数大学生的创新意识和创业能力需要不断提升，迫切需要把大学生的创新精神以不同的水平和方式与实践活动结合。因而，应用型高校开展大学生成才教育的过程中，一定要摒弃片面、狭隘的实用主义教育思想。

第一，积极推进教学模式改革。不断更新学科前沿知识，把当下的学科与科研资源融入教学中，加强学生对专业前沿知识的深入了解，改变一直以来机械教学的方式，真正地让学生处在主体地位，不断提升大学生的自学能力和独立思考能力。根据不同教学需要利用多种教育形式及手段，例如，在教学中创设教学情境，基于案例的对比式教学等。运用多样的教学形式和先

进的技术手段，提高学生的学习兴趣，提升教学质量。新教学模式下的教育改革应强化学生对专业知识的理解和感悟，不断提升自我能力。

第二，强化学生实践教学环节。开展教育实践活动，有效提高教育教学质量，例如，依托行业建立稳定的实习、实训基地，制订合理的教育教学计划，在学期中、末组织学生参与专业技能训练，在实践过程中加深对所学知识的理解，进而提高学生将理论知识转化为生产力的能力；整合资源，积极搭建实践教学平台，让学生把所学知识、专业技能与实际项目相结合，积累相关经验，培养大学生的创新精神和实践能力。在新时代成长起来的大学生，从小在生活、学习等各方面都享受了比较好的条件，会出现一系列问题，如遇到压力心理承受能力较弱、太关注自身利益等。而现代创造型企业的员工应该是稳定、有责任心和敬业精神的，这就使得应用型高校对大学生进行社会生存观和价值观教育势在必行，提高学生适应社会的能力。在创新创业教育过程中大学生应在培养脚踏实地的敬业精神上下功夫，有效利用创新创业课的教学资源，积极主动地参与团队合作。应用型高校大学生成长成才的育人模式，应坚持党的教育方针，立足于应用型高校的实际情况，不断更新思路，促进人才素质的提高。

3. 开展各具特色的创新创业教育

前面已经提到，目前我国大学生创业的比例较低，这在一定程度上反映了大部分大学生缺乏提升创新创业技能和实践的机会，又因为大学生没有什么社会经验和人脉，很难吸引到投资人。因此，应用型高校可以开展一些符合本校办学定位、办学优势、专业特色和学校区位优势的创新创业教育形式。这里以福建省应用型高校为例加以介绍。例如，闽北的武夷学院可以借助当地茶叶、旅游业、食品加工等经济特色，与当地的优秀企业深化合作，建立创新创业产业集群。福建农林大学可以利用闽台区域特色与农林学科优势，安溪茶学院还可以发挥地理优势，引领助推茶产业改造升级；可以邀请八马茶业、安溪铁观音基团等优秀茶企建立创新创业实践基地，将茶产业链引入创新创业实践教学。

此外，应用型高校进行创新创业人才培养的过程中，应尊重学生的个性，根据学生存在的个性差异展开培养，注重分层培养和逐步提升学生素质，坚持个性化教学，培养适应社会经济发展的创新创业人才。

4. 健全创新创业教育体系

由于没有进行合理的统筹，我国应用型高校创新创业教育体系在课程设计、实践基地建设和资金投入等方面存在许多缺陷。例如，一些大学虽然配备了大量创新创业教师，然而，每年的创新和创业课程是不够的；大多数大学没有专门的创新创业咨询和服务平台。在应用型高校开展创新创业教育，迫切需要建立专业的学生创新创业教育机构，建立健全工作制度。各应用型高校要整顿管理体制，建立教育部门、学生就业部门、团委、科研部门的联合协作协调工作机制。根据应用型高校的现状，有必要适当整合学校资源，推进特色创新创业教育。

第一，建立全方位、多层次的创新创业课程体系。中国大多数大学开设的创新创业课程较少，较为单一，而且部分课程仅向大四学生开设，课程的覆盖面较窄。对于此种情况，我国应用型高校应向全体学生开设创新创业基础课程，安排更多的课程，从而为大学生给予全面的创新创业辅导。对全体大学生的统一要求是都有创新创业意识，但并不是所有学生毕业后都会实施，因此，我国应用型高校的创新创业课程应根据学生的类型开展分层次教育，具体方式有以下两种：一是根据学生对创新创业的意向不同，开展不同类型的教育活动。对于有兴趣了解创新创业知识、想体验一番的学生应进行创新创业基础教育，如设立公共选修课；对于有强烈的倾向学习创新创业的学生，应设置专业性较强的课程，提供系统、深入的创新创业理论知识；对于目前从事创新创业实践的学生，专业教师也必须在学习期间提供有针对性的指导，并建立机制支持创新创业实践，全力支持大学生创新创业实践。二是不同教育水平的学生有不同类型的课程。针对低年级大学生，提供基础课程，提高他们对创新创业的认识；针对高年级大学生，提供专业的创新创业课程。此外，大学在开展创新创业教育时，还必须结合不同专业的需求，除了职业培训外，还应引入创新和创业教育。对于理工科专业，学生应该专注于技术成果的转化；对于人文学科专业来说，强调指导学生如何进行创新策划和营销等。在传授理论知识的同时，应重视开展多样化的创新创业实践活动，从这两方面共同着手，用理论知识指导实践活动，再通过实践活动深入理解理论知识，在实践中培养大学生的创新创业精神和技能。

第二，重视成立一支专业化、多元化的师资队伍。如果应用型高校创新创业课程的教师水平较高，能极大地推动创新创业教育朝着积极的方向发展。但现在不少应用型高校的创新创业教师还是由负责就业的行政人员或辅导员担任，因此，亟须提升教师队伍的教学水平、选择专门的教师，为创新创业教育的健康发展提供内在保证。一是加强学科建设，构建创新创业学科体系，培养和引进创新创业专业的教研人才，摆脱向其他院系借调教师的问题。二是弱化对学历和学术的影响规定，聘请有丰富创新创业实践经验的优秀创业者或企业高管担任创新创业教师，进行教学和研究工作。当然，也应鼓励和帮助目前的创新创业教师继续学习理论知识、提升实践技能，使教师不断提升自身素质。三是采用创新创业教师互聘制度，在一定程度上解决应用型高校教师队伍薄弱的问题，让不同学校的学生都可以享受到优质教师资源，激励教师提升教研水平，填补各应用型高校间水平上的鸿沟，使应用型高校创新创业教育得到质的提升。当然，还需要在政策上予以支持，应用型高校应基于目前的状况，制订关于教师待遇、职称评审、成果认定等方面的明确政策，使创新创业教师有清晰的职业规划，并为之努力。此外，激发创新创业教师的动机，绩效考核的指标应适当扩大衡量的范围，加入创新创业教育的有关内容，评价结果对职称评定、评优评先、奖金等有直接影响，对于那些在教学和科研方面取得重要成果的教师进行精神和物质奖励，进而调动教师对大学生开展创新创业教育的积极性。

第三，加强配套设施建设。应用型高校创新创业教育的正常开展不仅离不开相关的硬件系统，还应配备一些有助于开展实践活动的设施，主要从以下几方面着手。一是建立创新创业实践基地，借助创新创业孵化基地、创客空间等，大学生可以有条件实施自己的创新创业项目。二是发挥网络的优势，建立线上线下共同发展的创新创业实践平台，网络创新创业平台容易上手，前期投入少，可以减少大学生进行创新创业实践的顾虑，增强他们的创业信心，从而让更多大学生参与进来；丰富大学生勤工俭学的方式，倡导应用型高校里的店铺让本校学生参与到实际经营中，应用型高校可以对这些店铺进行资金补助，这使大学生参与创新创业实践有更多有利条件。三是促进应用型高校和企业间的合作，通过企业平台打造创新创业校外实习基地。应用型高校要加强与当地企业的沟通、合作，建立企业与应用型高校的合作机制，建立生产、教学与科研相结合的创新创业教育体系，全面提高学生的创新创业实践能力。这不仅有助于大学生积累创新创业实践经验，还能为企业提供优秀人才。四是重视开发创新创业教材，结合学校特色专业进行开发。

5. 完善应用型高校创新创业教育校企合作模式

创新创业教育对社会发展的各个方面都有着重要意义，因此要认真地落实创新创业教育的相关理论，充分地发挥其价值。学校和企业之间的相互管理体系可以有效利用现有的教育环境和资源，实现大学和企业的资源融合，使学生能够通过公司实习从课堂知识过渡到实践，提高他们的实际应用技能、就业和创业技能。企业要想与大学对接，实现"校企合作"，就必须结合生产，让学生在学习过程中学到的知识在实践中产生实际效果，实现校企合作。

直接来说，学校和企业间通过开展合作来完成具体项目的方式即为校企合作。这种人才培养模式更为重视教育的质量，并根据学生当下的学习情况加以调整。同时，也有利于充分地发挥手头资源的价值，打造更加符合需求的创新创业教育实践平台，令应用型高校与企业都能达成各自的目标。

（1）丰富校企合作内容

应用型高校进行创新创业教育，一定不能忽视校友资源的重要性，应积极与有关企业加强联系，让学生有机会到这些企业实习，有助于学生能够更早地发现自身的价值，为毕业后进入社会奠定基础。归根结底，创新创业教育的核心在于促进人的全面发展，大学生在应用型高校学习专业课程，相当于拥有了进入专业领域的一把钥匙，在专业教育的过程中融入创新创业教育，则为大学生创新创业提供了有力的支撑。利用校企合作来助力创新创业教育，必须要做的就是摸清企业的需求。校企合作的常用方式是学生进入企业实习，大三、大四的学生对本专业知识有了初步的了解，应用型高校会借助各种方式和渠道让学生参加实习，实习的企业主要是学校的附属企业，仅靠这种合作方式，还不算从最大程度上促进大学生创新创业实践。因而，可以多创造机会组织学生到企业进行实习，增加校企合作的方式，例如，应用型高校和企业一起完成一个项目，可以由学生承担其中的部分环节；应用型高校的技术成果通过企业付诸实践并进行检验，可以安排应用型高校教师、学生和企业员工一起进行。借助各种形式的校企合作，不仅对应用型高校和企业有好处，还能让大学生亲自进行相关实践，对其创新精神和创新能力的提升都大有裨益。

（2）搭建校企合作平台

为应用型高校与中小企业进行有效的合作建立相应的平台，这能够从根本上促进创新创业教育改革，培养创新创业新人才，将科学成果转化为能实际应用、投放到市场的产品。依靠共享平台能够尽可能地发挥目前的教育资源和环境的价值，为社会和企业培养更多的高素质人才。

创新创业教育实践的真正实施需要在企业的支持下进行，在实习的过程中，学生可以运用在学校学到的理论知识，并且重新整理归纳真正地掌握所学的知识，当然更重要的是可以学到许多实践性的知识，使自己的工作经历更加丰富。例如，对于 IT 公司来说，由于人员或时间等方面的原因，一些项目在实施过程中可能无法正常运行，而应用型高校计算机专业的学生具备一定的理论知识，而且有创新创业的想法，因此，通过应用型高校和企业的合作，这些问题可以得到有效解决，并且二者都能够达成自己的目标。由企业选择一些大学生可以开展的项目，在应用型高校内部进行"招标"，结束后由企业向应用型高校支出相应的项目资金。通过这种实践活动形式，公司可以找到合适的孵化项目，学生也可以实现自己的创业梦想，创造互利共赢的工作方式。

大学生在企业实习期间可以亲身体会职场生活，有机会接触到成功的企业家或正在创业的人，并从这些人身上获得宝贵的经验。

通过与企业一起开展创新创业项目，不仅能让大学生与更多人进行密切的交流，锻炼他们的交流能力和处事能力，还可以促进他们的创新创业项目得以发展，从专家那里获得技术建议和资金支持。

（3）制定校企合作激励制度

在一系列创新创业政策的影响下，全国各大应用型高校都开始进行创新创业教育。大学生对新鲜事物的接受程度较高，在创新创业意识逐渐深入人心的同时，也应加深他们对创新创业知识的理解。作为充满活力和想象力的年轻一代，大学生身上充满着潜力，为了鼓励在创新创业领域表现突出的团队或个人，应用型高校和企业应共同制定相应的激励制度。这在激发大学生创新创业热情方面发挥主导地位。通常采用物质与精神奖励相结合的策略，对于大学生来说，他们的主要经济来源是家庭所给的生活费，在物质方面可能有所欠缺，设置物质奖励对大学生的激励作用较为突出；与之具有同等重要性的是，大学生也有一定的精神追求，精神层面得到奖励会使他们产生积极的心理，发挥正面影响。因此，从物质与精神两方面着手制订激励制度，能够极大地促进大学生创新创业。

二、高校外语创新创业教学中存在的问题

（一）未注重学生创新创业能力培养

就目前我国高校外语教学实际情况而言，很多学校仍旧选择传统单一学科教学模式，未能够使社会上对于外语专业人才的多元化需求得到较好的满足，且只注重理论知识教学，对于学生实践能力培养往往忽略，导致学生缺乏广泛知识面，并且学生的知识结构比较单一，缺乏较强的分析问题及解决问题能力。近些年来，有些高校外语教育教学中虽然实行创新创业教育，然而并未能够真正树立创新创业教育理念，在人才培养目标及人才培养方案中并未能够真正纳入创新创业教育，所培养的人才也就缺乏实际的创新创业能力，不符合市场情况，无法使社会发展需求得到较好的满足。

（二）人才培养课程体系缺乏创新创业教育内容

在人才培养过程中，课程是培养目标得以实现的一个重要载体，在传统外语人才培养过程中，其课程体系中的重点内容仅为基本外语技能及外语专业知识，对于创新创业教育模块往往忽略，甚至不具备创新创业教育模块。目前，尽管大部分高校外语专业教育教学中，都能在职业规划与指导课程中稍微涉及创新创业有关内容，但这一方面的内容所占比例甚少，课时明显不足，并且未能够与外语专业技能训练实现有效结合，学生的学习兴趣比较缺乏，未能够注重创新创业教育，也未能较好地学习该方面的相关知识及技能，因此也就很难使创新创业教育顺利贯穿于通识教育中，并取得理想效果，这对于外语专业现代化人才的培养十分不利。

三、应用型高校外语创新创业教学改革的策略

应用型高校外语教学改革所涉及的内容和形式相对比较复杂，同时是一

个系统性的工作，需要老师投入大量的人力、物力和时间。从目前来看，有一部分应用型高校在落实的教学工作时所取得的教学质量和教学效果不容乐观，之所以出现这一现象主要在于老师所采取的教学策略比较落后和传统，无法更好地站在学生的角度实现教学模式的大力革新。创新创业教育理念的融入符合外语教学改革的实质要求，可以加强不同教学环节之间的紧密联系和互动，如果能够实现两者之间的完美融合，那么就能够在第一时间吸引学生的注意力。

在新的时代背景之下，应用型高校外语教学改革备受社会各界的广泛关注，在全球化趋势不断加剧的今天，外语教学十分关键，为了保障自身的教学模式和教学理念符合国际对人才培养的现实需求，应用型高校必须要注重教育理念和教学模式的改革及创新，以服务国家发展战略目标、促进社会的进一步发展、满足社会发展的需求为教学目的，给予学生更多的发展机会和发展指导，保障学生能够实现个人的个性化成长和发展。在推动创新驱动发展战略的现实条件之下，应用型高校外语教学所涉及的内容和形式越来越复杂，同时产生了较大的变化，如何真正地为这一发展战略目标的实现做出相应的贡献是每一个应用型高校外语老师在教学改革中需要考虑的重点问题。

（一）将创新能力的培养纳入教学目标

在落实外语教学改革实践工作之前，应用型高校外语老师需要树立正确的教学目标，明确的大学外语课程改革的实质要求，严格按照教学目标的限制条件，以培养学生的外语综合应用能力为依据，鼓励学生在主动参与和实践的过程中养成良好的自主实践意识，不断提高个人的自主学习能力和综合素养。另外，不同教学目标所涉及的内容有所区别，教育部提出的教育目标以学生为主体，以提高学生的外语综合应用能力为最终的原则，老师需要结合这一教学目标的具体要求，积极地分析社会对人才的实际需求和新的标准，不断地对现有的大学外语教学改革目标进行相应的调整和补充。作为应用型高校教育之中的必修课，大学外语的人文属性比较明显，在提高学生语言技能时老师需要结合这一基本要求的具体情况，以培养学生独立思考能力和批判性思维为依据，鼓励和引导学生在这段时间的过程中树立正确的文化自信心，积极地参与不同的实践工作和创新工作。

（二）结合学校特色优化教学内容

教学内容的设置和安排对老师提出了较高的要求，不同学校学生的学习质量、发展方向有所区别，在此基础之上所提出的教学策略和教学定位差异较大，学校需要结合自身的教育特色和人才发展战略目标，明确外语课程的相关要求和具体的实践标准，深入分析外语这一门必修课落实的现实条件，结合学校的教学特色不断实现教学内容的优化和升级，体现学校的特色，保障学生选择的教学内容能够符合学校的外语教学大纲，更好地体现教学的针对性和有效性。从目前来看，有一部分应用型高校直接以国家级规划教材为主体参照，没有对学生的学习能力和学校的教育情况进行分析，最终导致实际的教学质量不容乐观。对此课程需要结合本校情况编制校本课程，充分考虑学生的发展特色以及未来发展方向，关注学生人文素质和学科综合能力的培养和提升。

（三）改进教学和考核方法

作为教育教学实践之中的重要组成部分，教学及教学考核方法会直接影响最终的教学质量，老师需要根据学生创新能力培养的具体条件，积极地将各种创造性的教学策略和教学手段融入主题教学环境中，将创意设计大赛、演讲比赛和辩论比赛与外语教学实践相结合，鼓励学生进行思维创新。另外，老师需要减少期末考试在总体外语考核之中的相关比重，注重对学生创新能力和课堂参与态度的考核，将此作为重要的考核指标，以此来提高学生的创新能力和创新精神。

（四）转变教育教学及人才培养理念

目前创新创业背景下，为能够使人才培养模式更好地符合实际需求，教师应当将创新创业教育理念深度融入外语教学改革中，对于创新创业教育主体责任，应当实现进一步有效落实，构建创新创业教师队伍，由这些教师对实际教学全面系统负责，并加强重视，从而使创新创业教育开展能够得以更好实现。在此基础上，通过对传统单一培养模式实现转变，使改革后的人才培养模式能够更好地符合所需。与此同时，在充分重视创新创业教育的基础上，还需要加大投入力度及资金支持，保障开展教育教学中所需的硬件与软件设施，从而使创新创业人才培养具有更理想的基础支持，使外语专业人才培养能够取得更加理想的效果。

（五）建设创新创业课程体系

在创新创业理念不断深入的大背景下，在应用型高校外语专业教育教学过程中，对于人才培养课程体系应当合理进行调整，通过建立完善的课程体系，使人才培养课程体系更加具有多元化特点，并充分体现高等教育在人才培养过程中对于学生创新创业能力所赋予的重视。在实际教学中，应当设立不同课程形式及教学方式，使应用型高校外语教学的整个阶段均能够纳入创新创业教育要素，通过对课程体系进行整合优化，使外语专业课程及创新创业课程之间能够实现有效深入融合，从而使课程体系直接对接人才培养目标，在此基础上才能保证人才培养模式实现真正转变，为更好地培养满足社会需求的应用型人才奠定的基础。具体而言，在大一与大二年级，可设置创新创业理论基础课程，使学生了解创新创业相关政策，实现基础阶段学生创新创业精神的灌输与培养。在大三与大四年级，可设置专业实践课程，并且与专业技能教学实现有效结合，在实际外语教学中融入真实的教学案例，促使课程教学体系能够与学生发展需求相符合，从而保证外语教学及外语人才培养能够取得理想化效果，促使学生获得全面发展。

参考文献

书籍类：

[1]（美）露丝·科尔文·克拉克，理查德·E. 梅耶. 数字化学习原理与教学应用 [M]. 盛群力，冯建超，李艳，等译. 北京：中国科学技术出版社，2021.

[2] 蔡基刚. 中国大学英语教学路在何方 [M]. 上海：上海交通大学出版社，2012.

[3] 陈阳芳. 中国大学生英语口语自主学习动机培养研究 [M]. 上海：上海交通大学出版社，2019.

[4] 付道明. 数字化学习的优化设计与效果研究 [M]. 厦门：厦门大学出版社，2016.

[5] 蒋景东，金晶. 高职学生英语学习阻碍机制应对策略"协同"研究 [M]. 杭州：浙江大学出版社，2015.

[6] 康莉. 跨文化视角下的大学英语教学：困境与突破 [M]. 北京：中国社会科学出版社，2014.

[7] 李宪美. 大学生外语学习焦虑研究 [M]. 合肥：合肥工业大学出版社，2014.

[8] 刘蕊. 教育生态化视角下高校英语教学创新研究 [M]. 长春：吉林出版集团股份有限公司，2021.

[9] 史利红. 大学英语教学中学习拖延问题研究 [M]. 北京：北京理工大学出版社，2019.

[10] 苏一凡. 多模态英语教学理论与实践 [M]. 中华工商联合出版社有限责任公司，2022.

[11] 苏勇，孙世利，毕崇涛. 数字化外语教学研究 [M]. 北京：北京航空航天大学出版社，2009.

[12] 谭丁. 英语教学与就业能力培养 [M]. 延吉：延边大学出版社，2022.

［13］王欣，孙珊珊. 英语专业教育改革课程思政与价值引领［M］. 上海：上海外语教育出版社，2022.

［14］王志敏. 外语学习动机激发策略的理论与实证研究［M］. 北京：光明日报出版社，2014.

［15］文旭，徐天虹. 外语教育中的课程思政探索［M］. 重庆：西南师范大学出版社，2021.

［16］吴秉健. 教师网络学习共同体与英语教学数字化融合创新［M］. 北京/西安：世界图书出版公司，2019.

［17］杨涛. 外语学习倦怠与动机关系研究［M］. 北京：科学出版社，2015.

［18］于永昌，刘宇，王冠乔. 大数据时代的教育［M］. 北京：北京师范大学出版社，2015.

［19］俞婕，魏琳. 数字化时代大学英语翻转课堂新探索［M］. 北京：冶金工业出版社，2022.

［20］俞丽芳. 基于应用型外语人才培养的专门用途英语 ESP 教学探析［M］. 成都：电子科技大学出版社，2018.

［21］臧庆. 英语教学与文化融合［M］. 北京：北京工业大学出版社，2020.

［22］战德臣，王立松，王杨，等. MOOC＋SPOCs＋翻转课堂：大学教育教学改革新模式［M］. 北京：高等教育出版社，2018.

［23］张亚锋，刘思佳，万镭. 专门用途（ESP）英语教学的探索研究［M］. 西安：西北工业大学出版社，2019.

［24］郑茗元，汪莹. 网络环境与大学英语课程的整合化教学模式概论［M］. 北京：中国水利水电出版社，2015.

［25］钟玉芹. 大学英语混合式教学探究［M］. 北京：电子工业出版社，2017.

［26］周文娟. 大数据时代外语教育理念与方法的探索与发现［M］. 上海：上海交通大学出版社，2014.

论文类：

［1］曹蓉蓉. 农村初中生英语学习倦怠的调查研究［D］. 延安：延安大学，2021.

［2］陈晓凤. 初中生英语学习倦怠问题的调查研究［D］. 秦皇岛：河北科技

师范学院，2020.

[3] 陈晓倩. 高中生英语学习倦怠感与英语成绩的动态关系 [D]. 福州：福建师范大学，2017.

[4] 冯艳子. 大学生英语课堂环境感知和英语学习倦怠的相关性研究 [D]. 太远：中北大学，2017.

[5] 何晶晶. 三语环境下阿昌族中学生语言态度、民族认同和学习倦怠与英语成绩之间关系的实证研究 [D]. 昆明：云南师范大学，2018.

[6] 江晓燕. "互联网+"背景下应用型本科高校"思政课"教学管理问题与对策研究 [D]. 昆明：云南师范大学，2020.

[7] 李胜利. 应用型本科英语类专业教学转型研究 [D]. 厦门：厦门大学，2018.

[8] 李温馨. 应用型本科院校英语专业教学质量评价研究 [D]. 西安：西安建筑科技大学，2020.

[9] 李悠悠. 高中生英语学习倦怠和自我效能感相关性研究 [D]. 武汉：华中师范大学，2017.

[10] 梁杰章. 独立学院非英语专业本科生英语学习倦怠调查研究 [D]. 桂林；广西师范大学，2018.

[11] 廖巧梅. 高中生英语语音自我概念、英语学习倦怠和英语成绩的相关性研究 [D]. 漳州：闽南师范大学，2021.

[12] 刘磊. 外语类院校非英语专业大学生英语学习倦怠研究 [D]. 西安：西安外国语大学，2017.

[13] 刘阳. 哈尼族高中生英语学习倦怠调查及对策研究 [D]. 昆明：云南师范大学，2018.

[14] 陆茂静. 农村初中生英语学习倦怠研究 [D]. 桂林：广西师范大学，2017.

[15] 罗颖. 英语专业学生学习倦怠和学习自我效能感的相关性研究 [D]. 乌鲁木齐：新疆大学，2020.

[16] 穆顺. 农村留守儿童英语学习倦怠感的小组工作介入研究 [D]. 兰州：兰州大学，2019.

[17] 秦一鸣. 我国应用型高校课程建设研究 [D]. 上海：华东师范大学，

2021.

[18] 曲晨晖. 高职院校公共英语课程教学现状与策略研究 [D]. 石家庄：河北师范大学，2021.

[19] 申怡. 我国应用型高校课堂教学质量的影响因素及提升策略研究 [D]. 上海：华东师范大学，2020.

[20] 宋媛媛. 盘锦市某高中英语学习倦怠调查研究 [D]. 大连：辽宁师范大学，2021.

[21] 王常颖. 应用型外语专业人才培养模式研究 [D]. 黑龙江：黑龙江大学，2016.

[22] 王海燕. 高中生英语学习倦怠的调查研究 [D]. 桂林：广西师范大学，2018.

[23] 王爽. 高中非毕业班学生英语学习倦怠研究 [D]. 重庆：重庆师范大学，2018.

[24] 王小芳. 初中生英语学习倦怠的调查研究 [D]. 桂林：广西师范大学，2021.

[25] 夏玉宝. 地方应用型本科院校 ESP 教师发展策略探究 [D]. 济南：山东大学，2016.

[26] 萧丽. 高中生考试失败归因方式与英语学习倦怠的研究 [D]. 福州：福建师范大学，2018.

[27] 谢惠茹. 高职生学习倦怠与自我效能感对英语成绩的影响研究 [D]. 漳州：闽南师范大学，2020.

[28] 叶鸣. 高中生对教师人际行为的感知和英语学习倦怠关系研究 [D]. 安庆：安庆师范大学，2019.

[29] 殷信. 应用型本科院校英语信息化教学研究 [D]. 西安：西安建筑科技大学，2018.

[30] 于修娟. 基于初中生英语学习倦怠的归因训练实证研究 [D]. 呼和浩特：内蒙古师范大学，2019.

[31] 张晋芝. 高中生英语自我效能感与英语学习倦怠的关系研究 [D]. 南昌：江西师范大学，2021.

期刊类：

[1] 蔡瑞华. "互联网＋"背景下数字化课程资源支撑混合式初中英语教学模式的实践研究 [J]. 英语教师，2022，22（15）：36-40.

[2] 陈晓霞. 数字化环境下大学英语 O2O 课堂教学评价模式研究 [J]. 黑龙江教师发展学院学报，2022，41（03）：154-156.

[3] 程诚. 数字化背景下高职英语教学模式创新探究 [J]. 教育教学论坛，2021（33）：89-92.

[4] 高冲，项成东. 数字赋能高职英语教学高质量发展实践研究 [J]. 天津职业院校联合学报，2023，25（03）：42-49.

[5] 何珺. 基于应用型人才培养背景的高校英语教学改革研究 [J]. 江西电力职业技术学院学报，2023，36（01）：22-24.

[6] 华灿玉. 数字化环境下学生深度学习的因素探析 [J]. 英语画刊（高中版），2023（09）：70-72.

[7] 金倩. 基于学习通平台大学英语课程体系数字化教学资源共建共享的研究与实践 [J]. 海外英语，2022（23）：123-125.

[8] 孔维萍. 基于数字化课堂观察平台的高中英语教学反思 [J]. 中学生英语，2022（12）：158-159.

[9] 李慧. 教育数字化转型视域下适应性在英语课程设计的应用研究：以在线文档赋能高职《英美文学选读》课程为例 [J]. 中国新通信，2022，24（19）：221-223.

[10] 李小花. 基于数字化平台的英语微课教学资源实时共享系统 [J]. 微型电脑应用，2023，39（04）：153-155.

[11] 廉洁，杨景煜. 基于语料库的中国英语数字化教学管理平台的应用研究 [J]. 校园英语，2022（07）：6-8.

[12] 林晓霞. 数字化资源助力英语高效课堂初探 [J]. 小学教学研究，2023（06）：49-50.

[13] 刘沁心. 基于应用型人才培养的高校英语语言学教学实践 [J]. 创新创业理论研究与实践，2022，5（22）：41-43.

[14] 刘素琴. 基于数字化平台的高职英语混合式教学探索与实践 [J]. 中国多媒体与网络教学学报（中旬刊），2022（10）：22-25.

[15] 陆惠欣. 教育生态学视域下高中英语数字化教育资源的合理应用 [J]. 现代教学，2023（Z1）：100-101.

[16] 宁岩. 产教融合视角下外语能力对海南高职学生职业发展影响的研究：以酒店管理与数字化运营专业为例[J]. 黑龙江教师发展学院学报，2023，42（05）：94-97.

[17] 青科格. 文化自信下中国文化融入大学英语教学的路径分析 [J]. 校园英语，2022（51）：96-98.

[18] 任芳. 高校英语视听说课程数字化教学模式的应用研究[J]. 科教导刊，2023（09）：46-48.

[19] 斯琴图亚. 基于英语数字化学习平台的协同创新环境设计 [J]. 赤峰学院学报（自然科学版），2022，38（03）：81-85.

[20] 宋慧. 基于应用型人才培育的高校英语教学优化策略 [J]. 创新创业理论研究与实践，2022，5（08）：23-26.

[21] 宋晓红. 依托技术，高效教学：整合数字化资源优化小学英语教学的路径 [J]. 校园英语，2023（09）：115-117.

[22] 汤玲，张小号. 大数据时代高校英语数字化教学资源管理平台建设 [J]. 情报科学，2022，40（10）：131-136.

[23] 王冬艳. 应用型人才培养背景下的高校英语语言学教学改革措施 [J]. 英语广场，2022（28）：63-65.

[24] 王凤英. "双减"背景下利用数字化手段打造英语高效课堂 [J]. 中国新通信，2023，25（01）：239-241.

[25] 王海啸. 大学英语教师信息素养框架与核心内涵初探 [J]. 外语电化教学，2022（06）：31-38＋106.

[26] 王品. 应用型本科高校大学英语教学现存问题及对策研究 [J]. 海外英语，2023（05）：142-143＋161.

[27] 王志文，周兆才. 数字化背景下英语教学的拓展路径 [J]. 公关世界，2023（01）：114-115.

[28] 肖芳芳. 应用型本科高校大学英语 ESP 混合式教学改革研究 [J]. 校园英语，2023（09）：52-54.

[29] 叶留云. 初中英语数字化高效课堂的构建研究 [J]. 中学生英语，2023

（10）：107-108.

[30] 尹小路. 大学英语数字化教学探索：基于多重任务的翻转课堂教学模式研究［J］. 海外英语，2022（01）：98-99.

[31] 张丽明. 数字化教学资源建设中英语语料库视角下的词汇语义模式识别［J］. 外国语文，2022，38（06）：140-150.

[32] 张琳. 智能增强时代大学英语教学及教师转型探究［J］. 安顺学院学报，2022，24（01）：70-73.

[33] 张玉广. 如何做好高中英语数字化教学工作［J］. 校园英语，2023（01）：180-182.

[34] 赵崇俊. 国际传播视域下应用型本科院校大学英语数字化教材建设研究［J］. 咸阳师范学院学报，2022，37（06）：112-115.

[35] 赵维萍. 多模态话语分析理论在应用型高校英语翻转课堂中的应用［J］. 新丝路（下旬），2016（12）：214.

[36] 赵占香. 高职英语教材数字化转型的路径研究［J］. 高教学刊，2022，8（16）：189-192.

[37] 周嘉豪. 大学英语教学中的国家意识融入实践路径研究［J］. 英语广场，2023（06）：90-93.

[38] 周莹. 数字化时代警务英语混合式教学模式研究［J］. 经济师，2022（12）：214-215＋217.